"十三五"江苏省高等学校重点教材

新编行政诉讼法学

XINBIAN XINGZHENG SUSONG FAXUE

主　编　王春业
参编人员　（排名不分先后）
　　　　　张　波　孙海涛　郭剑峰
　　　　　张　玮　林沈节　聂佳龙

中国政法大学出版社
2017·北京

声　　明	1. 版权所有，侵权必究。
	2. 如有缺页、倒装问题，由出版社负责退换。

图书在版编目（CIP）数据

新编行政诉讼法学/王春业主编. —北京：中国政法大学出版社, 2017.8
ISBN 978-7-5620-7627-8

Ⅰ.①新… Ⅱ.①王… Ⅲ.①行政诉讼法－法的理论－中国 Ⅳ.①D925.301

中国版本图书馆CIP数据核字(2017)第183988号

出　版　者	中国政法大学出版社
地　　　址	北京市海淀区西土城路 25 号
邮寄地址	北京 100088 信箱 8034 分箱　邮编 100088
网　　　址	http://www.cuplpress.com (网络实名：中国政法大学出版社)
电　　　话	010-58908586(编辑部) 58908334(邮购部)
编辑邮箱	zhengfadch@126.com
承　　印	北京中科印刷有限公司
开　　本	720mm×960mm　1/16
印　　张	15.75
字　　数	260 千字
版　　次	2017 年 8 月第 1 版
印　　次	2017 年 8 月第 1 次印刷
定　　价	46.00 元

凡　例

1. 2014年、2017年修订的《中华人民共和国行政诉讼法》，简称为《行政诉讼法》。

2. 1989年制定的《中华人民共和国行政诉讼法》，简称为旧行政诉讼法或旧法。

3.《最高人民法院关于执行〈中华人民共和国行政诉讼法〉若干问题的解释》（法释〔2000〕8号），简称为《2000年若干解释》。

4. 最高人民法院《关于适用〈中华人民共和国行政诉讼法〉若干问题的解释》（法释〔2015〕9号），简称为《2015年若干解释》。

5.《关于行政诉讼证据若干问题的规定》（法释〔2002〕21号），简称为《证据规定》。

6.《最高人民法院关于行政案件管辖若干问题的规定》（法释〔2008〕1号），简称为《管辖规定》。

编写人员简介

王春业，男，1970年生，安徽明光人，法学博士（后），河海大学法学院教授，宪法与行政法学研究所所长，江苏省法学会立法学研究会副会长，主要研究方向为行政法学、立法学。先后获复旦大学法学硕士学位、获中南财经政法宪法与行政法学博士学位、获浙江大学法学博士后。出版《法律文件审查的公民启动研究》《行政公务员全员聘任制改革研究》《区域合作背景下地方联合立法研究》等著作、教材十多部，发表学术论文160多篇。

张波，男，1968年9月生，江苏新沂人，法学博士（后），江苏师范大学法学院副院长，教授，硕士生导师，江苏省法学会法理学和宪法学研究会常务理事。代表性著作有：《马克思主义法律思想中国化路径研究》。代表性论文有：《助法行为及其价值研究》《论调解与法治的排斥与兼容》《论当代中国法律文化的多样性及中国特色法治文化的生成》《论当代中国六大法治主题的形成、逻辑和价值》。

张玮，女，1975年生，法学硕士，中国矿业大学公管学院法学系教师，江苏省法学会会员，参与省部级课题多项。

林沈节，男，1982年生，安徽安庆人，法学博士学，上海商学院文法学院法学系主任。承担国家社会科学基金青年项目《行政法视野中的风险警示研究》、上海市"晨光计划"《食品安全黑名单制度研究》，在《行政法学研究》《社会科学战线》《太平洋学报》《东方法学》等期刊上发表论文多篇。

孙海涛，男，1981年出生，河海大学法学院副教授，中美联合培养法学博士，东南大学法学院博士后，在《光明日报》《南京大学学报》等核心报刊发表论文多篇，出版专著、译著各一部，主持江苏省社科项目、中国博士后面上资助项目，参与国家社科项目、江苏省社科项目等。

郭剑峰，男，1967年生，法学硕士，合肥学院马克思主义学院《形势与政策》教研室主任，曾在《江淮论坛》《安徽大学学报》《国家检察官学院学报》《社会科学辑刊》等刊物上发表学术论文数篇，参编教材多部。

聂佳龙，本名聂加龙，男，1987年，江西省南昌人，江西科技师范大学理工学院讲师，主持或参与省部级以上课题8项，出版学术专著1部，在《学术界》《湖南师范大学社会科学学报》等期刊发表学术论文近30篇。

编写分工：（按编写章节顺序）

孙海涛：第二章第一、三节；

张玮：第三章；

聂佳龙：第四章；

林沈节：第五章第一、二节；

张波：第六章第二节；

郭剑峰：第八章第四节；

王春业：第一章、第二章第二四节、第五章第三四节、第六章第一三四节、第七章、第八章第一、二、三节。

目 录

第一章 行政诉讼的基本理论 …… 001
 第一节 行政诉讼法概述 …… 001
 第二节 行政诉讼法的基本原则 …… 009
 第三节 行政诉讼制度的历史发展 …… 014

第二章 行政诉讼受案范围 …… 023
 第一节 受案范围概述 …… 023
 第二节 肯定式列举的受案范围 …… 029
 第三节 否定式列举的受案范围 …… 042
 第四节 进一步扩大行政诉讼受案范围的发展趋势及路径 …… 047

第三章 行政诉讼的管辖 …… 057
 第一节 行政诉讼管辖概述 …… 057
 第二节 级别管辖 …… 062
 第三节 地域管辖 …… 067
 第四节 裁定管辖 …… 070
 第五节 行政诉讼管辖的改革 …… 074

第四章　行政诉讼的参加人 ……………………………………………… 082
第一节　行政诉讼的原告 …………………………………………… 082
第二节　行政诉讼的被告 …………………………………………… 090
第三节　行政诉讼的共同诉讼人 …………………………………… 095
第四节　其他参与人 ………………………………………………… 099

第五章　行政诉讼的证据规则 …………………………………………… 107
第一节　行政诉讼证据概述 ………………………………………… 107
第二节　行政诉讼的举证责任分配与举证期限 …………………… 114
第三节　人民法院证据的调取与保全规则 ………………………… 121
第四节　行政诉讼证据的质证与认定规则 ………………………… 124

第六章　行政诉讼程序 …………………………………………………… 131
第一节　第一审程序 ………………………………………………… 131
第二节　简易程序 …………………………………………………… 152
第三节　第二审程序 ………………………………………………… 157
第四节　审判监督程序 ……………………………………………… 163
第五节　对妨碍行政诉讼行为的强制措施 ………………………… 176

第七章　行政诉讼的法律适用 …………………………………………… 183
第一节　行政诉讼法律适用概述 …………………………………… 183
第二节　行政诉讼法律适用规则 …………………………………… 184
第三节　行政诉讼法律适用冲突的适用规则 ……………………… 187

第八章　行政诉讼的裁判与执行 ………………………………………… 191
第一节　一审判决形式 ……………………………………………… 192
第二节　二审裁判形式 ……………………………………………… 204
第三节　裁定的其他运用与决定 …………………………………… 207

第四节　行政诉讼执行 …………………………………………… 211
附一　中华人民共和国行政诉讼法 ………………………………… 217
附二　最高人民法院关于适用《中华人民共和国行政诉讼法》若干问题的
　　　解释 …………………………………………………………… 231
参考书目 ……………………………………………………………… 236

第一章 行政诉讼的基本理论

第一节 行政诉讼法概述

一、行政诉讼的概念与特征

（一）行政诉讼的概念

行政诉讼是国家有权机关处理行政争议案件的活动，而行政争议是行政诉讼存在的前提。不论何种行政行为，对行政相对人的利益都会产生或大或小的影响，有的则会产生利益损害。有损害则必须有救济，而诉讼制度是最主要也是最重要的救济机制。

由于各国司法传统的不同，"行政诉讼"这一概念的表述方式也不同。在英国，没有"行政诉讼"概念，法院对行政行为的审查被称为"司法救济"，[1] 而且其司法救济与我国行政诉讼在诉讼理念和诉讼制度上都有较大不同。在美国，也没有"行政诉讼"概念，只有"司法审查"概念，而司法审查包括两个方面：法院对行政机关行政行为的审查；法院对国会制定的法律是否符合宪法的审查。前者可以看作是行政诉讼，后者可以看作是宪法诉讼。可见，其司法审查不能等同于行政诉讼。在日本，也没有"行政诉讼"概念，与之相接近的概念是"行政争讼"，即关于行政上法律关系的争论。但是日本的行政争讼与我国的行政诉讼的含义不完全相同，至少有两点区别：一是日本的行政争讼所解决的争议不限于公权力行使产生的争议，还包括对等当事人之间的争议；而我国只限于对公权力的行使产生的争议。二是日本的行政争讼

---

[1] 参见张越：《英国行政法》，中国政法大学出版社2004年版，第652页。

的审理机关，原则上由法院承担，但是有时出于迅速、简易以及专门性判断的必要性，也可以由行政机关承担；[1]而我国的行政诉讼只能由法院作为审理机关。在法国，行政诉讼是法院对行政活动的监督，这种监督依当事人申请而进行，是当事人不服行政机关行为的一种救济手段。[2]

在我国，由于学者研究的角度不同，导致对行政诉讼有不同的认识。据有的学者介绍，在我国《行政诉讼法》没有出台之前，行政法学界关于行政诉讼的定义至少有14种。[3]在《行政诉讼法》出台后，学者们普遍依据《行政法诉讼法》[4]的相关条款来界定"行政诉讼"。《行政诉讼法》第2条规定："公民、法人或者其他组织认为行政机关和行政机关工作人员的行政行为侵犯其合法权益，有权依照本法向人民法院提起诉讼。前款所称行政行为，包括法律、法规、规章授权的组织作出的行政行为。"既然我国已用立法的形式确定了行政诉讼的内涵，行政诉讼被普遍界定为公民、法人或其他组织认为行政机关及其工作人员的行政行为侵犯其合法权益依法向法院提起诉讼、由法院对行政行为进行审理并作出裁决的诉讼制度。

（二）行政诉讼特征

行政诉讼与刑事诉讼、民事诉讼一起，构成了我国三大基本诉讼制度，三者同为诉讼制度，因而具有一些共性，例如，都由人民法院主持进行，都是为了处理、解决案件，在具体程序上有一些相同之处等。但是，行政诉讼作为一项独立的诉讼制度，有其自己的特征。

1. 行政诉讼中的原告、被告具有恒定性。行政诉讼是公民、法人和其他组织认为行政机关的行政行为违法并侵犯了自己的合法权益而提起的，为此，行政诉讼中能够成为原告、享有起诉权的，只能是作为相对一方当事人的公民、法人或其他组织；被告只能是行政管理过程中居于管理地位的行政机关或法律、法规、规章授权组织，而且这些行政机关及授权组织没有起诉权，也没有反诉权，只能作为被告应诉。原告和被告的这种身份和地位是恒定而不能变换的。这是行政诉讼在原、被告上的重要特点，它与民事诉讼和刑事

---

[1] 参见[日]盐野宏：《行政法》，杨建顺译，法律出版社1999年版，第254~255页。
[2] 王名扬：《法国行政法》，中国政法大学出版社1988年版，第549页。
[3] 参见杨解君等：《行政法与行政诉讼法》（下），清华大学出版社2009年版，第52页。
[4] 由于《行政诉讼法》已于2014年11月1日进行了修改，因此，本书中的《行政诉讼法》，是指称修改后的《行政诉讼法》；而修改前的行政诉讼法则称为旧行政诉讼法或旧法。

诉讼很不相同。

2. 行政诉讼的内容是解决一定范围的行政争议。解决行政争议这是行政诉讼区别于民事诉讼和刑事诉讼的基本特征。所谓"行政争议"是指行政法律关系双方当事人之间的争议。但是，行政诉讼也并不能解决所有行政争议，它所解决的行政争议限于一定范围之内，通常是指行政相对人和行政机关之间的外部行政争议，而行政机关相互之间的和行政机关与其构成单位或工作人员之间的内部行政争议不通过行政诉讼途径解决，不属于行政诉讼的范畴。行政争议的存在是行政诉讼的前提，没有相对人对行政机关行政行为的不服和向人民法院提起异议，就不可能发生行政诉讼。

3. 行政诉讼的核心是审查行政行为的合法性。行政诉讼直接审查的对象是行政行为，而不是其他行政行为，且对行政行为的审查限于合法性范围，一般不对行政行为的合理性或适当性进行审查。

（三）行政诉讼与行政复议的比较

为了更加了解行政复议，有必要将行政诉讼与行政复议做个比较。行政复议是指公民、法人或者其他组织认为行政行为侵犯其合法权益，依法向规定的行政机关提出行政复议申请，受理的机关依据特定程序对原行政行为的合法性和适当性进行复查并作出裁决的活动和制度。行政复议与行政诉讼在本质上是一致的，即对被行政行为侵犯或可能侵犯的公民、法人或者其他组织的合法权益给予救济。

行政诉讼与行政复议的相同点如下：

1. 都是由行政纠纷引起的。而行政纠纷是自然人或者组织与行政主体之间，甚至行政主体之间或者行政主体与其公务人员之间，在行政权力的运行中发生的争执。而且，随着《行政诉讼法》的修改，行政诉讼与行政复议的受理范围越来越相似，不但受理具体行为，还受理复议或诉讼时一并提出的对特定规范性文件审查的请求。当然，目前行政诉讼与行政复议并不能解决所有的行政纠纷。

2. 提起行政诉讼和行政复议的一方只能是作为行政管理的相对人或利害关系人，即提起者只能是"民"不能是"官"。《行政复议法》明确规定必须是认为行政主体作出的行政行为侵犯了其合法权益的公民、法人或其他组织是行政复议申请人，此为申请行政复议所必须符合的条件。而新《行政诉讼法》第2条规定："公民、法人或者其他组织认为行政机关和行政机关工作人员的行政行为侵犯其合法权益,有权依照本法向人民法院提起诉讼。"

3. 被提起者只能是行政主体,即享有国家行政权,能以自己的名义行使行政权,并能独立承担由此而产生的相应法律责任的组织。

4. 行政行为的合法性都是被审查的重点。行政复议程序的设立,旨在在公民合法权益被行政机关作出的行政行为所侵害时予以救济。该种救济主要是通过对行政相对人申请复议所涉及的行政行为的合法性和适当性进行审查来实现的。根据新《行政诉讼法》的规定,人民法院审理行政案件,是对行政行为是否合法进行审查。

5. 在诉讼或复议期间,被告或被申请人都不得自行向原告或申请人和其他有关组织或者个人收集证据。新《行政诉讼法》第35条规定:"在诉讼过程中,被告及其诉讼代理人不得自行向原告、第三人和证人收集证据。"《行政复议法》第24条也规定:"在行政复议过程中,被申请人不得自行向申请人和其他有关组织或者个人收集证据。"

6. 在诉讼或复议期间,原则上都不停止行政行为的执行。新《行政诉讼法》第56条规定:"诉讼期间,不停止行政行为的执行。"《行政复议法》第21条也规定:"行政复议期间具体行政行为不停止执行。"此外,新《行政诉讼法》第57、59条规定,当事人对先予执行裁定和罚款、拘留不服申请复议的,在复议期间不停止执行。

行政诉讼与行政复议的区别如下:

行政诉讼与行政复议是行政救济制度的重要组成部分,两者的目的和功能是一致的,即都是通过纠正违法的行政行为以维护行政相对人的合法权益,都是依照法定程序审查行政行为的合法性以及特定规范性文件的制度。但两者有着明显的区别:

1. 受理机关不同。行政诉讼的受理机关是有管辖权的人民法院,而行政复议的受理机关是有管辖权的行政复议机关。

2. 适用程序不同。行政诉讼适用严格的司法程序,行政复议适用的则是"准司法程序"。

3. 审查范围不同。行政诉讼只对行政行为的合法性进行审查,而行政复议不但审查行政行为的合法性,还审查其合理性、适当性。

4. 处理权限不同。人民法院的裁决具有终局裁决的效力,而行政复议机关作出的行政复议决定,除了行政复议法律规范规定的特殊情况外,申请人对行政复议决定不服的，还可以向人民法院提起行政诉讼。

5. 审理方式不同。行政复议原则上采用书面审查的方式；行政诉讼一般采用开庭审理方式（一审必须开庭审理）。

6. 审级不同。行政诉讼实行二审终审制，行政复议实行一级复议制。

此外，行政复议与行政诉讼在当事人称谓、法定期限、受案范围等方面也有所不同。

二、行政诉讼的性质

（一）行政诉讼是一种法律监督制度

由于行政权力具有自我膨胀的特性，如果不对其加以控制，极易被滥用，侵害公民的权利。而对行政权加以控制的最佳利器是法律制度。在行政法制监督体系中，行政诉讼是一项事后法制监督制度，是国家法律监督制度的重要组成部分，于是，建立行政诉讼制度的宗旨之一是"监督行政机关依法行使职权"。人民法院通过对行政案件的审理，发现被诉的行政行为有违法情形时，可以运用国家司法权，撤销违法行政行为，或责成行政机关重新作出行政行为、要求被告限期履行职责的判决，还可以向相关行政机关提出司法建议，要求行政机关予以纠正。依法对被诉行政行为的合法性进行审查，体现了司法权对行政权的监督与制约，是行政法制监督的重要环节。

（二）行政诉讼是一种行政法律救济制度

从行政诉讼的设定目的上看，行政诉讼是为行政相对人提供保护的救济途径，是在监督行政机关依法行政的同时保护行政相对人的合法权益，在相对人合法权益受到或者可能受到行政行为的侵犯时，为相对人提供及时、有效的救济。由于行政行为的先定效力，行政相对人在提起诉讼之前根本无法与行政主体对抗。所以没有行政诉讼，不法行政行为侵犯相对人的合法权益时，行政相对人的合法权益无法得到保障。行政诉讼的主要动因也就是行政相对人认为其合法权益被行政主体的行政行为所侵害，向人民法院提出了给予法律救济的要求。如果行政相对人没有提出给予法律救济的要求，如果国家不在救济制度体系中以法律规定司法裁判为最终救济途径，就不可能有行政诉讼。《行政诉讼法》第1条规定："为保证人民法院公正、及时审理行政案件，解决行政争议，保护公民、法人和其他组织的合法权益，监督行政机关依法行使职权,根据宪法制定本法。"这是对行政诉讼法宗旨的规定。从分类上看,在四个宗旨中,其最终目的是"保护公民、法人和其他组织的合法权益"。行政诉讼制度的建立,就是国家顺应行政相对人提出的给予法律救济要求的结果,行政诉讼活动就是要使被违法行政行为所侵害的行政相对人的合法权益得到及时、有效的法律救济,从而使违法的行政作为和行政不作为得到纠正。

(三) 行政诉讼是国家诉讼制度的一部分

我国有民事、刑事、行政三大诉讼制度,行政诉讼是国家诉讼制度的一部分。行政诉讼是解决行政机关和相对人行政纠纷的一种诉讼制度,属于诉讼的范畴,具有解决纠纷、实施权利救济等诉讼的性质和特征,与民事诉讼、刑事诉讼一样,是构成我国完整的诉讼制度的一个组成部分。当然,同民事诉讼、刑事诉讼相比,行政诉讼有自己的特性。首先,解决的争议不同。行政诉讼是解决行政主体与行政相对人行政争议的活动;而民事诉讼解决的是平等民事主体之间所产生的人身与财产的民事争议;刑事诉讼解决的是被追诉者的刑事责任问题。其次,所反映的关系不同。行政诉讼反映的是行政权力同司法权力这两种权力之间的关系,而"反观民事诉讼和刑事诉讼,均不反映一种国家权力与另一种国家权力之间的关系。正是基于行政诉讼的这一特征,一些国家将行政诉讼称为司法审查"。[1]最后,原告与被告之间地位不同。行政诉讼中,原告与被告是恒定的,原告只能是行政相对人或利害关系人,被告只能是行政机关或法律、法规、规章授权组织,且不能反诉;民事诉讼中,原告与被告都是平等的民事主体,被告可以反诉;刑事诉讼中,虽然在公诉案件中原告与被告具有恒定性,但在自诉案件中则不是。

三、行政诉讼法

任何时代的国家都面临着如何既运用国家行政权力来解决社会冲突与纠纷,又防范国家行政权力"堕落"的问题。换言之,从有国家之日起,如何对国家行政权力进行有效规制以及获得好的社会治理实效便一直是国家必须面对与正视的问题。"人们需要的与其说是好的人,还不如说好的制度。……我们渴望得到好的统治者,但历史的经验向我们表明,我们不可能找到这样

---

[1] 张树义:《行政法与行政诉讼法》(第2版),高等教育出版社2007年版,第198页。

的人。正因为这样，设计使甚至坏的统治者也不会造成太大的损害的制度是十分重要的。"[1]而"众多形式的司法程序就是用于解决冲突纠纷的人类文明的答案"。[2]其中，通过行政诉讼方式来规制行政权力已成为现代法治必然的选择之一，因为如果公民权利遭受行政权力侵害却不给予其救济，那所能实现的也只能是"瘸腿的正义"甚至是"不正义"，而《行政诉讼法》可以有效地保障公民在遭受行政权力侵害时，通过程序法实现权利救济。

(一) 行政诉讼法的含义与特征

行政诉讼法是指调整人民法院和当事人及其他诉讼参与人，在审理行政案件过程中所进行的各种诉讼活动以及所形成的各种诉讼关系的法律规范的总和。行政诉讼法有狭义和广义之分。狭义的行政诉讼法仅指行政诉讼法典。在我国即指1990年实施的、2014年11月1日第十二届全国人民代表大会常务委员会第十一次会议修订的《中华人民共和国行政诉讼法》；广义的行政诉讼法，既包括宪法（包括组织法）、行政诉讼法典以及其他法律法规或者民事诉讼法可适用于行政诉讼的原则、制度和具体规定，还包括最高人民法院有关行政诉讼的司法解释和已经转化为国内法的国际条约。行政诉讼法的特点包括：

1. 行政诉讼法是我国法律体系中的重要法律部门。我国有七个主要法律部门，即宪法及宪法相关法、民法商法、行政法、经济法、社会法、刑法法、诉讼与非诉讼程序法法律部门。行政诉讼法是以行政诉讼为调整对象，是行政诉讼活动必须遵循的程序和依据，它是我国的基本法律之一，在我国法律体系中具有重要地位。

2. 行政诉讼法是一部程序法。程序法与实体法相对应，其中，实体法是规定具体权利与义务的法律规范，而程序法是规定实现实体权利与义务所应遵循程序的法律规范。行政诉讼主要是裁判当事人之间就行政法上的权利义务发生的争执，行政诉讼法就是具体规范人民法院和诉讼参加人在诉讼过程及裁判过程中应遵循相应规则的程序法规范。

3. 行政诉讼法是对行政权力监督和制约的法律规范。在行政诉讼中，公民通过行政诉讼对其合法权利进行救济，主观上是为了自身利益，但通过法

---

[1] [英] 卡尔·波普：《猜想与反驳》，傅季重等译，上海译文出版社1996年版，第549页。
[2] [英] 麦克斯·斯基德摩、马歇尔·卡里普：《美国政府简介》，张帆、林琳译，中国经济出版社1998年版，第281页。

院对行政行为的合法性审查,特别是一旦行政主体败诉就得承担相应法律责任的制度设计,迫使行政主体必须依法谨慎地行使国家行政权力,客观上达到对行政权力进行监督与制约的效果。

(二)行政诉讼法的渊源

1. 宪法中有关行政诉讼的规定。宪法是国家的根本大法,是行政诉讼制度的立法依据。宪法中有关行政诉讼的规定不仅体现在明确规定了公民的基本权利与自由、公民有权对国家机关及其工作人员违法失职行为进行申诉、控告与请求国家赔偿;也体现在其规定了人民法院行使国家审判权、人民检察院行使法律监督权的原则等。

2. 行政诉讼法典。也就是狭义的行政诉讼法,在我国指的是《中华人民共和国行政诉讼法》。目前有效的是 2014 年 11 月修改的、2015 年 5 月 1 日实施的《中华人民共和国行政诉讼法》,[1] 它较为系统地规定了行政诉讼原则与各项具体的行政诉讼制度。

3. 其他法律法规或者民事诉讼法可适用于行政诉讼的原则、制度和具体规定。为了保证法律之间的衔接,在其他法律法规或者民事诉讼法中基本上都有可适用于行政诉讼的原则、制度和具体规定的内容。例如,《人民法院组织法》中有关审判原则、组织形式、具体审判制度等方面的规定;《人民检察院组织法》中有关审判监督的方法、程序的基本规定等。而在具体程序方面,在行政诉讼法中没有规定的,也可以适用民事诉讼法的相关规定。为此,《行政诉讼法》第 101 条规定:"民法院审理行政案件,关于期间、送达、财产保全、开庭审理、调解、中止诉讼、终结诉讼、简易程序、执行等,以及人民检察院对行政案件受理、审理、裁判、执行的监督,本法没有规定的,适用《中华人民共和国民事诉讼法》的相关规定。"

4. 最高人民法院有关行政诉讼的司法解释。目前,我国最高人民法院司法解释对规范与执行法律具有重要的意义。例如,在行政诉讼法没有修改之前,最高人民法院先后制定了《关于执行〈中华人民共和国行政诉讼法〉若干问题的解释》(法释〔2000〕8 号)(以下简称《2000 年若干解释》)、《关于行政诉讼证据若干问题的规定》(法释〔2002〕21 号)(以下简称《证据

---

[1] 根据 2017 年 6 月 27 日第十二届千国人民代表大会常务委员会第二十八次会议《关于修改〈中华人民共和国民事诉讼法〉和〈中华人民共和国行政诉讼法〉的决定》,对行政诉讼法进行了第二次修正,该决定由 2017 年 7 月 1 日起施行。

规定》)、《关于审理国际贸易行政案件若干问题的规定》《关于审理反倾销行政案件应用法律若干问题的规定》与《关于审理反补贴行政案件应用法律若干问题的规定》。行政诉讼法修改后,最高人民法院又发布了《最高人民法院关于适用〈中华人民共和国行政诉讼法〉若干问题的解释》(法释〔2015〕9号)(以下简称《2015年若干解释》)。[1]

5. 国际条约中的规定。在审理涉外行政案件时,法院除了使用我国的行政法律之外,还要使用通过缔结的、参加的或认可的国家条约和双边、多边条约。但如果我国声明保留的例外。

第二节　行政诉讼法的基本原则

行政诉讼法基本原则是指反映行政诉讼基本特点、贯穿于整个行政诉讼活动或主要环节、对行政诉讼具有普遍指导意义的基本准则。根据《行政诉讼法》第4、5、7、8、9、10、11条的规定,我国行政诉讼的基本原则可概括为:法院依法独立行使行政诉讼审判权原则;以事实为根据,以法律为准绳原则;合议、回避、公开审判和两审终审原则;当事人诉讼地位平等原则;使用本民族语言、文字进行行政诉讼原则;辩论原则;人民检察院法律监督原则。但由于这些原则与民事诉讼、刑事诉讼原则是一致的,因此,可以说这些都是我国诉讼的一般性基本原则。因而,其反映不出行政诉讼与民事诉讼、刑事诉讼的区别。

我们认为,行政诉讼的基本原则应该是行政诉讼所独有的、能够反映其特性的原则。概括地讲,有如下几项:

一、对行政行为的合法性审查原则

《行政诉讼法》第6条规定:"人民法院审理行政案件,对行政行为是否合法进行审查。"该条规定了法院对行政行为的审查标准,即合法性审查。合法性审查原则至少包括两个方面的含义:

---

[1] 该司法解释共27条,包括十个大方面:立案登记制、起诉期限、行政机关负责人出庭应诉、复议机关作共同被告、行政协议、一并审理民事争议、一并审查规范性文件、判决方式、有限再审以及新旧法衔接。

1. 主要针对具体行政行为的合法性审查，而非抽象行政行为的审查

根据行政行为针对的行政相对人是否特定为标准，可将行政行为分为抽象行政行为与具体行政行为。抽象行政行为是指行政主体针对不特定行政相对人所作的具有普遍约束力的行政行为，具体行政行为是指行政主体针对特定行政相对人适用行政法规范所作的、只对该特定行政相对人具有约束力的行政行为。行政诉讼中人民法院主要审查具体行政行为，而不专门审查抽象行政行为。为此，《行政诉讼法》第13条规定：人民法院不受理公民、法人或者其他组织对行政法规、规章或者行政机关制定、发布的具有普遍约束力的决定、命令等提起的诉讼。当然，新修改的行政诉讼法也赋予了法院对规范性文件的审查权，但这只是一种附带审查，而非专门审查，即第53条规定，公民、法人或者其他组织只有在认为行政行为所依据的国务院部门和地方人民政府及其部门制定的规范性文件不合法，并且在对行政行为提起诉讼的情况下，才可以一并请求对该规范性文件进行审查。而且，如果发现具体行政行为所依据的规范性文件不合法，法院也不可以宣布该规范性文件违法或无效，而只能"向制定机关提出处理建议"。合法性审查原则之所以主要审查具体行政行为是因为：（1）根据我国宪法、组织法确定的体制，对抽象行政行为的审查监督权由权力机关和行政机关系统本身行使，故行政诉讼法只赋予人民法院对具体行政行为的审查监督权。（2）抽象行政行为涉及政策问题，不宜由法院判断。（3）抽象行政行为涉及不特定的相对人，有时甚至涉及一个或几个地区乃至全国的公民，其争议不宜通过诉讼途径解决。

2. 主要限于合法性审查，而非适当性审查

行政行为有合法性和合理性，合法性是指符合法律的规定，合理性涉及行政裁量权问题。根据行政诉讼法的规定，行政审判只对行政行为合法性进行审查，而行政机关行使自由裁量权的合理性，原则上人民法院不得干预。合法性审查原则界定了行政审判的权限范围，划清了司法权与行政权所作用的领域。之所以作如此规定是因为：（1）从法律赋予的职权来看。根据我国《宪法》，人民法院依法行使审判权，行政机关依法行使行政权。裁定行政行为是否合法的争议属于审判权的范围；确定行政行为在法律范围内如何进行更为适当、更为合理，是行政权的范围，两者不能互相代替。（2）从各自的工作擅长来看。人民法院长期从事审判活动，对适用法律最有经验，对法律问题最能作出正确评价。而行政机关长期从事行政活动，对行政管理最为熟

悉并最具有行政管理专门知识，对在法律范围内如何实施行政行为较为适当和合理的判断上最有经验。因此，合法性问题应交由人民法院解决，适当性问题留给行政机关解决。当然，《行政诉讼法》中也规定了对行政行为"明显不当的"，法院可以"判决撤销或者部分撤销"。这表面上看是对合理性的审查，实际上，行政行为的"明显不当"，已经超出了合理性范畴，而属于合法性的范围。

二、行政诉讼期间不停止执行行政行为原则

《行政诉讼法》第56条明确规定，诉讼期间，不停止行政行为的执行。行政行为不因原告提起诉讼而停止执行，这既是行政行为公定力的体现，也是由现代行政管理的特性决定的。所谓公定力是指行政行为一经成立，不论其是合法还是违法都推定为合法有效，所有的公民、法人和其他组织都必须予以尊重。公定力是一种推定或假定的法律效力，意味着行政行为除非有明显、重大违法的情形，在法定机关依法定程序使之失效之前，都应对行政行为作合法有效的推定。公定力作为一种对世的法定效力，这种效力所指向的对象不仅包括行政机关和行政相对人，而且对行政机关和行政相对人之外的其他公民、法人和其他组织也是如此。它要求一切公民、法人和其他组织对行政机关作出的行政行为予以尊重，不得任意否定。从反面来看，如果行政行为一经当事人起诉就予以停止执行，势必会破坏行政管理的效率性和连续性，使法律秩序处于不稳定状态。在遇到起诉情况较多时，甚至会导致行政管理陷入瘫痪状态，危害社会和公众的利益。

当然，不停止执行原则也不是绝对的。根据《行政诉讼法》第56条的规定，有下列情形之一的，停止行政行为的执行：（1）被告认为需要停止执行的；（2）原告或者利害关系人申请停止执行，人民法院认为该行政行为的执行会造成难以弥补的损失，并且停止执行不损害国家利益、社会公共利益的；（3）人民法院认为该行政行为的执行会给国家利益、社会公共利益造成重大损害的；（4）法律、法规规定停止执行的。

三、不适用调解原则

《行政诉讼法》第60条规定："人民法院审理行政案件，不适用调解。"

行政诉讼不适用调解,这是行政诉讼特有的原则之一,这是基于行政权既是职权也是职责的基本行政法理而来的。行政机关行使的是国家的权力,其有权行使该权力,也必须行使该权力,且必须依法行政,行政机关没有随意处分、讨价还价的权力。行政诉讼不适用调解,体现了对行政诉讼自身规律性的尊重。

然而,条条规则有例外,行政诉讼也不是绝对不能调解的。《行政诉讼法》第60条在"但书"后面作了例外的规定,即"行政赔偿、补偿以及行政机关行使法律、法规规定的自由裁量权的案件可以调解"。首先,现实中,行政机关也存在可以自由裁量的空间,行政诉讼也存在可以调解的因素。而且,解决行政纠纷也需要多样化、更加便捷的途径。其次,十八届三中全会对用调解方式来解决纠纷有了进一步要求,要求"完善人民调解、行政调解、司法调解联动工作体系,建立调处化解矛盾纠纷综合机制",这一点同样适用于行政诉讼制度。为此,行政诉讼法在总体上肯定行政诉讼不能调解的同时,在总结实践经验的基础上,也对行政诉讼调解开了一个口子,对可以调解的事项进行了明确列举,规定对涉及赔偿、补偿、自由裁量的案件可以调解。这是有限的调解,为老百姓"坐下来"与行政机关协商解决纠纷提供了途径,体现了适应现实需要、与时俱进的精神。

《行政诉讼法》明确了可以调解的三种情形,即行政赔偿、补偿以及行政机关行使法律、法规规定的自由裁量权的案件。此外,《行政诉讼法》明确了行政诉讼调解应遵循的原则,即"调解应当遵循自愿、合法原则,不得损害国家利益、社会公共利益和他人合法权益"。因此,调解必须遵循的三大原则为自愿原则,合法原则以及不得损害国家利益、社会公共利益和他人合法权益原则。

四、举证责任倒置原则

《行政诉讼法》第34条规定:"被告对作出的行政行为负有举证责任,应当提供作出该行政行为的证据和所依据的规范性文件。被告不提供或者无正当理由逾期提供证据,视为没有相应证据。"也就是说,在原告提起了对行政行为合法性审查的行政诉讼之后,不是由原告来证明行政行为的违法,而是由被告的行政机关来证明自己的行政行为合法,否则,就推定行政行为违法。

举证责任倒置是由行政管理活动的特殊性决定的。由于行政诉讼的客体是行政行为，行政行为所依据的证据在诉讼之前就已经形成，作为被告的行政机关，最清楚其作出行政行为的事实与法律依据；相反，行政相对方不易了解行政行为的依据。因此，被告具有较强的举证能力，应承担主要举证责任。

五、依法保障公民行政诉权原则

这是修改后的《行政诉讼法》新增的原则。根据《行政诉讼法》第3条第1款和第2款规定："人民法院应当保障公民、法人和其他组织的起诉权利，对应当受理的行政案件依法受理。行政机关及其工作人员不得干预、阻碍人民法院受理行政案件。"这一条对于行政诉讼而言非常有必要。也是经过多年实践后总结的经验。当然，也有学者认为，此条规定没有必要，其理由为：一是法律规定了受理行政案件的条件和程序，人民法院"对应当受理的"自然应当受理，其受理自然是"依法受理"；对不符合条件和程序的，即不应当受理的不予受理，也是"依法受理"的内在要求。二是行政机关和人民法院相互之间各有法定职责，宪政理念强调各机关之间的制约均衡功能，自然不允许某一机关干预、阻碍另一机关行使其法定职责；行政机关依法应诉也是宪政和法治行政原理的内在要求，是司法权对行政权进行统制的必要前提条件和基础支撑。[1]实际上，从我国的现实情况来看，这个条款的规定是非常必要的，特别对解决当下行政案件立案难、审理难等问题具有较大的现实意义。多年来，行政诉讼立案难的问题一直是令人头疼的事情，行政纠纷产生后，当事人不敢告或不愿告，法院不敢或不愿受理，这主要来源于行政机关及其工作人员的过多干预，导致法院不敢立案、不愿立案，也使得行政相对人告状无门，转而寻求信访渠道，从而出现了公民"信访不信法"的不正常现象。《行政诉讼法》增加此条，从法律上对行政机关的干预行为说"不"，有利于促进保护行政相对人行政诉权氛围的形成；也从法律上彻底消除了某些行政机关常以"稳定大局""政府中心工作"等各种借口和名义干预、阻挠法院受理行政案件现象的发生。

---

[1] 杨建顺："关于《行政诉讼法修正案（草案）》的修改建议"，载 http://www.chinalawedu.com/web/21712/wa20140818094736995090 03.shtml。

第三节 行政诉讼制度的历史发展

行政诉讼制度的产生有着特定的经济、政治、法治以及人权意识的基础。商品经济的发展，不仅为资产阶级革命打下了基础，也为行政诉讼法的产生提供了动力；民主政治的建立，为监督行政权的依法行使和维护公民的合法权益提供了条件，也成了行政诉讼法产生提供政治基础；法治原则的确立，不仅为行政诉讼法的产生提供了宪法基础，也为行政诉讼法的发展提供了广阔的前景；人权意识的觉醒成了行政诉讼法产生和发展的又一动力，并促进了行政诉讼法的进一步发展。[1]

一、大陆法系国家行政诉讼的历史发展

对于大陆法系国家来说，行政诉讼制度被称为行政裁判制度，是既独立于行政管理机关又独立于普通法院的，由行政法院运用准司法程序解决行政争议的制度。法国和德国是大陆法系的代表，下面笔者将介绍这两个国家的行政诉讼制度情况。

（一）法国

法国被誉为"行政法母国"，其产生时间最早，且就其内容而言，堪称大陆法系的典范。法国行政法的产生与其行政诉讼制度密不可分，以最高行政法院的前身——国家参事院——的成立为标志。法国大革命时期，高等法院由贵族把持，成了反对新政权改革措施的顽固的封建堡垒。因此，法国的分权理论中首先就是司法权不得干预行政管理。资产阶级通过立宪会议在1790年的《法院组织法》第13条中明确宣告："司法职能和行政职能现在和将来永远分离，法官不能以任何方式妨碍行政机关的活动，也不能审理行政人员的职务活动，违者以渎职罪论。" 5年以后，再次发布命令重申："严禁法院管辖任何行政行为，违者依法惩处。"[2]这样便从根本上解决了司法权与行政权分离的问题，使得公共行政活动不受普通法院的司法管辖。但是，发生在行政活动领域的纠纷确实客观存在，既然普通法院无权管辖，那只好另辟蹊

---

[1] 参见王麟：《行政诉讼法学》，中国政法大学出版社2013版，第30~32页。
[2] 张彩凤：《比较司法制度》，中国人民公安大学出版社2007年版，第205页。

径，构建新制度。

以国家参事院的建立为标志，法国行政法院的建立经历了以下几个阶段：[1]（1）行政法官时期。这一时期从1790年至1799年。1790年的《司法组织法》禁止普通法院受理行政案件。公民对于行政活动不服的申诉只能向上级行政机关提出，由行政人员受理，国家元首掌握最后的决定权。这时，裁决行政争议的权限属于行政机关本身，行政官员同时也是法官。（2）保留审判权时期。这一时期为1799年至1870年。1799年拿破仑成立了国家参事院，作为国家元首的咨询机关，受理公民对行政机关的控告案件，并向国家元首提出解决争议的建议，一切裁决均以国家元首的名义作出，国家参事院本身没有裁决权。国家参事院的设立，在法国行政法院发展史上意义重大，因为它第一次在行政系统内部分开实施行政任务和审判任务，使行政官员不再成为自己案件的法官。（3）部长法官制时期，也叫委任审判时期。这一时期为1872年至1889年。1872年5月24日，法国重建了在普法战争中一度消失的国家参事院，并赋予其委托审判权，可以以"法国人民"的名义独立行使行政案件的审判权。但是法律并没有剥夺部长的行政审判权，他们对行政案件拥有一般管辖权。法律规定，一切行政案件，除法律另有规定的除外，必须先由部长裁决，不服部长的决定才能向行政法院起诉。（4）独立审判时期。自1889年至今。1889年，最高行政法院对"卡多案件"的判决被誉为是行政法院建立史上决定性的案件。[2] 通过该判例，法国取消了部长法官制，确立了行政法院对行政诉讼的直接管辖权。一切行政诉讼可以直接向最高行政法院提起，最高行政法院的判决为终审判决，不得上诉。至此，独立的行政诉讼制度得以建立。战后，法国又进一步改革和完善这项制度，主要有：1953年，建立地方行政法院，规定地方行政法庭更新为地方行政法院，成为行政诉讼一般管辖权法院；最高行政法院所管辖的案件以法律为限，成为特定管辖权限的法院；1988年，在全国设立了5个上诉行政法院，再次减轻最高行政法院的负担，推动行政诉讼的进程。至此，法国现代的行政法院进入了成熟期。

---

[1] 参见姜明安：《外国行政法教程》，法律出版社1998年版，第61~63页。
[2] [英] L. 赖维乐·布朗、约翰·S. 贝尔：《法国行政法》（第5版），高秦伟、王锴译，中国人民大学出版社2006年版，第44页。

在法国，根据法官在判决案件时权力的大小，行政诉讼可以分为以下四类：[1](1) 完全管辖权之诉。所谓完全管辖之诉就是法官行使全部的审判权力，不但可以撤销、变更行政主体所作出的决定和重新作出的决定，还可以判决行政主体赔偿损失。在完全管辖权之诉中，尽管法官可以行使全部的审判权力，但法官不能命令行政主体为一定行为或者不为一定行为。(2) 撤销或者越权之诉。所谓撤销或者越权之诉就是在当事人请求法官撤销行政主体作出的一个损害其利益的违法决定时，法官只能对该决定是否合法进行审查，如果审查结论是不合法则有权撤销该决定。但是法官不得变更或者重新作出决定以及判决行政主体赔偿损失。(3) 解释及审查行政决定的意义与合法性之诉。所谓解释及审查行政决定的意义与合法性之诉就是法官只能解释普通法院法官在判决中遇到的行政问题或者对自己先前的判决确定范围。(4) 处罚之诉。所谓处罚之诉就是在该类行政诉讼中法官具有处罚权力。

作为传统大陆法系的代表，法国在行政诉讼上独具特色。首先，行政法院不属于司法机关，而是行政机关系列；法官是行政官员，是公务员系列。其次，行政法院在判决时广泛应用判例法，具有英美法系的"遵循先例"的特点。法国行政法中具有普遍性的重要原则几乎都是由判例产生。例如行政行为无效的理由、行政赔偿责任条件、行政合同制度、公务员的法律地位等重要的法律原则都由判例产生。[2]而且，一向重视法典化的法国，其行政法并没有完整的法典。

（二）德国

德国行政法历史悠久，但是现代意义的行政法制度却是在19世纪确立的。在18世纪以前，在地方和整个国家，设置了一些调解机构，如行政专家小组，行使行政裁判权。但是这些专家小组由地方行政当局组成。19世纪中期，全德范围内开始建立以法治为基础的宪政国家，这为德国的行政法院系统建立奠定了基础。1863年巴登州率先建立了一个独立的行政法院，之后普鲁士（1872年）、黑森（1875年）、符腾堡（1876年）、拜恩（1879年）等也纷纷建立行政法院。[3]至1924年，整个德国内建立了二级或三级行政法院

---

[1] 参见杨解君等：《行政法与行政诉讼法》（下），清华大学出版社2009年版，第71页。
[2] 王名扬：《比较行政法》，北京大学出版社2006年版，第30页。
[3] 参见刘飞：《德国公法权利救济制度》，北京大学出版社2009年版，第45页。

体系。1952年联邦德国根据基本法建立了联邦行政法院，并于1960年制定了《行政法院法》以取代过去的行政法律，规定在各邦建立统一的行政法院制度。行政法院系统由初级、高等和联邦行政法院构成。1976年《德国行政程序法》的制定和实施标志着德国行政法进入到成熟阶段。目前，德国各级行政法院共52所，其中联邦行政法院是最高审级，设在柏林；高等行政法院每州一所，共16所，初等行政法院的数目因州的大小不同而异。[1]德国行政法院具有大陆法系的特点：一是行政法院隶属于司法系统，不受行政干扰，具有很强的司法性，而非行政性。二是以成文法为主，而非判例法为主。成文法在德国行政法中占主要地位，《行政法院法》和《行政程序法》构成了其完整的行政法基础。

在德国，行政诉讼分为以下五种类型[2]：其一，确认无效之诉，即当事人提起行政诉讼的目的是请求法院判决其控告的行政行为无效。其二，强制履行之诉，即针对行政主体拒不履行法定义务的诉讼。其三，宣告之诉，即当事人请求法院确认某种行政法律关系存在或不存在而提起的行政诉讼。其四，变更之诉，即当事人请求上级法院改变下级法院判决或者请求法院改变仲裁决定而提起的行政诉讼。其五，确认补救之诉，即当事人要求行政法院判令行政主体弥补当事人权利损害而提起的行政诉讼。

二、英美法系国家行政诉讼的历史发展

英美法系由于不区分公法、私法，因此，基本上所有的争议都由普通法院管辖，并不设立专门的行政法院。

（一）英国

英国号称"宪政母国"，但其行政法概念从产生到发展却经历了一个漫长的过程。按照普通法的观念：一切英国人都毫无例外地受普通法和普通法院的管辖，任何公民，非经普通法院按照普通程序判决违法，不能受任何处罚。在反对专制特权的斗争中，作为国王特权的特别法院被议会废除，从而确定了普通法院的地位，对行政的司法控制职能主要由普通法院来承担。由于历史的原因，英国人对独立于普通法院以外的行政法院持不信任态度，认为普

---

[1] 张彩凤：《比较司法制度》，中国人民公安大学出版社2007年版，第235页。
[2] 参见杨解君等：《行政法与行政诉讼法》（下），清华大学出版社2009年版，第72页。

通法院是公民自由最可靠的保障，是防止行政机关专横、维系英国法治的最有力的工具。[1]

19世纪末，随着生产力的高速发展，行政管理的范围迅速扩大，英国行政法出现了两个显著的变化：一是委任立法的大量出现。由于议会自身的立法程序的复杂性、专业和技术的有限性等原因，面对日新月异、错综复杂的行政管理事项，议会立法难以适应现代化社会发展的需求。为应对这一困境，议会委托具有实际管理经验和技能的行政机关制定规范性文件，因此委任立法大量发展。二是行政裁判所的迅速发展。由于行政职能的广泛扩张，因行政引起的纠纷也必然增加。为了应对这一类的社会纠纷，行政裁判所的数量也随之增加。裁判所涉及的种类繁多，涉及养老金、卫生保健、社会保险、税务、专利等方面。其主要职能是行使部分司法权，受理行政机关和公民间涉及上述问题产生的争端。[2]

上述的变化引发了大量行政法问题，为了适应这些变化，司法审查制度得到了丰富和充实，加强了司法对行政的控制。普通法院不仅有权对政府的行政行为进行审查，也有权对行政裁判所的决定进行审查。英国行政法是以委任立法、行政裁判所和司法审查为核心发展起来的。英国行政诉讼的主要特点：一是没有独立的行政法院体系；二是适用普通法规则，程序法优先于实体法。

英国司法审查中的救济手段分为公法上的救济与私法上的救济两种手段。[3]公法上的救济手段主要有提审令、禁止令、执行令与人身保护状。所谓提审令就是有监督权的法院命令低级法院或行政机关把所作出的决定移送审查。所谓禁止令就是高等法院王座分院对低级法院和行政机关所发出的，旨在禁止它们越权的特权命令。所谓执行令就是当事人申请行政机关履行法定意义遭受拒绝后向高等法院申请发布执行令，由有监督权的法院发出命令行政机关履行法定义务的特权令。所谓人身保护状就是法院根据被拘禁者或其代理人的申请而发出的释放不合法拘禁的令状。私法上的救济手段主要有阻止令、确认判决和损害赔偿。所谓阻止令就是法院要一方诉讼当事人为一定行为或不为一定行为的命令。所谓确认判决就是法院宣告某种行政法律关系或法律地位是否存在的判决，但这种判决不伴随强制执行。所谓损害赔偿

---

[1] 王名扬：《比较行政法》，北京大学出版社2006年版，第32页。
[2] 朱维究、王成栋：《一般行政法原理》，高等教育出版社2005年版，第25页。
[3] 参见杨解君等：《行政法与行政诉讼法》（下），清华大学出版社2009年版，第68~69页。

就是损害人为了弥补行政机关的越权行为,对其或者可能对其合法权益造成损害,而向法院请求行政机关对损害进行赔偿。

(二) 美国

美国行政法深受英国行政法的影响,最初源于英国普通法和普通法院。与英国一样,美国没有独立的行政法院系统,一切行政争议都由普通法院予以解决。在建国初期,美国继承了英国的普通法令状制度,主要以执行令和禁止令作为控制行政行为的手段。这种司法救济制度在美国建国后百年中成了美国联邦和州行政法的基础。然而,到了19世纪末期及20世纪初期,英国的传统在美国逐渐被一些成文法规定的司法审查所代替或补充。自19世纪末期以来,联邦法院逐渐抛弃各种特权令状,主要根据成文法的规定进行司法审查。在没有任何成文法规定时,法院仍可以利用传统的普通法和衡平法上的救济手段进行司法审查。在美国,司法审查是指法院审查国会制定的法律是否符合宪法,以及行政机关的行为是否符合宪法及法律。这两种审查在美国都由普通法院执行,在法律没有特别规定时适用一般的诉讼程序。[1]美国的司法审查主要包括以下内容:[2]

1. 司法审查范围。美国的司法审查范围基本上是由判例而产生的。根据《联邦行政程序法》的规定,对当事人所提出的主张,审查法院应当决定全部有关的法律问题,解释宪法及法律条文的规定,并决定行政行为表示的意义。由此可见,司法审查范围包括法律问题的审查和事实问题的审查,其中法律问题的审查同时包括实体法律问题与程序法律问题的审查。

2. 合格当事人。原告和被告只有在符合法律规定的条件和资格时,他们之间的行政争议才能被法院所受理。根据《联邦行政程序法》的规定,原告是不法行政行为的受害人,其资格以"法定权利受到损害与不利影响"的标准来判定。

3. 审查原则。美国司法审查的基本原则主要有:首先管辖权原则、行政救济穷尽原则和成熟原则。所谓首先管辖权原则就是在司法审查中,如果遇到应该由行政机关首先审查解决的问题,应该由该行政机关对该问题做出裁决,然后再由普通法院予以司法审查。所谓行政穷尽救济原则就是当事人的

---

[1] 王名扬:《美国行政法》,中国法制出版社1995年版,第565页。
[2] 参见杨解君等:《行政法与行政诉讼法》(下),清华大学出版社2009年版,第70~71页。

合法权益遭受不法行政行为损害后，当事人在通过某种行政途径对其合法权益进行救济未果后才能进行司法救济。所谓成熟原则就是只有在当事人所指控的行政行为发生了实际上的不利影响并适合于法院审查时，司法审查的时机才算成熟，这时法院才能进行司法审查。

虽然美国行政法与英国有着密切的关联，但还是体现了自己的特色：一是司法的二元结构体制，也就是联邦和各州都有自己的司法体系，二者的关系由宪法法律等予以规定，因而由于诉讼的当事人或诉讼标的不同，受理法院也不同；二是相对于保守的英国，美国具有更多的创新精神，例如违宪审查制度。

三、新中国的行政诉讼制度的历史沿革与行政诉讼法的修改

（一）新中国的行政诉讼制度的历史沿革

我国行政诉讼制度可追溯到《中华民国临时约法》第49条。该条规定："法院依法律审判民事诉讼及行政诉讼，但关于行政诉讼及其他特别诉讼，另以法律定之。"但真正独立的行政诉讼制度则建立于20世纪80年代。具体说来，新中国成立后，行政诉讼制度的沿革主要有三个阶段：

第一阶段是1949年至1982年。1954年《宪法》第97条规定："中华人民共和国公民对于任何违法失职的国家机关工作人员，有向各级国家机关提出书面控告或者口头控告的权利，由于国家机关工作人员侵犯公民权利而受到损害的人，有取得赔偿的权利。"但由于主客观方面的原因，这时期只是由宪法做了原则性的规定，没有制定具体的行政诉讼法律规范。

第二阶段是1982年至1989年。1982年《宪法》第41条明确规定建立行政诉讼制度和国家赔偿制度。在1982年3月全国人大常委会公布的《中华人民共和国民事诉讼法（试行）》第3条第2款规定："法律规定由人民法院审理的行政案件，适用本法规定。"这一规定确立了我国的行政诉讼制度，初步解决了人民法院审理行政案件程序上的法律依据问题。之后，最高人民法院根据实践中出现的问题，对该款发布了一些重要的司法解释，为我国进一步制定行政诉讼法积累了经验。

第三阶段是1989年至2014年。1989年4月4日，第七届全国人民代表大会第二次会议通过《行政诉讼法》，并于1990年10月1日起施行。《行政诉讼法》的颁行，标志着我国全面建立了行政诉讼制度。

(二) 行政诉讼法的修改

《行政诉讼法》实施二十多年来，对于促进我国的民主法制建设，保护公民、法人和其他组织的合法权益，监督行政机关依法行政起到了重要作用。但该《行政诉讼法》所建立的一些诉讼制度在实践中也暴露出了一些问题，如行政案件数量少、行政案件撤诉率高、行政案件审判难、行政判决执行难等。产生这些问题的原因在于观念滞后，制度不足，执法环境不尽如人意等。

2014年10月23日，中国共产党第十八届中央委员会第四次全体会议通过的《中共中央关于全面推进依法治国若干重大问题的决定》明确指出："各级政府必须坚持在党的领导下、在法治轨道上开展工作，创新执法体制，完善执法程序，推进综合执法，严格执法责任，建立权责统一、权威高效的依法行政体制，加快建设职能科学、权责法定、执法严明、公开公正、廉洁高效、守法诚信的法治政府"，"完善行政组织和行政程序法律制度，推进机构、职能、权限、程序、责任法定化。行政机关要坚持法定职责必须为、法无授权不可为，勇于负责、敢于担当，坚决纠正不作为、乱作为，坚决克服懒政、怠政，坚决惩处失职、渎职。行政机关不得法外设定权力，没有法律法规依据不得作出减损公民、法人和其他组织合法权益或者增加其义务的决定"。《行政诉讼法》对于制约与监督行政权力，保障公民、法人和其他社会组织合法权益有着重要的作用，《行政诉讼法》的完善对于实现依法治国、依法行政有着至关重要的意义。

2014年11月1日，全国人民代表大会常务委员会正式通过了关于修改《中华人民共和国行政诉讼法》的决定。修改后的《行政诉讼法》自2015年5月1日起施行。从修改后的《行政诉讼法》的内容来看，相较于旧行政诉讼法而言，新法更加注重保障当事人的诉讼权利、对规范性文件进行附带审查、改革完善管辖制度、完善诉讼参加人制度、完善证据制度、完善民事争议和行政争议交叉的处理机制、完善判决形式、增加简易程序、加强人民检察院对行政诉讼的监督、进一步明确行政机关不执行法院判决的责任。修改后的《行政诉讼法》被《光明日报》形象地称为"民告官"进入了2.0时代，并且认为存在着十大亮点。[1]这十大亮点分别是：（1）"扩大受案范

---

[1] 参见"'民告官'迈入2.0时代——解读新修改的行政诉讼法十大亮点"，载http://theory.people.com.cn/n/2014/1106/c40531-25985012.html。

围",即将对征收、征用及其补偿决定不服的与行政机关滥用行政权力排除或者限制竞争等行为纳入到受案范围之中;(2)"行政机关不得干预、阻碍法院立案",即行政机关及其工作人员不得干预、阻碍人民法院受理行政案件;(3)"应当登记立案",即法院在接到起诉状时对符合法律规定的起诉条件的,应当登记立案,如果不能当场判定的,应接收起诉状,出具书面凭证,7日内决定是否立案;(4)"起诉期限延长到六个月",即直接向法院提起诉讼的,应当自知道或者应当知道作出行政行为之日起6个月内提出,如果是涉及不动产的可延长至20年;(5)增加调解制度,即行政赔偿、补偿以及行政机关行使法律、法规规定的自由裁量权的案件可以调解;(6)完善审判监督制度,即人民检察院对行政诉讼案件的受理、审理、执行等问题要参照《民事诉讼法》的规定,人民检察院对于行政诉讼合同的监督,检察院适用《民事诉讼法》的相关规定;(7)行政首长应当出庭应诉,即被诉行政机关负责人应当出庭应诉,如果不能出庭,应当委托行政机关相应的工作人员出庭;(8)可跨区域管辖,即经最高人民法院批准,高级人民法院可以根据审判工作的实际情况,确定若干人民法院跨行政区域管辖行政案件;(9)复议机关是共同被告,即经复议的案件,复议机关决定维持原行政行为的,作出原行政行为的行政机关和复议机关是共同被告,如果是复议机关改变原行政行为的,复议机关是被告;(10)可拘留拒不执行的行政机关直接责任人,即行政机关拒绝履行判决、裁定、调解书的,如果造成了恶劣的社会影响,可以对该行政机关直接负责的主管人员和其他直接责任人员予以拘留。

而随着检察机关提起行政公益诉讼试点的结束,2017年6月27日第十二届全国人民代表大会常务委员会第二十八次会议对行政诉讼法进行了第二次修正,在行政诉讼法第25条增加了一款作为第四款,即"人民检察院在履行职责中发现生态环境和资源保护、食品药品安全、国有财产保护、国有土地使用权出让等领域负有监督管理职责的行政机关违法行使职权或者不作为,致使国家利益或者社会公共利益受到侵害的,应当向行政机关提出检察建议,督促其依法履行职责。行政机关不依法履行职责的,人民检察院依法向人民法院提起诉讼。由此建立了检察机关提起行政公益诉讼制度"。该修订内容自2017年7月1日起施行。

第二章 行政诉讼受案范围

第一节 受案范围概述

行政诉讼的受案范围是指法律所规定的人民法院所受理的行政案件的范围，或者说是人民法院解决行政争议的范围、种类和权限，它是行政相对人提起行政诉讼和人民法院受理行政案件、裁判行政争议范围的统一。行政诉讼受案范围制约着管辖、证据、程序以及判决等规定，是《行政诉讼法》其他部分的前提和基础。

一、确定受案范围的意义

行政诉讼受案范围涉及司法权、行政权和行政相对人诉权三者之间的关系，这一范围同时决定着司法机关对行政主体行为的监督范围，决定着受到行政主体侵害的公民、法人和其他组织的诉讼范围，也决定着行政终局裁决权的范围。因此，"恰当地确定行政诉讼的受案范围，对于促进行政机关合法、有效地实施行政管理，最大程度地保护公民、法人或者其他社会组织的合法权益，具有十分重要的意义"。[1]具体而言，确定受案范围的意义在于：

首先，受案范围是公民、法人和其他组织依法诉讼的法律依据。对行政相对人而言，受案范围可称为"可起诉范围"，它决定着相对人行使行政诉权的范围。在合法权将受到侵害时，只有对属于受案范围内的行政行为，相对人才享有起诉权进而获得司法救济。

---

[1] 应松年：《行政法与行政诉讼法》（第2版），法律出版社2009年版，第454页。

其次,受案范围是行政机关接受司法审查的依据。对行政机关而言,行政诉讼受案范围实质上是行政行为接受法院司法审查和监督的范围,在行政诉讼范围内的行政行为,行政机关有义务接受审查,反之则可以予以拒绝。行政机关处理行政案件受到司法的监督与制约,能够促使行政机关依法行政。

最后,受案范围是人民法院依法受理审理案件的依据。对人民法院而言,受案范围可称为"法院的主管范围",因为司法权与行政权是两种不同的国家权力,司法机关不能代替行政机关行使行政权,同样,行政机关也不能代替司法机关行使司法权。只有在行政诉讼受案范围内的行政行为,人民法院才有权对其进行直接监督。明确受案范围为法院正确履行职责、维护诉权、防止推诿提供了保证,有利于及时、有效地处理行政案件。

二、制约受案范围的因素

就理想状态而言,人们希望法院提供无漏洞的司法保护,以防止行政权对行政相对人权益的损害。但在现实生活中,面面俱到的司法审查既无可能,也无必要,事实上各国都或多或少地将一些行政争议排除在受案范围之外。各国法律制度确定行政诉讼受案范围的大小、宽窄有所差异,不同国家受案范围的确定是考量了诸多因素的结果,诸如国家的政治体制、经济体制、国家机关间的权力结构、法律体系以及法律传统、法律观念、民主法制建设程度、公民行政法律意识等。行政诉讼的受案范围,反映了司法权对行政审查的范围,是司法权与行政权相互作用、不断制约的结果,是一个国家政治、经济、文化及法治状况的综合反映。行政诉讼受案范围的制约因素主要有:

(一) 设置行政诉讼目的性因素

行政诉讼受案范围设定有诸多目标,如,应最大限度地保护公民、法人或者其他组织的合法权益,因为有权利必有救济,有权力必受监督,是现代法治国家的基本要求。再如,诉讼是法治社会里国家强制性解决法律纠纷的最后手段,只要是法律性争议,都可以分别纳入一国司法制度所包含的诉讼种类的范围内予以解决。唯其如此,才能够避免本可以通过诉讼解决的纠纷,却被司法拒之门外而得不到有效解决的现象,导致人们因法定的正当渠道不通畅,转而寻求法外途径解决问题时激化矛盾,从而影响社会秩序稳定,妨碍社会发展进步,更会损害社会主义的基础。还有,行政诉讼范围的确立还必须考虑对公共利益维护的问题。可见,确定行政诉讼受案范围不能只考虑这一个因素。如果只考虑这一个因素,特别是仅仅考虑对行政相对人的权利保障和权利救济,那么所有行政行为,只要公民认为违法和侵犯其权益,均可被诉,行政行为的可诉性将是无限的。而在某些时候、某些条件下,行政行为具有特别紧急性、政治性、保密性等,如果允许公民、法人和其他组织对相应行为进行起诉,由法院对之进行公开的司法审查,可能不利于保护国家、社会公共利益,甚至会损害国家、社会公共利益。在这种情况下,为维护国家和社会公共利益,立法者不得不将某些行政行为排除在行政诉讼受案范围之外,而对行政相对人采取其他途径进行救济。

(二)司法机关解决行政争议的能力

法院解决行政争议的能力通常受以下几方面的影响:法院在整个国家机构中的宪法地位;法院在公众中的威信;法院对行政机关进行有效监督的可能性;法院的人、财、物的配置状况;法官的素质、法官进行行政审判的知识、经验;审判人员、组织机构受理行政案件的能力;等等。上述因素直接或间接地影响着法院解决行政争议的能力。法院解决行政争议的能力愈低,行政诉讼的受案范围则相对缩小,反之亦然。从国外的司法实践来看,如果一国的行政诉讼制度仅仅旨在维护行政法律秩序,就倾向于缩小行政诉讼受案范围;如果一国的行政诉讼制度旨在维护行政法律秩序和切实解决行政争议,就倾向于扩大行政诉讼的受案范围。

(三)行政机关行使职权的状况及自我约束状况

一个完善制度的形成,除了立法者自身高超的立法技术外,更多的是以不完善的社会背景为前提的,只有在问题广袤繁杂,认识尖锐对立的状态下,制度才有可能设计得比较完善。同样的,只有在行政权力广泛存在并且处于无序状态时,寻求救济的社会需求才会相当普遍。在这种情况下,救济制度的作用就会更加突出,并直接地体现在救济范围的广泛性上。反之,如果一个国家行政机关的自律程度很高,或行政机关行使职权的状况尽善尽美,或者自我约束的机制比较完善,那么行政诉讼就不可能成为一种普遍的社会需求,社会对行政诉讼制度建立的迫切性就会降低,行政诉讼受案范围也就没有扩大的必要。由此可见,行政诉讼的社会需求与行政诉讼的受案范围是成正比的。

(四)司法权与行政权的关系

行政诉讼受案范围是对司法审查权的合理界定,它规定着司法权对行政权的制约和监督的程度。在确定行政诉讼受案范围时，要正确处理人民法院与行政机关在受理行政案件上的分工，既要考虑到人民法院的承受能力和有利于案件的及时、妥善处理，也要考虑到充分发挥行政机关在处理行政争议上的作用和长处。应将需要通过诉讼程序解决的行政争议纳入行政诉讼的范围，将不宜由人民法院处理的行政争议划归行政机关或其他国家机关处理，包括对某些应当由行政机关作终局裁决的案件，以及因行政机关内部行为而引起的案件，均不宜纳入人民法院受案范围。

（五）公民权利意识和民主意识发展的程度

公民权利意识和民主意识的发展程度通常是该国行政诉讼受案范围的决定因素。只有当人们的民主意识更为成熟、更为普遍、更为强烈时，只有当广大公民普遍认为行政诉讼制度成了国家重要诉讼制度时，行政诉讼制度才会随着时代的步伐而前进。因而，公民权利意识强，反映在立法上，则受案范围大；公民权利意识弱，则受案范围小。

三、行政诉讼受案范围中行政行为的确立标准

某个行政行为是否应被纳入行政诉讼受案范围，还要看该行政行为是否具有可诉性，因此，可诉性是判断该行政行为是否应被纳入行政诉讼受案范围的重要标准。行政行为可诉性，也称行政行为的"可审查性"，它是指行政主体作出的行政行为在一定条件下可诉诸法院的一种本质属性。可诉性意味着行政相对人提起行政诉讼的可能性，意味着法院对行政行为的可审查性，也意味着该行政行为接受司法审查的必要性。

具有可诉性的行政行为具有如下特征：

1. 是对相对人的权利义务产生实际影响的行为

行政行为只有对相对人的权利义务产生实际影响才有权利救济的必要性，才有司法审查的可能性，而且，这种影响往往是直接的影响。例如，行政指导行为是行政机关行使行政管理职能的行为，但由于它只是一种建议性质的行为，不具有强制性，不会对相对人的权利义务产生直接的影响，因此，行政指导行为就不属于可诉性行政行为。但是如果行政机关借行政指导之名行行政强制之实，那么这种行政指导就对相对方的权利义务产生了实际的、直接的影响，由此，该行为便属于可诉性行政行为。同样，行政机关的调解也

是如此，不属于可诉性行政行为。

2. 是具有司法审查必要性的行为

《行政诉讼法》规定我国司法审查的排除范围，以及刑事侦查行为、仲裁行为等，由于法律已经为这些行为提供了其他有效的救济途径，或者其行为性质不适合接受司法审查，因此，不具有司法审查的必要性。

3. 是具有司法审查可能性的行为

行政行为不仅错综复杂而且涉及很多的领域，有的需要专业的技术知识和较高的实际操纵能力。法院只是一个法律运用机构，法官只能在法律运用的范围内进行审查。至于超出规则运用之外的技术难题就不应该列入司法审查的范围。

四、受案范围的确定方式

所谓受案范围的确定方式指的是行政诉讼受案范围在一国行政诉讼法体系中的具体表现形式，所要解决的是以何种方式恰当地、完整地并且准确地将受案范围表达出来的问题。表面上看，受案范围的确定是一个立法技术问题，但实际上受案范围能否恰当地、完整地并且准确地表达出来，对于促进行政主体依法行政、有效地实施行政管理以及最大程度地保护公民、法人或者其他社会组织的权益具有重大的意义。这是因为，如果受案范围的确定方式存在漏洞或者不科学之处，或者不能明确确定某一行政行为是否属于行政诉讼受案范围，将意味着有部分的行政权力得到不到《行政诉讼法》的有效监督与制约。

目前，世界各国对行政诉讼受案范围的确定方式主要可分为概括式、列举式和混合式等几种。

（一）概括式

概括式是由成文法明确规定行政相对人可以提起行政诉讼的一个基本的抽象标准。这种方式的优点是为司法机关逐步拓宽行政诉讼实际受案范围提供了先决条件，立法形式上简单、全面。如《德国行政法院组织法》第41条第1款规定："非宪法性质之所有公法上争议，除联邦法律明文规定，应由其他法院审理外，都可以提起行政诉讼……"《美国联邦行政程序法》第702条规定："因行政行为而致使其法定权利受到不法侵害的人，或者受到有关法律规定之行政行为的不利影响或者损害的人，均有权诉诸司法审查。"从各国行政诉讼实践看，在一个实行行政诉讼受案范围概括式的国家中，必须存在一个能动的司法机关和成熟的判例法制度，否则，概括式的受案范围就失去了可行性。因为，概括式的受案范围只提起了一个行政相对人可以提起行政诉讼的抽象标准，落实到一个具体的行政争议是否属于行政诉讼的受案范围有时可能会引起争议，不能由行政争议任何一方当事人认定，这个裁决权应当由司法机关来行使。此时，这个司法机关应当具有相当的司法能动性，而不是只见法律条款，不见法律精神的适用法律的机器。我国《行政诉讼法》第2条规定："公民、法人或者其他组织认为行政机关和行政机关工作人员的行政行为侵犯其合法权益，有权依照本法向人民法院提起诉讼。前款所称行政行为，包括法律、法规、规章授权的组织作出的行政行为。"这里便是概括式的规定。

（二）列举式

列举式是指由成文法和判例法明确规定行政相对人可以提起诉讼和不能提起诉讼的范围。它有肯定的列举和否定的列举两种方法。肯定列举式是从立法上采用正面肯定方式明确列举行政相对人可以提起诉讼的案件的范围，否定列举式是从反面排除行政相对人不可以提起诉讼的案件的范围。列举式的优点在于使行政诉讼受案范围边界明确，用以指导审判实践的实用性非常强。然而成文法固有的不周延性也使得列举式的缺点非常明显，即该方式不能穷尽所有可诉行政行为和不可诉行政行为。尤其是当采用肯定列举式时，由于不能穷尽可诉行政行为，从而产生了救济的空白领域，造成相对人受到未穷尽部分行政行为侵害时不能及时获得司法救济。我国《行政诉讼法》第12条和第13条分别以肯定和否定的方式对我国行政诉讼受案范围进行了列举。

（三）混合式

混合式又称为折中式、结合式，是指在一国的行政诉讼法中采用概括式和列举式并举的方法规定行政诉讼受案范围。这种方式既在原则上概括肯定了侵权可诉标准，同时又具有具体的范围标准，对违法行政行为进行逐项列举，将上述两种方式结合使用，通常认为混合式是确定行政诉讼受案范围的较好方式。我国行政诉讼法在确定受案范围上基本采取混合的方式。即采取概括式的总体规定，然后分别进行肯定式列举和否定式列举。

值得注意的是，《行政诉讼法》将旧法中涉及的"具体行政行为"全部改为"行政行为"。这是吸收了《2000年若干解释》中的表述，在《2000年若干解释》中，摒弃了"具体行政行为"的提法，代之以"行政行为"。这样做的好处是：

1. 在立法逻辑上更通畅。先做一个行政行为的概述，这个行政行为应当是一个广义的行政行为，它不仅包括具体行政行为，也包括抽象行政行为。而在后面受案范围的排除事项中，将抽象的行政行为予以排除，符合大概念下的例外原则的思维逻辑，体现了立法技术的成熟。

2. 进一步破解立案难问题。行政行为并非是非此即彼的，有的行为属于明显的具体行政行为，有的行为属于抽象行政行为，实际上还存在着介于具体与抽象之间的行政行为，例如，土地定价行为等。实践中，有的法院人为地为"具体行政行为"设定标准，以不属于具体行政行为为借口，对应当受理的行政案件不予受理，这在客观上成了"立案难"的原因之一。改为"行政行为"取消了"具体行政行为"与"抽象行政行为"之间的模糊地带，在一定程度上能够解决立案难问题。

3. 将"具体行政行为"改为"行政行为"可为目前适当扩大行政诉讼受案范围去除法律障碍，《行政诉讼法》不仅对具体行政行为进行审查，还对规范性文件进行附带审，也受理行政合同案件等。[1]而"行政行为"涵盖了上述这些范围。

当然，将行政诉讼法中的"具体行政行为"改为"行政行为"后，考虑到相互衔接问题，那么《行政复议法》也必然要做相应的修改，其他相关的法律也要做出修改，这将引起一连串的修法活动。

第二节　肯定式列举的受案范围

一、侵犯人身权财产权的案件

根据《行政诉讼法》第 12 条第 1 款的规定，公民、法人和其他组织对下列行政行为不服提起诉讼的，人民法院应当受理：（1）对行政拘留、暂扣或者吊销许可证和执照、责令停产停业、没收违法所得、没收非法财物、罚款、

---

〔1〕　参见蒋涛、郭金超："行诉法修正案草案二审'民告官'法修改瞄准三难"，载 http://news.china.com.cn/live/2014-08/26/content_ 28407948.htm.

警告等行政处罚不服的。(2) 对限制人身自由或者对财产的查封、扣押、冻结等行政强制措施和行政强制执行不服的。(3) 申请行政许可，行政机关拒绝或者在法定期限内不予答复，或者对行政机关作出的有关行政许可的其他决定不服的。(4) 对行政机关作出的关于确认土地、矿藏、水流、森林、山岭、草原、荒地、滩涂、海域等自然资源的所有权或者使用权的决定不服的。(5) 对征收、征用决定及其补偿决定不服的。(6) 申请行政机关履行保护人身权、财产权等合法权益的法定职责，行政机关拒绝履行或者不予答复的。(7) 认为行政机关侵犯其经营自主权或者农村土地承包经营权、农村土地经营权的。(8) 认为行政机关滥用行政权力排除或者限制竞争的。(9) 认为行政机关违法集资、摊派费用或者违法要求履行其他义务的。(10) 认为行政机关没有依法支付抚恤金、最低生活保障待遇或者社会保险待遇的。(11) 认为行政机关不依法履行、未按照约定履行或者违法变更、解除政府特许经营协议、土地房屋征收补偿协议等协议的。(12) 认为行政机关侵犯其他人身权、财产权等合法权益的。

与旧法相比，在肯定式的受案范围中，《行政诉讼法》扩大了司法审查的行政行为的范围。

(一) 对行政处罚行为不服的行政诉讼

行政处罚行为包括自由罚，与之对应的是行政拘留；行为罚，与之对应的是责令停产停业，暂扣或者吊销许可证、暂扣或者吊销执照；财产罚，与之对应的是罚款、没收违法所得、没收非法财物；声誉罚，与之对应的是警告。《行政诉讼法》第12条第1款第1项规定，"对行政拘留、暂扣或者吊销许可证和执照、责令停产停业、没收违法所得、没收非法财物、罚款、警告等行政处罚不服的"，公民、法人或者其他组织可以提起行政诉讼，其中的行政处罚内容的表述与行政处罚法对行政处罚种类的范围相一致。[1]

与旧法相比，《行政诉讼法》在对行政处罚行为的受案范围中做了如下修改：

1. 在自由罚中，"拘留"改为"行政拘留"，使诉讼对象更为准确。按照我国相关法律规定，拘留可以分为行政拘留、刑事拘留和司法拘留三种形式。

---

[1]《行政处罚法》第8条规定了行政处罚的种类，包括：(1) 警告；(2) 罚款；(3) 没收违法所得、没收非法财物；(4) 责令停产停业；(5) 暂扣或者吊销许可证、暂扣或者吊销执照；(6) 行政拘留；(7) 法律、行政法规规定的其他行政处罚。

三种类型的拘留在法律性质、适用对象、适用条件、目的和期限等方面均有不同。行政拘留是由法定行政机关，一般是县级以上公安机关，依法对违反行政法律规范的人，在短期内限制其人身自由的一种行政处罚，由于这种拘留主要针对违反治安管理法律规范的一般违法者，所以也被称为治安拘留。行政拘留最长为15日。行政拘留在学术上又被称为人身罚，是行政处罚中最严厉的一种。行政拘留的决定只能由县级以上公安机关作出并执行，其他任何行政机关都没有决定权。此外，对轻微犯罪行为的处罚，也可以只以非刑罚方法进行处罚。例如，我国《刑法》规定："对于犯罪情节轻微不需要判处刑罚的，可以免予刑事处罚，但是可以根据案件的不同情况，予以训诫或者责令具结悔过、赔礼道歉、赔偿损失，或者由主管部门予以行政处罚或者行政处分。"刑事拘留是公安机关依据《刑事诉讼法》的规定，对现行犯或者重大嫌疑分子所采取的临时限制其人身自由的强制方法，是强制措施中最严厉的一种。刑事拘留一般由公安机关决定并执行；人民检察院直接受理的案件，需要依法拘留犯罪嫌疑人的，由人民检察院决定，由公安机关立即执行。普通刑事拘留的最长期限不得超过14日，对流窜作案、多次作案、结伙作案的重大嫌疑分子刑事拘留的最长期限不得超过37日。司法拘留是人民法院为了保障诉讼程序的顺利进行，根据有关诉讼法的规定，对于妨害民事、行政诉讼程序的人所实施的临时剥夺其人身自由的强制措施。司法拘留由人民法院决定并由人民法院司法警察执行，最长不得超过15日。司法拘留期间，被拘留人承认并改正错误的，法院可以决定提前解除拘留。

对刑事拘留、司法拘留都不能提起行政诉讼，只有对行政拘留不服的才可以提起行政诉讼。

2. 在行为罚中，增加了暂扣许可证和执照，与《行政处罚法》中关于行为罚的内容相一致。但这里也存在着"暂扣"行为到底属于行政处罚行为还是行政强制行为的争议。按照行政法的理论，行政处罚是一种惩戒性的行为，是对过去违法行为的惩戒，是一种结论性的行为；而行政强制是一种暂时约束的行为，不具有结论性，是为进一步作出结论做好准备。因此，这里的"暂扣"应当是一种对违法行为惩戒的行政处罚。

3. 在财产罚中，增加了"没收违法所得"，并将原来的"没收财物"改为"没收非法财物"，使之更准确，并使之与行政处罚的财产罚内容一致。

4. 增加了声誉罚的内容，即对警告的行政处罚不服的，也可以提起行政诉讼。增加这一条很有必要，尤其是在信息时代，一个具有广泛传播范围的声誉罚会对行政相对人产生极大影响，其影响力甚至超过直接对财产方面的处罚。通过允许相对人提起行政诉讼，给相对人一次救济机会，对处罚错误的，及时还相对人一个清白。

（二）对行政强制行为不服的行政诉讼

《行政诉讼法》第12条第1款第2项规定，"对限制人身自由或者对财产的查封、扣押、冻结等行政强制措施和行政强制执行不服的"，公民、法人或者其他组织可以提起行政诉讼，在旧法的基础上增加了"行政强制执行"一词，使之与《行政强制法》在表述上相一致。

根据《行政强制法》的规定，行政强制包括行政强制措施和行政强制执行。

行政强制措施，是指行政机关在行政管理过程中，为制止违法行为、防止证据损毁、避免危害发生、控制危险扩大等情形，依法对公民的人身自由实施暂时性限制，或者对公民、法人或者其他组织的财物实施暂时性控制的行为。根据《行政强制法》的规定，行政强制措施的种类包括：限制公民人身自由；查封场所、设施或者财物；扣押财物；冻结存款、汇款；其他行政强制措施。

行政强制执行，是指行政机关或者行政机关申请人民法院，对不履行行政决定的公民、法人或者其他组织，依法强制履行义务的行为。行政强制执行的方式包括：加处罚款或者滞纳金；划拨存款、汇款；拍卖或者依法处理查封、扣押的场所、设施或者财物；排除妨碍、恢复原状；代履行；其他强制执行方式。《行政诉讼法》在行政强制行为的受案范围上的修改，实际上扩大了对行政强制行为不服的诉讼范围。

不足之处在于，没有将行政强制法中的行政强制执行的内容列举出来，而是在旧法相关表述的后面直接加上"和行政强制执行"字样，这可能导致把行政强制措施的内容误当作行政强制执行的内容。实际上，完全可以将行政强制法中行政强制执行方式的具体内容在行政诉讼受案范围中全盘列出，这样效果更好些。

（三）对行政许可行为不服的行政诉讼

《行政诉讼法》第12条第1款第3项规定，对"申请行政许可，行政机关拒绝或者在法定期限内不予答复，或者对行政机关作出的有关行政许可的其他决定不服的"，公民、法人或者其他组织可以提起行政诉讼。行政许可是指行政机关根据公民、法人或者其他组织的申请，经依法审查，准予其从事特定活动的行为。旧法的条款是"认为符合法定条件申请行政机关颁发许可证和执照，行政机关拒绝颁发或者不予答复的"，这是《行政许可法》颁布前的条款，而《行政许可法》颁布后，行政许可的范围不再局限于"颁发许可证和执照"，还有更广泛的范围，而且对每一种行政许可的条件都做了规定。因此，《行政诉讼法》将之改为"申请行政许可"，更为妥当。而且，在申请行政许可时，行政机关不仅可能有"拒绝或者不予答复"的行为，更多的是相对人"对行政机关作出的有关行政许可的其他决定不服"的现象，因此，《行政诉讼法》将这一表述加以补充，更符合现实的状况，有利于行政相对人对自己合法权益的保护，扩大了行政机关违法行政许可的诉讼范围。

关于行政许可作为受案范围，主要是行政许可的实施。

值得注意的是，《行政诉讼法（修改稿）》第一稿曾将实施行政许可时行政主体可能出现的行为进行了列举。例如，对行政机关的准予、变更、延续、撤销、撤回、注销行政许可等决定不服的，可以提起行政诉讼，但在二稿中却予以删除，代之以"有关行政许可的其他决定"，避免了列举不全面而影响相对人诉讼的弊端。但与此同时，也出现了行政许可过程中到底哪些行政行为可以提起诉讼的疑问。因为，行政许可是一个过程，呈现动态性特点，在行政许可过程中存在着许多行为，既有最终性的行为，也有程序性的行为，是否所有的行政行为都具有可诉性？这是司法实践必然要面临的问题。从易于操作的角度讲，应当将能够提起诉讼的行政许可行为作出明确列举，从而有效地避免对行政许可中的任何环节都提起行政诉讼的弊端。

这一点，2010年1月4日起施行的《最高人民法院关于审理行政许可案件若干问题的规定》（法释〔2009〕20号）的规定倒是很有借鉴意义。该规定对行政许可过程中可诉的行为与不可诉的行为作了明确规定，[1]使其更具有操作性。

---

〔1〕《最高人民法院关于审理行政许可案件若干问题的规定》第1条规定："公民、法人或者其他组织认为行政机关作出的行政许可决定以及相应的不作为，或者行政机关就行政许可的变更、延续、撤回、注销、撤销等事项作出的有关具体行政行为及其相应的不作为侵犯其合法权益，提起行政诉讼的，人民法院应当依法受理。"第2条规定："公民、法人或者其他组织认为行政机关未公开行政许可决定或者未提供行政许可监督检查记录侵犯其合法权益，提起行政诉讼的，人民法院应当依法受理。"第3条规定："公民、法人或者其他组织仅就行政许可过程中的告知补正申请材料、听证等通知行为提起行政诉讼的，人民法院不予受理，但导致许可程序对上述主体事实上终止的除外。"

(四) 对行政确认行为不服的行政诉讼

行政确认是指行政主体依法对行政相对方的法律地位、法律关系和法律事实进行甄别后给予确认、认可、证明（或否定）并予以宣告的行政行为。《行政诉讼法》第12条第1款第4项规定，"对行政机关作出的关于确认土地、矿藏、水流、森林、山岭、草原、荒地、滩涂、海域等自然资源的所有权或者使用权的决定不服的"，可以提起行政诉讼。这是《行政诉讼法》中增加的一项，将行政确认行为纳入行政诉讼范围，具有极大的现实意义。这里需要说明的是，首先，该项仅限于上述自然资源的所有权或者使用权的确权行政决定，如果是涉及上述自然资源的所有权或者使用权的行政处罚、行政强制行为的，则属于行政处罚、行政强制不服的受案范围；其次，该项不包括上述自然资源的所有权或者使用权的初始登记行为，那属于行政许可行为的行政诉讼受案范围。这在《行政复议法》中也有类似的条款，[1]体现了《行政诉讼法》与《行政复议法》的相衔接。

然而，《行政诉讼法》只是将有限的行政确认行为纳入了受案范围，主要涉及部分自然资源的所有权或者使用权，而现实中相当多的行政确认行为则没有被纳入其中。比如，公安机关对交通事故责任的认定、对交通事故等级的确认、对火灾事故责任的认定、对公安行政管理中某些人员的精神病鉴定等；劳动行政机关对劳动者伤亡事故责任的认定、对锅炉压力容器事故责任的认定、对重大责任事故的认定、对无效劳动合同的确认等；卫生行政机关对新药或进口药品的认定、对食品卫生、化妆品卫生的确认等；民政行政机关对结婚、离婚条件的确认，对现役军人死亡性质、伤残性质的确认，对是否有权领取最低生活保障费的贫困人口的确认等。

(五) 对征收、征用及其补偿决定不服的行政诉讼

这是《行政诉讼法》增加的一条，将行政征收、行政征用及其补偿行为纳入行政诉讼范围，契合了现实的需要，确保行政机关可以依法行政，对相对人的合法权益提供有益的保障。《行政诉讼法》第12条第1款第5项规定，"对征收、征用决定及其补偿决定不服的"，公民、法人或者其他组织可以提起行政诉讼。

---

[1]《行政复议法》第30条规定："公民、法人或者其他组织认为行政机关的具体行政行为侵犯其已经依法取得的土地、矿藏、水流、森林、山岭、草原、荒地、滩涂、海域等自然资源的所有权或者使用权的，应当先申请行政复议；对行政复议决定不服的，可以依法向人民法院提起行政诉讼。"

行政征收是指行政主体依据法律规定，以强制的方式无偿取得行政相对方财产的行政行为。根据我国法律法规的规定，行政征收的内容主要有：一是行政征税，是国家税务机关凭借行政权力依法无偿取得财政收入的一种手段。我国现行税法中的税种主要有：增值税、消费税、营业税、企业所得税、外商投资企业和外国企业所得税、个人所得税、资源税、城镇土地使用税、耕地占用税、房产税、农业税、土地增值税、车船使用牌照税、契税、印花税、屠宰税、城市维护建设税等。二是行政征费，是指一定的行政主体凭借国家行政权向行政相对人强制收取一定额度费用。目前，行政征费大体可以分为三大类：第一类是建设资金费的征收，如重点水利建设项目资金费的征收、重点交通建设资金费的征收等，这些费用的征收主要用来保证国家重点项目的建设，解决重点建设资金不足的问题。第二类是资源使用费的征收，如矿产资源费的征收、渔业资源费的征收、水资源费的征收等，这些费用的征收有利于促进相关单位或者个人合理地、有节制地、充分地利用国有资源。第三类是管理费的征收，如工商管理费的征收、城建管理费的征收、运输管理费的征收等。这些费用的征收可用于满足实施行政管理，为被征收人提供公益服务的需要。

行政征用是行政主体基于公共利益的需要，依法定程序强制性使用行政相对方财产或劳务的行政行为。行政征用的内容既包括对相对人财产的征用，也包括对相对人劳务或行为上的征用；具有临时性、应急性，是在特殊紧急情况下适用的。行政征用的财产是行政机关为了应急所用，暂时取得财产使用权，并不发生财产所有权的转移。

根据宪法及相关法律，对行政征收、征用的，必要按照规定进行补偿，《宪法》第13条第3款规定，"国家为了公共利益的需要，可以依照法律规定对公民的私有财产实行征收或者征用并给予补偿"，而对补充决定不服的，公民可以提起行政诉讼。

（六）对行政不作为的行政诉讼

《行政诉讼法》第12条第1款第6项规定，"申请行政机关履行保护人身权、财产权等合法权益的法定职责，行政机关拒绝履行或者不予答复的"，公民、法人或者其他组织可以提起行政诉讼。这是对负有法定保护公民人身、财产等合法权利职责的行政机关，在公民请求保护的情况下，公民有权对行政机关不履行的不作为行为提起行政诉讼。与旧法相关条款相比，《行政诉讼法》只是在各项权的后面加上了"等合法权益"。"合法权益"强调了权益的正当性。这个"等"是等内的"等"还是等外的"等"？如果是前者，那这个"等"字加得就没有任何价值，还是局限于人身权和财产权。因此，"等"字表明了不只是这些权利，可能还有其他权利，只要是法律规定的、应当由行政机关保护的，都应该列入其中，而且也为今后新权利的出现留有空间。然而，如果是等外的"等"，那到底还有哪些权利在受侵犯时可以提起行政诉讼？劳动权、受教育权在不在这个"等"的范围内？有人认为，这里"等"的后面包括了公民权利体系中所有的权利。这种解释虽有好的用意，但不符合我国的国情，如果那样，那行政诉讼受案范围仅这一项就可谓包罗万象，几乎涵盖了所有领域。这显然是解释不通的。对此，需要作出立法解释，至少是司法解释。

（七）将侵犯农村土地承包经营权和农村土地经营权纳入受案范围

《行政诉讼法》第12条第1款第7项规定，"认为行政机关侵犯其经营自主权或者农村土地承包经营权、农村土地经营权的"，公民、法人或者其他组织可以提起行政诉讼。在旧法中只是提到侵犯"经营自主权"的行政诉讼，而《行政诉讼法》中将"农村土地承包经营权""农村土地经营权"纳入其中，扩大了经营权的范围。一般而言，经营自主权多是企业的经营权，而"农村土地承包经营权""农村土地经营权"是另一种经营权。

什么是经营自主权，最初是出于对政府干预的摆脱，大致将其界定为"主要包括生产计划权、产品销售权、固定资产依法处分权、拒绝摊派权以及工资、奖金、机构设置等方面的权利"。按照1988年4月13日通过的《全民所有制工业企业法》和1992年国务院制定的《全民所有制工业企业转换经营机制条例》的规定，国有企业经营权是指企业对国家授予其经营管理的财产享有占有、使用和依法处分的权利，具体可划分为经营决策权、产品和劳务定价权、产品销售权、物资采购权、进出口权、投资决策权、留用资金支配权、资产处置权、联营或者兼并权、劳动用工权、人事管理权、工资和奖金分配权、内部机构设置权、拒绝摊派权。同样，《城镇集体所有制企业条例》《乡村集体所有制企业条例》以及《乡镇企业法》中对于企业经营自主权的界定也与之基本类似。[1]

何为农村土地承包经营权，2003年生效的《农村土地承包法》没有给出明确的定义，但从相关条款中可以看出其内涵和外延。即农村土地承包经营权的主体为承包人，客体为农用土地，权能内容为对承包地进行占有、使用和收益的权利，目的为从事农业生产。基于此，可将土地承包经营权定义为：权利人在特定耕地、草地、林地等农用土地上从事农业生产，对其享有的占有、使用和收益的一种用益物权。[2]实践中，一些基层人民政府常有违法干预、变更、废止土地承包合同而侵犯农民土地承包经营权的现象，对此，《行政诉讼法》将其纳入受案范围，有利于对农民该项经营权进行保护和救济。

而农村土地经营权是一种承包经营权以外的土地经营权。与农村土地承包经营权相比，后者更加强调是承包者的身份资格，必须是该土地所在的集体经济组织的内部成员才有资格承包；而土地经营权是通过土地的流转等而获得的一种经营权。

（八）对行政垄断行为的行政诉讼

《行政诉讼法》第12条第1款第8项规定，"认为行政机关滥用行政权力排除或者限制竞争的"，公民、法人或者其他组织可以提起行政诉讼。这是《行政诉讼法》中新增加的一条，扩大了行政诉讼范围。

关于行政机关滥用行政权排除或限制竞争的行为，我国的法律、法规甚至相关部门的规则都有专门规定。例如，1993年12月1日起施行的《反不正当竞争法》第7条就要求"政府及其所属部门不得滥用行政权力，限定他人购买其指定的经营者的商品，限制其他经营者正当的经营活动。政府及其所属部门不得滥用行政权力，限制外地商品进入本地市场，或者本地商品流向外地市场"。2008年8月1日起施行的《反垄断法》用专章的形式在其第32~37条进行了规定。2001年国务院发布的《关于禁止在市场经济活动中实行地区封锁的规定》（国务院303号令）以及国家工商管理局2010年12月31日根据《反垄断法》制定的《制止滥用行政权力排除、限制竞争行为的规定》（国家工商行政管理总局令第55号），较为详细地列举了行政机关滥用行政权

---

[1] 卢超："产权变迁、行政诉讼与科层监控以'侵犯企业经营自主权'诉讼为切入"，载《中外法学》2013年第4期。

[2] 参见杨光："我国农村土地承包经营权流转法律问题研究"，吉林大学2013年博士学位论文，第16页。

排除或限制竞争的情形。具体包括：（1）以明确要求、暗示或者拒绝、拖延行政许可以及重复检查等方式限定或者变相限定单位或者个人经营、购买、使用其指定的经营者提供的商品或者限定他人正常的经营活动；（2）对外地商品执行与本地同类商品不同的技术要求、检验标准，或者采取重复检验、重复认证等歧视性技术措施，阻碍、限制外地商品进入本地市场；（3）采取专门针对外地商品的行政许可，或者对外地商品实施行政许可时采取不同的许可条件、程序、期限等，阻碍、限制外地商品进入本地市场；（4）设置关卡或者采取其他手段，阻碍、限制外地商品进入本地市场或者本地商品运往外地市场；（5）以设定歧视性资质要求、评审标准或者不依法发布信息等方式，排斥或者限制外地经营者参加本地的招标投标活动；（6）采取不平等待遇等方式，排斥或者限制外地经营者在本地投资或者设立分支机构或者妨碍外地经营者在本地的正常经营活动；（7）强制经营者之间达成、实施排除、限制竞争的垄断协议，强制具有市场支配地位的经营者从事滥用市场支配地位行为。

《行政诉讼法》将行政机关滥用行政权力排除或者限制竞争的行为纳入受案范围，有利于保护相对人的合法权益，有利于制止行政机关滥用行政权排除或限制竞争的行为。

（九）对行政机关违法要求履行义务的行政诉讼

《行政诉讼法》第12条第1款第9项规定，"认为行政机关违法集资、摊派费用或者违法要求履行其他义务的"，公民、法人或者其他组织可以提起行政诉讼。旧法中只提到"认为行政机关违法要求履行义务的"，而《行政诉讼法》对此做了更为详细的表述，将"违法集资、摊派费用"单独列出，体现了此类现象的突出性和治理的必要性。

按照《行政复议法》的规定，违法要求履行义务的情形包括违法集资、违法征收征用财物、行政摊派费用和违法要求履行其他义务。《行政复议法》将其纳入行政复议范围，而《行政诉讼法》也逐步将其纳入受案范围，体现了司法对行政行为审查力度的加大。由于行政征收、征用行为已经单独列出，因此，此项的表述少了行政征收、征用。

所谓违法集资是指行政机关利用其强势地位和行政手段，在未经有关部门批准的情况下，以发行股票、债券、彩票、投资基金证券或者其他债权凭证的方式向社会公众筹集资金，并承诺在一定期限内以货币、实物及其他利益等方式向出资人还本付息给予回报的行为。[1] 其重要特点是强制性, 利用行政权力, 在明显违背相对人意愿的情况下采取行政强制手段迫使相对人参与, 损害相对人的合法权益。这种集资往往以办学、修路、市政建设城区改造、"新农村"建设、招商引资等名义表现出来。

所谓摊派, 在国务院较早前颁布的《禁止向企业摊派暂行条例》中曾有解释, 即"指在法律、法规的规定之外, 以任何方式要求企业提供财力、物力和人力的行为"。摊派主体有许多, 包括该条例中所列举的"国家机关、人民团体、部队、企业、事业单位和其他社会组织", 被摊派对象是企业。《行政诉讼法》中所讲的是行政摊派费用, 指行政主体以行政手段强制相对人承担费用的行为, 即强行要求相对人承担法律规定义务之外的财力、物力, 是行政主体在预算资金无法满足其公共产品的"生产"需求时, 以行政命令配置资源而进行再分配国民收入的一种方式。[2]

违法要求履行"其他"义务。其他是指什么? 有待于今后的立法或司法解释。

(十) 对行政给付行为的行政诉讼

《行政诉讼法》第12条第1款第10项规定, "认为行政机关没有依法支付抚恤金、最低生活保障待遇或者社会保险待遇的", 公民、法人或者其他组织可以提起行政诉讼。旧法中只是列出抚恤金, 而《行政诉讼法》中则增加了"最低生活保障待遇""社会保险待遇"的支付。这是新形势下的必然要求。最低生活保障待遇是国家支付给收入低于当地一定生活水平的自然人用以维持其最低生活标准的费用。2014年5月1日起施行的国务院《社会救助暂行办法》第9条明确规定: "国家对共同生活的家庭成员人均收入低于当地最低生活保障标准, 且符合当地最低生活保障家庭财产状况规定的家庭, 给予最低生活保障。" 发放对象主要有: 无生活来源、无赡养人或赡养人无能力赡养、无抚养人或抚养人无能力抚养、失业人员或虽有家庭成员就业但其家庭平均收入仍低于最低生活保障标准的居民。

社会保险待遇是公民在年老、患病、工伤、生育、失业等情况下向社会

---

[1] 周孝怀: "违法要求履行义务的行政行为研究", 华东政法大学2011年硕士学位论文, 第17页。

[2] 杨万铭: "地方政府摊派行为分析", 载《天府新论》1999年第6期。

保险机构申请发放的一种保障其正常生活的待遇。根据《劳动法》[1]第73条的规定,我国劳动者享有的待遇有:退休后的养老保险待遇;患病、患职业病时的疾病保险待遇;因工伤残时的工伤保险待遇;失业时的失业保险待遇;生育时的生育保险待遇等。

《行政复议法》已将行政机关没有依法发放社会保险金或者最低生活保障费的情形纳入行政复议范围了。《行政诉讼法》在这方面的修改,很好地与《行政复议法》相衔接。不过,《行政复议法》中用的是"最低生活保障费""社会保险金",而《行政诉讼法》中所使用的是"最低生活保障待遇""社会保险待遇"。"金"与"费"直接指货币,而"待遇"的含义更广泛一些。

(十一)对某些行政合同不履行行为的行政诉讼

《行政诉讼法》第12条第1款第11项规定,"认为行政机关不依法履行、未按照约定履行或者违法变更、解除政府特许经营协议、土地房屋征收补偿协议等协议的",公民、法人或者其他组织可以提起行政诉讼。这是《行政诉讼法》新增加的内容。

关于政府特许经营,在我国,由于尚处于探索阶段,没有明确的定义,一般有市政特许经营、自然资源特许经营、风景名胜区特许经营、冠名权特许经营等形式,其范围涉及商业、交通、公安、卫生、公用事业、基础设施、文化教育等诸多方面。[2]政府特许经营协议既具有行政性,因为它旨在执行行政公务,实现行政职能,同时也具有契约性,它与行政主体以强制性和单方意志性为基本特征的行政行为不同。[3]

土地房屋征收补偿协议,从字面上看,应当包括土地征收补偿协议和房屋征收补偿协议两种情形。就前者而言,《土地法》已经对土地征用及其补充进行了规定。就后者而言,国务院颁布的《国有土地上房屋征收与补偿条例》[4]第8条规定,市、县级人民政府为了保障国家安全、促进国民经济和社会发

---

[1]《劳动法》于1994年7月5日第八届全国人民代表大会常务委员会第八次会议通过,1995年1月1日起施行。2009年8月27日经第十一届全国人民代表大会常务委员会第十次会议修订,自公布之日起施行。

[2] 郑潇罡:"政府特许经营研究",华东政法大学2006年硕士学位论文,第5页。

[3] 参见邢鸿飞:"论政府特许经营协议的契约性",载《南京社会科学》2009年第9期。

[4]《国有土地上房屋征收与补偿条例》于2011年1月19日国务院第141次常务会议通过,自2011年1月21日起施行。

展等公共利益的需要，确需征收房屋的，可以对特定情形[1]作出房屋征收决定。第 25 条规定："房屋征收部门与被征收人依照本条例的规定，就补偿方式、补偿金额和支付期限、用于产权调换房屋的地点和面积、搬迁费、临时安置费或者周转用房、停产停业损失、搬迁期限、过渡方式和过渡期限等事项，订立补偿协议。补偿协议订立后，一方当事人不履行补偿协议约定的义务的，另一方当事人可以依法提起诉讼。"

这几种协议都属于行政合同行为。一方为行政主体，另一方为公民、法人或其他组织，对此类行政合同纠纷到底实行行政诉讼还是民事诉讼，曾一度引发争议。但鉴于判断行政合同效力、是否合法等往往涉及对行政行为的效力及合法性判断问题，由于民事诉讼难以适用，因此纳入行政诉讼范围更为便利。而《行政诉讼法》明确规定了该类案件属于行政诉讼受案范围，也解决了多年来行政合同能否纳入行政诉讼范围的争议。

（十二）侵犯其他人身权、财产权等合法权益的行政诉讼

《行政诉讼法》第 12 条第 1 款第 12 项规定，"认为行政机关侵犯其他人身权、财产权等合法权益的"，公民、法人或者其他组织可以提起行政诉讼。这条兜底条款只是在原条文的基础上加上了"等合法权益"，但其内涵是很丰富的。所谓人身权是以人格和身份利益为内容的权利，包括人格权和身份权两大类，前者如姓名权、名誉权、肖像权、隐私权、自由权、生命权、健康权等，后者如亲权、监护权、配偶权、继承权等。财产权是以财产利益为内容的权利，是民事主体取得和实现财产利益的法律途径。财产权由物权和债权两种基本类型的权利构成。物权包括所有权和他物权，他物权包括用益物权和担保物权，用益物权在我国包括国有土地使用权、农地使用权、宅基地使用权、承包经营权、地役权、典权等，担保物权包括抵押权、质押权、留置权等。债权一般都具有经济利益的内容，请求对方为一定行为或不为一定行为，往往是为了权利人经济利益的实现，故其性质属于财产权。[2] 由于人

---

[1] 这些情形包括：(1) 国防和外交的需要；(2) 由政府组织实施的能源、交通、水利等基础设施建设的需要；(3) 由政府组织实施的科技、教育、文化、卫生、体育、环境和资源保护、防灾减灾、文物保护、社会福利、市政公用等公共事业的需要；(4) 由政府组织实施的保障性安居工程建设的需要；(5) 由政府依照城乡规划法有关规定组织实施的对危房集中、基础设施落后等地段进行旧城区改建的需要；(6) 法律、行政法规规定的其他公共利益的需要。

[2] 刘凯湘：《民法总论》（第 3 版），北京大学出版社 2011 年版，第 79~80 页。

身权、财产权的范围非常广泛，难以列举穷尽，除了上述十一种涉及人身权、财产权作为受案范围外，其他的只要属于人身权、财产权范围且不属于不予受理情形的合法权益，都可以作为行政诉讼受案范围。这实际上是扩大了行政诉讼的受案范围，使得几乎所有的与人身权、财产权有关的行政行为都纳入了行政诉讼受案范围。当然，根据该条，该项仅对人身权、财产权的行政行为进行规定，而如果不属于人身权、财产权的，则不适用该项规定。

二、法律法规规定可以起诉的其他行政案件

《行政诉讼法》第12条第2款规定："除前款规定外，人民法院受理法律、法规规定可以提起诉讼的其他行政案件。"这就是说，对于其他超出行政诉讼法规定之外的行政案件，只要其他法律、法规规定可以起诉的，也都属于人民法院的受案范围。这是一个概括性的规定，对此，我们可以从以下几方面理解：这里的"法律法规"，仅限于狭义的"法律、法规"，不包括"规章"；既包括《行政诉讼法》实施之前已有的"法律法规"，也包括在《行政诉讼法》实施后颁布的，还包括将来可能会颁布的有关法律文件。这些法律法规规定的其他可以起诉的案件，是指《行政诉讼法》未列举的行政案件，即上述项之外的行政案件。这些案件不限于只涉及公民、法人或其他组织的人身权、财产权，还可以是其他的合法权益，如公民的政治权利和自由、其他社会权利。

第三节 否定式列举的受案范围

根据《行政诉讼法》第13条的规定以及相关司法解释，人民法院不受理公民、法人或者其他组织对下列几类事项提起的诉讼。

一、国防、外交等国家行为

根据《行政诉讼法》第13条第1项的规定，国防、外交等国家行为不属于行政诉讼的受案范围。国家行为是以国家名义实施的涉及国家主权或重大国家利益具有政治意义的行为，一般是指国务院、中央军事委员会、国防部、外交部等根据宪法和法律的授权，以国家的名义实施的有关国防和外交事务

的行为,以及经宪法和法律授权的国家机关宣布紧急状态、实施戒严和总动员等行为。国防、外交等国家行为不能被提起行政公诉,这是世界各国的通例,主要基于下列理由:(1)国家行为不是行政行为,它不是行政机关以自己的名义对单个、特定对象实施的行政管理行为,而是宪法、法律授权的特定主体,代表整个国家,以国家的名义实施的行为。(2)由于是以国家的名义实施,体现的是国家主权的行为,因而不属于人民法院的司法审查范围。(3)国防、外交等国家行为关系到国家和民族的整体利益,即使这种行为会影响某些公民、法人或者其他组织的利益,公民、法人或者其他组织的个别利益也要服从国家的整体利益。

二、具有普遍约束力的抽象行政行为

根据《行政诉讼法》第13条第2项的规定,行政法规、规章或者行政机关制定、发布的具有普遍约束力的决定、命令不属于行政诉讼的受案范围。这里所称的"具有普遍约束力的决定、命令",是指行政机关针对不特定对象发布的能反复适用的行政规范,学术界统称为"抽象行政行为"。抽象行政行为目前不能被提起诉讼的原因在于:(1)依照《宪法》和有关组织法的规定以及我国人民代表大会的政治制度,确认行政机关抽象行政行为是否正确合法并予以撤销、改变的权力,只能是属于国家权力机关或上级行政机关。由此,《行政诉讼法》没有赋予人民法院对其直接审查、撤销和改变的权力。(2)行政机关抽象行政行为通常针对的都是大范围内、不确定的对象,抽象行政行为造成侵害后,由个体单独提起诉讼的方式来解决似显繁琐,在如何能及时、彻底地解决所有对象合法权益的救济问题上也存在一些技术上的困难,而由国家权力机关和上级行政机关撤销或改变抽象行政行为,进行一次性的全面解决则不失为一种更为合适的方式。

判断一个行为是否是抽象行政行为,可以综合考虑以下几个标准:(1)普遍约束力标准,即对效力范围所及的所有公民、法人或者其他法人组织都具有约束力和强制适用性。(2)对象不特定性标准,即针对的行政相对人是不特定的。(3)反复适用性标准,即在生效时间内,对调整对象具有反复的适用性。

需要指出,尽管上述对象不属于行政诉讼受案范围,但法院可以对规章

以下的行政机关规范性文件进行附带审查。即《行政诉讼法》第53条所规定的:"公民、法人或者其他组织认为行政行为所依据的国务院部门和地方人民政府及其部门制定的规范性文件不合法,在对行政行为提起诉讼时,可以一并请求对该规范性文件进行审查。"

三、内部行政行为

《行政诉讼法》第13条第3项规定:行政机关对行政机关工作人员的奖惩、任免等决定,不属于行政诉讼受案范围。在行政法领域中,以行政行为所针对的问题是属于社会管理事务还是行政主体自身内部管理事务为标准,可将行政行为分为外部行政行为和内部行政行为。外部行政行为是指行政机关依照管理权限对社会行政管理事务所实施的行政行为。内部行政行为不仅包括行政机关对本机关内部机构的设立、撤销、合并或对某个公务人员实施的奖励、处分、任命等,而且还包括行政机关依照法律法规所赋予的,对其下属机构进行监督管理的职能职责行为。例如上级机关对下级机关进行的工作上的批准、命令以及指示、批复等。由于这些行政行为对公民、法人或者其他组织的权利义务不产生实际影响,因而,不属于行政诉讼的受案范围。

内部行政行为的不可诉,主要理论根据是特别权力关系理论。这一理论产生于19世纪后期的德国。该理论认为,行政机关为实现特定的行政目的或履行其行政职能,而对其内部公务人员实行管理行为,如录用、考核、任免、处分、奖惩等,都属于特别权力行为。这种行为由于特别的法律关系而具有概括的强制权力,内部工作人员对于这些决定或命令只能服从,其结果是上述内部行政行为不适用法律保留原则,权利人的利益受该类行为侵害时无法寻求司法的保护与救济。后来,特别权力关系理论的适用范围进一步扩大,将国家与公务员之间的特别权力关系扩展到了其他领域。特别权力关系分为三种类型:一是公法上的勤务关系,如公务员与国家之间形成的关系;二是营造物利用关系,如学校与学生、监狱与罪犯之间形成的关系;三是公法上的特别委托关系,如受行政机关委托行使行政管理职能的组织或个人与其委托机关之间的关系。包括上级行政机关与下级行政机关的隶属关系。其后,特别权力关系理论被引入日本,再由日本传入我国台湾地区及大陆地区,对我国行政诉讼法的立法和司法活动产生了极为深刻的影响。

内部行政行为一般不具有可诉性，但是，也有人认为，当这种内部行政行为对相对人的权利义务产生了实际直接的影响时，即内部行政行为实质外化后，也具有可诉性。

四、终局行政行为

《行政诉讼法》第 13 条第 4 项规定：法律规定由行政机关最终裁决的行政行为，不属于行政诉讼受案范围。这里的"法律"，是指"全国人民代表大会及其常务委员会制定、通过的规范性文件"。也就是说，对这里的"法律"应作狭义理解，不包括国务院制定的法规、国务院各部门制定的规章和各省制定的地方性法规，也不包括最高人民法院的司法解释。

法律规定由行政机关最终裁决的行政行为，不接受司法审查。根据我国《宪法》第 89 条规定，批准省、自治区、直辖市的区域划分，批准自治州、县、自治县、市的建置和区域划分，是国务院的职权。因此，因行政区域边界争议而提起的行政诉讼，法院是不能受理的。《行政复议法》第 30 条第 2 款规定：根据国务院或省、自治区、直辖市人民政府对行政区划的勘定、调查或征用土地的决定，由省、自治区、直辖市人民政府确认土地、矿藏、水流、森林、山岭、草原、荒地、滩涂、海域等自然资源的所有权或者使用权的行政复议决定，都是最终裁决即终局行政行为，对此不能提起行政诉讼。

五、其他不可诉的行政行为

根据《2000 年若干解释》第 1 条第 2 款的规定，如下行为不属于行政诉讼受案范围：公安、国家安全等机关依照刑事诉讼法的明确授权实施的行为；调解行为以及法律规定的仲裁行为；不具有强制力的行政指导行为；驳回当事人对行政行为提起申诉的重复处理行为；对公民、法人或者其他组织权利义务不产生实际影响的行为。

（一）刑事侦查行为

刑事侦查行为，是指在刑事诉讼活动中，为查明犯罪事实，惩罚犯罪，保障无罪的人不受刑事追究，依照《刑法》以及《刑事诉讼法》等刑事法规的规定所实施的一切侦缉调查行为。根据我国法律的规定，公安机关、国家安全等机关具有行政管理和刑事侦查的双重职能。对公安机关、国家安全等机关行使不同职能的行为，国家规定了不同的监督救济方式。对公安机关、国家安全等机关行使行政管理职能时作出的行政处罚、行政强制措施等行政行为，可以通过行政诉讼进行救济。而对公安机关、国家安全等机关依照《刑事诉讼法》明确授权实施的刑事侦查行为，应当通过国家赔偿程序进行监督救济。如果当事人对公安机关、国家安全等机关作出的刑事侦查行为不服向法院提起行政诉讼，法院不予受理，相应地，当事人起诉要求公安机关、国家安全等机关履行刑事侦查等《刑事诉讼法》规定的法定职责，亦不属于人民法院行政诉讼受案范围。

（二）行政机关调解行为和仲裁行为

行政调解行为是在尊重当事人意志的前提下完成的，它虽然是由行政机关主持作出的，但基于双方的合意，故不是行政行为；更何况，其中若有一方反悔，还可以通过民事诉讼来解决。仲裁行为是行政机关根据法律特别授权对民事争议进行仲裁的行为。仲裁在我国已经民间化，目前只是在非常个别的领域保留了行政机关仲裁。民间仲裁和行政仲裁的最大区别是，前者基于双方的协议，即当事人自主选择是诉诸仲裁还是诉诸法院，若当事人选择了仲裁，就等于承认放弃了诉讼权利，法院对此不予管辖；后者是法律规定必须前置的，如劳动争议仲裁。基于以上原因，对行政机关调解行为和法律规定的（民间）仲裁行为不服的，不属于行政诉讼受案范围。

（三）行政指导行为

行政指导是行政机关对经济领域实施的一种新型施政手段，目的在于利用政府所掌握的信息以及对信息的处理，引导市场主体的行为，其在法律上没有强制性的约束力。当事人可以选择遵从，也可以选择不遵从。因此，若因为行政指导导致自己利益受损，当事人不得提起行政诉讼。但是，行政指导是否可以提起行政诉讼，仍有争议，例如，现实生活中存在着借行政指导之名而实际上在行使具有强制力的政策的行为，尤其是，若行政机关利用自己对资源的分配权，指示当事人如不遵从行政指导，将不给予政府的优惠或政府所控制的资源，那么，对于这样的行政行为，应该允许提起行政诉讼。

（四）重复处理行为

重复处理行为实质上是对原已生效的行政行为的简单重复，并没有形成新的行政法律关系或者权利义务状态，因此，不属于行政诉讼受案范围。相反，如果允许当事人对这种重复处理行为提起行政诉讼，那么行政诉讼中设定的争议时效就形同虚设了。这就意味着一个当事人任何时候都可以通过申诉的方式将任何一个行政行为提交法院重新审查，这不仅不利于行政法律关系的稳定，也不利于行政相对人对行政行为的信任。

（五）对行政相对人权利义务不产生实际影响的行为

对行政相对人不产生实际影响的行政行为是指实践中由行政主体依法定要件实施的具有行政行为外形，但与行政相对人权益没有直接关联的内部行政行为或外部行政行为，主要包括：（1）尚未成立的行为；（2）内部工作规程；（3）观念表示。行政诉讼的重要目的之一是消除非法行政行为对行政相对人权利义务的不利影响，如果某一行政行为未对行政相对人的权利义务产生实际影响，就该行为提起的行政诉讼就没有实际意义，故将此类行为排除在行政诉讼受案范围之外。

第四节　进一步扩大行政诉讼受案范围的发展趋势及路径

随着一个国家法治化水平的提高，人们的权利意识逐步增强，要求通过行政诉讼来保护自身权益的范围也会相应扩大。从这个意义上讲，行政诉讼受案范围有进一步扩大的趋势。这里，迫切需要引入一种负面清单的立法模式，对行政诉讼受案范围进行全新的改造，使行政诉讼受案范围得到充分的扩大。

一、我国行政诉讼法在受案范围上存在的不足

《行政诉讼法》虽然对受案范围作了较大幅度的修改，扩大了受案范围，但由于其所采用的模式不是最优的，因此，修改后的行政诉讼受案范围仍难以摆脱窠臼，显得捉襟见肘、漏洞百出，难以适应实践的需要。

（一）概括式与列举式之间存在着逻辑问题

关于行政诉讼受案范围的规定，实际上由三个部分组成：一是第2条的总的概括，即"公民、法人或者其他组织认为行政机关和行政机关工作人员的行政行为侵犯其合法权益，有权依照本法向人民法院提起诉讼"；二是第12条所作的肯定式列举，涉及人身权、财产权等合法权益以及法律法规规定的其他行政行为；三是第13条所作的否定式列举的四种情形。合乎逻辑的条

件是，肯定式的列举与否定式的列举之和必须等于概括式的内容。然而，由于肯定式的列举难以穷极所有可诉的行政行为，否定式的列举也难以列举不可诉的行政行为，这样必然会在肯定式列举与否定式列举之外，存在着大量中间的空白地带，这些地带既不是肯定式列举的行为，也不是否定式列举的行为。其结果是，这些处于中间地带的行政行为是否可诉，就成为争议的问题，而实践中法院常常也会以法律没有规定或没有明确规定属于可诉行政行为为由而拒绝受理，实际上架空了第2条概括式的条款，使行政诉讼受案范围变成了仅限于第12条所明确列举的狭小的范围。而且即使是明确列举的范围，也常常在适用中遭到缩水，对应当受理的行政案件而不予受理，违背了立法的初衷，客观上成了"立案难"的重要原因。

（二）有些应该列举的行政行为没有在肯定式列举中明确列出

例如，没有将政府信息公开的行政行为明确列入第12条的受案范围之中，而在该法第七章第三节的简易程序中，却将政府信息公开的行政案件作为适用简易程序的案件来列举。政府信息公开的案件作为受案范围是不争的事实，但在《行政诉讼法》受案范围中却为何没有得到列举？有人对此不以为然，认为此种情况可以按照法律、法规规定的"其他行政案件"来理解。笔者认为，这种观点是不准确的。因为其他法律法规规定可以提起行政诉讼的情形很多，为何有的在受案范围中列出而有的却未列出？例如，就法律规定而言，《行政处罚法》《行政许可法》等都有对行政处罚、行政许可等行为不服时可以提起行政诉讼的规定，但行政诉讼受案范围中还是对其进行了明确列举。就法规而言，国务院颁布的《国有土地上房屋征收与补偿条例》第26条第3款规定，"被征收人对补偿决定不服的，可以依法申请行政复议，也可以依法提起行政诉讼"，而行政诉讼受案范围里也做了明确的规定。为何政府信息公开的案件就不能在受案范围里进行明确列举而要适用法律、法规规定的"其他行政案件"呢？笔者认为，如果对肯定的受案范围采取列举的方式，就应当将目前已经能够明确的行政行为都进行列举，不能采取有的列举而有的不列举的方式，否则会给人一种列举不全的感觉，给行政诉讼的司法实践带来争议，也暴露了列举式方式所存在的弊端。而"其他行政案件"更多是为目前还难以列举或不明确的情形留下解释的空间。

造成上述问题的原因是，对于具有权利性质的行政诉讼受案范围，不是采取适合有利于保护权利的立法模式来促进，而是采取对待公权力的方式，表面上是扩大了受案范围，实际上仍束缚了公民权利的实现。

二、行政诉讼受案范围的公民权利性质要求引入新的立法模式来表述

（一）行政诉讼受案范围的公民权利性质

行政诉讼受案范围是公权力的范围还是公民权利的范围？

1. 从行政诉讼的立法宗旨看行政诉讼受案范围的权利性质

行政诉讼立法宗旨"既是立法政策问题，更体现法律价值判断；既关系到行政诉讼制度的设计，更影响到《行政诉讼法》的实施"。[1]《行政诉讼法》第1条规定了行政诉讼的宗旨有四个："保证人民法院公正、及时审理行政案件"，"解决行政争议"，"保护公民、法人和其他组织的合法权益"，"监督行政机关依法行使职权"，其中，最重要、最根本、最核心的目的是"保护公民、法人和其他组织的合法权益"，没有这个宗旨，其他宗旨就没有存在的价值，而且其他宗旨都是为该宗旨服务的。因此，尽管行政诉讼有多个宗旨，但归根到底是为了保护公民、法人或其他组织（以下简称为公民）的合法权益。公民合法权益的保护是出发点，也是归宿点，其他宗旨只是附带的衍生物。而为了实现行政诉讼保护公民合法权益的立法宗旨，除了放宽起诉条件外，就是通过行政诉讼受案范围的扩大来实现，尽可能将更多的行政行为纳入受案范围。受案范围有多大，公民合法权益的保护程度就有多大。如果将少数情况较为特殊的行政行为排除在受案范围之外，其余行政行为皆属于行政诉讼受案范围，那么，行政诉讼的最终立法宗旨将得到充分实现。由此可见，行政诉讼受案范围实际上是公民权利在行政诉讼中实现的范围，更多体现的是具有公民权利性质的行政诉权。

2. 从行政诉讼受案范围本身的功能来看其权利性质

行政诉讼受案范围的确定具有多重功能：从法院角度讲，受案范围是法院受理行政案件、裁判行政争议的范围，也是法院对行政行为进行司法审查，对行使行政权的行为进行司法监督权的范围；从行政相对人角度讲，受案范围是相对人不服行政行为而向法院提起诉讼，请求权利保护和权利救济的范围；从行政机关角度讲，受案范围是行政机关实施的行政行为中要接受相对

---

〔1〕 江必新、邵长茂：《新行政诉讼法修改条文理解与适用》，中国法制出版社2014年版，第20页。

人提起诉讼、接受司法审查的范围。[1]这三个功能哪一个最重要，或者说哪一个功能是行政诉讼受案范围的最主要功能？因为主要功能的定位决定着受案范围的性质问题。实际上，这里也需要结合《行政诉讼法》的立法宗旨和目的来分析，正如上述分析，《行政诉讼法》最重要的立法宗旨是保护公民的合法权益，由此可见，三个功能中，实现行政相对人的权利救济的功能更为重要，其他两个功能，无论是法院司法审查范围的确定还是行政行为接受监督范围的确定，都要充分考虑公民权利的救济，归根到底是公民权利的问题。因此，行政诉讼受案范围的确定更多的是具有保障公民权利的性质。

3. 从公民行政起诉权的角度来看行政诉讼受案范围的权利性质

对起诉权研究较多的是民事诉讼法，实际上，在行政诉讼领域，同样存在着行政诉权问题。行政诉权是相对人或其他利害关系人在其合法利益受到违法的行政行为侵害时，而向人民法院寻求救济的权利。由于行政诉讼的特殊性，享有行政起诉权的只有相对人或其他利害关系人，即原告，而行政主体却不享有该权利。行政起诉权是行政诉权的一个重要的组成部分，而"行政诉权作为公民自然权利的延伸，不可剥夺。因为反抗外来压迫和专制强权为人类理性所要求。剥夺了这种反抗的权利，人性就会遭到扭曲，人就不再拥有独立的、完整的人格，人也就不会得到健康的发展"。[2]那么，受案范围在公民行使行政起诉权中的作用是什么呢？"行政诉权是一种公法上的权利，因而其义务主体是国家"，"国家通过不断扩展行政诉讼范围，完善行政诉讼程序来确保行政诉权的实现"。[3]可见，行政诉讼受案范围在公民行政诉权尤其是行政起诉权实现中具有重要作用。公民可以在多大范围请求法院解决行政争议、请求司法机关对行政权的行使进行审查、要求司法机关对其受到行政机关侵犯的权利进行救济等，都体现了公民权利的特点。受案范围有多大，意味着公民行政起诉权行使的充分程度有多大。

将行政诉讼受案范围与公民权利紧密联系起来，为我们重新审视行政诉讼范围的大小和制度的设计开启了新的视野。由于传统思维的影响，我们习惯于规定权利主体该干什么，并以此推出他们权利行使的范围，实际上这是

---

[1] 姜明安：《行政诉讼法教程》，中国法制出版社2011年版，第37页。
[2] 薛刚凌：《行政诉权研究》，华文出版社1999年版，第19页。
[3] 薛刚凌：《行政诉权研究》，华文出版社1999年版，第17页。

将公民的权利行使与行政权力行使相混淆，不符合权利行使的法治原则。对更多体现公民权利性质的行政诉讼受案范围而言，应遵循公民权利行使的原则，不应对权利的行使采取明文规定的方式，而应采取"法无禁止即可为"方式来规定，尤其是当下权利保护越来越得到重视的趋势下，采取这种模式更符合社会发展潮流。

需要说明的是，在行政诉讼法制定的20世纪80年代，由于对行政行为的认识不够成熟，对哪些行政行为应当纳入行政诉讼受案范围还处于摸索阶段。在这种情况下，能提起行政诉讼的行政行为是有限的，采取列举方式进行规定是可以理解的，也是行得通的；再加上当时对行政诉讼受案范围性质的认识还存在不足，没有按照其权利行使范围的属性来对待，而是采取了对待公权力的方式来理解，以至于采用以肯定列举方式来规定。然而，随着行政法学理论的不断成熟以及实践经验的积累，对行政行为的认识日趋成熟，将更多的行政行为纳入受案范围的时机已经具备，将行政诉讼受案范围作为公民权利实现的范围已成为必需。

然而，《行政诉讼法》中仍以肯定式的列举模式来规定行政诉讼受案范围已经不能适应社会发展的需要了，尽管《行政诉讼法》已努力将尽可能多的行政行为纳入受案范围，但用旧瓶子装不了新酒，难以实现公民对行政诉讼的现实需求，因此，改用新的模式来设计行政诉讼受案范围已势在必行。

(二) 负面清单模式实现了对权利的充分保护

负面清单制度在国外早就有所运用，在我国，负面清单模式的首次运用是上海自贸区，它是指仅将法律法规禁止的事项进行列举，而法律法规没有明确禁止的事项，则属于允许的事项。"负面清单作为一种国际通行的外商投资管理办法，其特征在于以否定性列表形式标明外资禁入的领域。"[1]显然，负面清单模式更有利于投资商投资权利的保护和充分行使，更有利于贸易自由化的推行。

负面清单制度背后的价值理念是"法无禁止即可为"。"法无禁止即可为"是西方法学中的经典谚语，蕴含着私权自治的法律原则。"法无禁止即自由"是在古希腊的政治准则中最早得以表达的理念。[2]其体现了对公权力机

---

[1] 王利明："负面清单管理模式与私法自治"，载《中国法学》2014年第5期。

[2] 龚柏华："'法无禁止即可为'的法理与上海自贸区'负面清单'模式"，载《东方法学》2013年第6期。

关与公民权利的不同价值理念。对公权力机关而言，公权力机关所有权力都来源于法律的明确赋予，法无授权不可为，没有法律的明确授权，公权力机关不可从事行政行为，尤其是不能作出对公民减少权利和苛以义务的行为；对公民而言，法无禁止即可为，只要法律没有明文禁止，就可以从事一切行为，而无需法律的明确授权。对负面清单制度，并不仅限于外商投资领域的运用，而应扩展到更为广泛领域的运用，对行政诉讼受案范围的设计同样也有很好的启发意义。

负面清单模式对作为权利行使的主体而言，可以享有更大的权利空间。与负面清单模式相对应的是正面清单，正面清单以明确的方式列举了公民可以从事的范围。这种方式下，如果列举过少，则权利行使的空间更为狭小，公民的自由受到极大限制；如果尽可能对权利行使的情形力图详尽，对其范围不断扩展，又毕竟会难以穷尽，常会有挂一漏十之现象，总会存在诸多灰色地带、模糊地带，使得权利的保障难以尽如人意。而负面清单模式，仅仅列出了不可为的范围，这些不可为的列举毕竟属于少数，限制或禁止之外的空间是非常之大，公民皆可以从事，显然，公民可以从事的空间范围将远远大于不可为的空间范围，对公民自由权的行使显然是有益的。

同时，负面清单模式对公权力而言，极大地限制了公权力运用的范围。负面清单模式不单单是从公民权利赋予的角度，更是从对公权力进行限制的角度。正面清单模式下，公民可为的空间仅限于明确列举的，而没有列举的，则公权力常常在此出没，其不但限制或禁止公民权利的介入，而且还常常对明确列举公民可为的领域进行有意无意的缩减。由于公权力的扩张，使得本来就不大的公民权利范围受到更多的挤压。而负面清单模式，明确列明的限制或禁止公民从事的范围，实际上是公权力可以管理的领域，而没有限制或禁止的领域，也宣告了公权力不可干预。如此，公权力可以干预的范围是异常狭窄的，极大地规范和控制了公权力，尤其是行政权的恣意，将公权力关在了一个透明的笼子里，更有利于实现公民权利的保护。

由此可见，负面清单模式不仅仅是制度设计上的转变，更是法治价值理念上的转变，体现了对不同主体权力或权利的关注导向，体现了对公权力的限制和控制，还体现了对权利保护的程度更为充分。

三、对行政诉讼受案范围采取负面清单模式进行改造

在国外,已经有了对行政诉讼受案范围[1]采取负面清单模式的例子可以借鉴。例如,在美国,《联邦行政程序法》对司法审查范围作了明文规定,以政府的行政行为接受司法审查为原则,不接受司法审查为例外,[2]即对行政诉讼范围先以概括式进行规定,肯定了司法机关拥有对政府所有行政行为进行司法审查的权力。然后,又进一步列举出不予司法审查的事项,这些事项包括外交和国防、军队的内部管理、总统任命高级助手和顾问、国家安全、追诉职能。在德国,《联邦德国行政法院法》第40条第1款规定:"一切未被联邦法律划归为属其他法院管辖的非宪法性质的公法争议,对之均可提起行政诉讼。"[3]将除了其他法院管辖的宪法性质以外的所有公法争议纳入行政诉讼范围,然后列举了不能进行司法审查的范围包括:(1)国家行为;(2)国家的恩惠行为;(3)根据《联邦德国行政法院法》第40条第2款的规定;[4]另外,不得提起有关反对政治利益、文化利益和宗教利益的行政诉讼。[5]

我国对受案范围的规定模式没有遵循权利行使应有模式,实际上反映了立法者对改革的一种胆怯心理。尽管《行政诉讼法》对肯定式受案范围的列举努力使之全面,但面对这具有全面放开特点的负面清单式的设计方式,立法者还是有点不敢放开。

行政诉讼受案范围的负面清单模式,就是对不予受理的事项进行明确列举,而除了列举的行为不能提起行政诉讼外,列举之外的事项,只要公民具备原告资格,都可以提起行政诉讼。为此,可作为如下修正:

---

〔1〕 世界各国对行政诉讼受案范围这一概念有不同的表述,法国将行政诉讼受案范围称为"行政法院的审判权范围",美国则将其表述为"司法审查的可得性"。尽管表述不同,但实质内容是一样的,即法院对行政机关行政行为所享有的司法审查权限的大小。

〔2〕 《美国联邦行政程序法》第702条是对司法审查范围的肯定性概括,第701条第1款则是对司法审查范围的否定性排除。郝明金:"行政诉讼范围的反思与重构",载《行政法学研究》2003年第1期。

〔3〕 详见"联邦德国行政法院法",载http://www.docin.com/p-611590001.html。

〔4〕 根据《联邦德国行政法院法》第40条第2款的规定:"因为公益作出牺牲而生的请求权,因公法上财产保管而生的请求权,不涉及公法合同的因违反公法义务而生的赔偿请求权,均由普通法院管辖。有关公务员的特别规定,以及因撤销违法行政行为而生的财产上不利的补偿的诉讼途径,不在此此限。"

〔5〕 吴红樱:"中外行政诉讼受案范围比较研究",对外经济贸易大学2005年硕士学位论文,第14~15页。

1. 保留第 2 条对受案范围肯定概括性规定并进行完善

这种肯定性概括式规定覆盖了公民可以提起行政诉讼的范围，即可诉行政行为的类型，同时，也为不予受理事项的负面清单的列举提供准确的前提。但目前，对行政行为的理解还需要进一步明确。为了避免理解上出现歧义，可以对行政行为的概念作出解释，特别是界定行政行为与其他行为的区别，确保行政诉讼的对象都是行政行为。关于行政行为的含义，应松年教授早就说过，"行政行为是行政法中最重要、最复杂、最富实践意义、最有中国特色，又是研究最为薄弱的一环"，[1]现在仍然是这样。一般认为，行政行为的概念最早由德国法学家奥托·迈耶提出，后被各国行政法学所采用。但何为行政行为，一直存有争议，以至于出现了行为主体说、行政权说、公法行为说等多种不同的观点。[2]笔者认为，从实用角度来讲，《行政诉讼法》中对行政行为的界定主要是为了当事人和法院便于对某些行为是否是行政行为进行识别。因此，可以将行为主体说与行政权说结合在一起来界定行政行为的含义，即行政机关及其工作人员行使行政权所作出的一切行为。这样，当一个行为出现后，根据其作出的主体，再结合是否是行政权的行使，就可以很便捷地判断出是否是行政行为。

2. 对不予受理行政行为的列举必须把握的几个原则

由于实施负面清单模式的关键之处是对否定性内容作出明确列举，列举得是否完整和科学，直接关系到负面清单模式的运用，更关系到行政诉讼受案范围设计成功与否。笔者认为，这个否定性列举要具有如下特点：一是在表述上，对不予受理的事项要明晰。所谓明晰，就是相关事项必须非常具体、客观、含义明确，使普通人从外在形式上可以明确作出判断，最好不要模棱两可、见仁见智、易产生歧义。而《行政诉讼法》中第 13 条不予受理事项中的"国家、外交等国家行为"就缺乏明晰性，实践中可能造成解释的任意性。二是不予受理的事项范围必须具有封闭性。通常在立法过程中，为防止在对某类事项因列举而出现不全面的弊端，在法律条款表述中，往往留有兜底条款，以应对将来可能出现的新情况，这是立法技术的恰当运用。但对不予受

---

〔1〕 应松年：《行政行为法》，人民出版社 1993 年版，前言。

〔2〕 行为主体说认为，行政行为是指行政机关的一切行为；行政权说认为，只有行使行政权的行为，即运用行政权力作的行为才是行政行为；公法行为说认为，行政行为是具有行政法（公法）意义或效果的行为。参见姜明安：《行政法与行政诉讼法》，北京大学出版社 2011 年版，第 150~151 页。

理事项的规定则不宜采取这种兜底条款式的表述，而要对其范围采取封闭性的规定。封闭性规定要求不予受理的事项必须是一定范围的特定的事项，有多少就列举多少，不能用"等其他事项"的表述，不能属于一种可以做出宽泛解释的事由，不能给人以一种开放性的理解和延伸。而且，除了已经明确规定的不予受理的事项外，不能在其之外寻找事项。如果今后真的出现应当作为不予受理的事项需要进行补充的，也要用法律明确规定的方式来完善，而不可采取开放性规定。三是不予受理的事项应以确实必要为前提。也就是说，被列入不予受理的事项必须以确实不需以行政诉讼方式解决争议为前提，或者以其他方式解决可能比司法途径解决的效果更好，或由司法方式解决将会严重影响国家其他权力的行使等。四是不予受理的清单要尽量详细。《行政诉讼法》对肯定受案范围补充和增加的内容较多，而对不予受理的行政行为则没有修改。如果实行负面清单模式来规定受案范围，现行的否定性列举显然不适合实践需要。

3. 对不予受理的行政行为进行详细列举

目前，《行政诉讼法》第13条列举的不予受理的行政行为中，第1、3、4项可以保留，即保留"国防、外交等国家行为"，并对其含义作出立法解释，[1] 保留"行政机关对行政机关工作人员的奖惩、任免等决定"，"法律规定由行政机关最终裁决的行政行为"属于不予受理的情形；而鉴于《行政诉讼法》已经允许原告在对行政行为提起行政诉讼的同时，可以附带提出对该行政行为所依据的规范性文件进行审查的要求，实际上允许有条件地对规章以下的规范性文件进行司法审查。为此，在第2项中，应在"行政机关制定、发布的具有普遍约束力的决定、命令"前加上"专门针对"的限定语，以与旧行政诉讼法中对规范性文件绝对不允许司法审查的情形相区别。

此外，为了防止目前无法预料但今后可能会出现一些不予受理的事项，可加上第5项"其他法律规定或国家权力机关决定不予受理的情形"。这项规定表面上看像兜底条款，但又不同于通常的立法兜底条款，因为它对不予受理事项的增加严格限于两种方式：一是明确规定为"法律"规定的情形，这里的"法律"是狭义的法律，是由全国人大及其常委会制定的规范。对今后

---

[1] 主要是指国务院、中央军事委员会、国防部、外交部等以国家名义实施的有关国防和外交事务的行为，以及有关国家机关宣布紧急状态、实施戒严和总动员等行为。

出现了行政行为，如果认为该行政行为不应由法院进行司法审查，可以在立法中直接作出规定。二是明确规定需由国家权力机关作出决定，即全国人大及其常委会以决定的形式来规定，这往往是对于因形势发展需要而作出的个别或临时性的调整。可见，该项的规定，可以为未来可能对某些行政行为不纳入司法审查留有空间的同时，也严格限制了对不予受理情形解释的任意性，维护了不予受理事项规定的严肃性和稳定性，解决了原则性与灵活性问题。

第三章 行政诉讼的管辖

第一节 行政诉讼管辖概述

一、行政诉讼管辖的概念

行政诉讼的管辖,是指确定人民法院之间受理第一审行政案件的分工和权限的制度。

行政诉讼管辖是行政诉讼中的一项重要制度。它的功能在于明确第一审行政案件的审判权所属的具体法院,它解决的是公民、法人或者其他组织认为属于人民法院受案范围的行政行为侵犯了自己合法权益时,向哪一级、哪一个人民法院起诉的问题。

在行政诉讼中,明确行政案件管辖问题,对于法院和当事人而言都至关重要。对于法院来说,它确定了同级人民法院之间审理行政案件的具体分工,明确了上下级人民法院之间受理第一审行政案件的权限。对于行政相对人来说,它解决了在行政相对人的合法权益受到行政主体行政行为侵犯时,应当向哪个人民法院提起行政诉讼的问题,这也就意味着,行政相对人必须向有管辖权的人民法院提起行政诉讼,否则不会被人民法院受理。

行政诉讼管辖和行政诉讼的受案范围不能混淆。受案范围解决的是外部分工问题,解决法院和立法机关、行政机关在审查行政行为方面的权限划分,从宏观上确定整个司法权审理行政案件的范围;管辖解决法院内部分工问题,是在行政诉讼受案范围内从微观上确定具体法院审理行政案件的权限。一般而言,行政诉讼的受案范围是行政诉讼管辖的前提,如果法院对某一行政案件都没有主管权力，那么就不存在该案件由哪一个法院管辖的问题。整体上，诉讼中的管辖权是人民法院司法权的实现形式，用来确定一个法院所拥有的权力性质和范围，以及划定可行使职权的界限。[1]

行政诉讼的管辖也不同于行政诉讼的主审，行政诉讼的主审指人民法院在取得对某一具体行政案件的管辖权后，在法院内部确定应由哪一个审判（庭）机构具体负责行政案件的审理，它不解决不同法院之间的权限分工问题。所以说，管辖是主审的前提，没有管辖就没有主审。一般来说，各级人民法院行政审判庭是行政诉讼的主审机构，具体负责行政案件的审理。我国《行政诉讼法》第4条第2款明确规定："人民法院设行政审判庭，审理行政案件。"

行政诉讼的管辖具有以下几个特征：

第一，行政诉讼管辖解决的是人民法院之间审理行政案件的权限分工。行政诉讼管辖仅仅是指人民法院之间对行政案件管辖权限的划分，而不涉及人民法院与其他国家机关处理行政争议的权限划分。

第二，行政诉讼管辖仅指受理第一审行政案件的权限分工。它不涉及第二审行政案件的受理问题。虽然按照行政诉讼审级制度的规定，我们实行四级两审制，行政案件第一审结束后，还有第二审程序发生的可能性，但第二审是第一审在程序上的继续与延伸。一审管辖权明确了，第二审行政案件的管辖自然也就明确了，不需要再另行确定。

第三，行政诉讼管辖解决的是上下级法院、同级法院之间受理与审判行政案件的权限分工。从纵向看，我国有最高人民法院、高级人民法院、中级人民法院和基层人民法院四个层级的法院；从横向看，不同的地域通常都设有高级、中级和基层人民法院。而行政诉讼管辖正是从"横"到"纵"两个方面来确定受理行政案件的权限分工。也就是说，管辖所要解决的，既有上下级人民法院之间受理一审行政案件的权限划分问题，也有不同区域同级人民法院之间受理一审行政案件的权限划分问题。

二、确定行政诉讼管辖的原则

（一）便于当事人诉讼的原则

所谓便于当事人诉讼的原则，是指行政诉讼的管辖确定要方便原告、被

---

[1] 参见李红枫："行政诉讼管辖制度现状及对策分析"，载《行政法学研究》2003年第1期。

告双方当事人进行诉讼活动。

便于当事人诉讼，不仅仅要考虑便于原告起诉，也要考虑便于被告应诉。在行政诉讼中，原告是行政诉讼的发起者，行政诉讼正是由于原告认为行政主体的行政行为侵犯其合法权益，向法院提起的诉讼，可以说，没有原告的起诉，就没有行政诉讼。而行政诉讼的目的主要是通过人民法院的审判活动，保护行政相对人的合法权益不受侵犯，因此在确定管辖时，首先应当为原告参加行政诉讼提供便利，为实现行政诉讼目的提供条件。而行政诉讼中的被告虽然是被动地参与到行政诉讼中来，但这并不意味着在确定行政诉讼管辖时不需要考虑被告的因素，尤其是在行政诉讼法规定了行政首长出庭应诉的情况下，从公正和经济的角度出发，行政诉讼管辖的确定也应当尽可能考虑便于被告应诉。依我国行政诉讼法的规定，由基层人民法院管辖绝大多数第一审行政案件，而基层人民法院所在辖区往往是原、被告双方的共同所在区域，如此规定，显然无论是对原告的起诉还是被告的应诉都很方便。

当然对于何为便于当事人参加诉讼，不能只是简单地理解为"距离"或"经济"问题上的便利，还要考虑时间、事实以及法律等因素。所以，便于当事人诉讼，是一个综合概念，其实质就在于便于当事人依法行使各项诉讼权利，以保护其合法权益。

（二）便于人民法院公正行使审判权原则

便于人民法院公正地行使审判权，在行政诉讼管辖中是一个有着特别意义的原则。法院作为行政案件的审判者，在诉讼中处于非常重要地位。所以在确定行政诉讼管辖时首先就要考虑人民法院的具体情况，如人民法院的工作条件、审判人员的整体素质以及不同法院的工作负担等，这样才能避免影响行政案件公正审理情况的出现。所以，便于法院公正、有效地行使审判权是确认行政诉讼管辖的前提和基础，也是确定行政诉讼管辖时应当遵循的重要原则。

便于人民法院公正行使审判权，在实体的公正性上，要便于人民法院对行政案件事实的查证、认定，以保证对法律规范的正确运用和裁判结果的公正。行政诉讼法中规定，基于就近、就地审判的原则，大多数第一审行政案件由基层人民法院管辖，而对一些专业性、技术性较强的案件，如海关处理的案件，就要求由整体素质、水平和条件更高、更好的中级人民法院管辖。

除此之外，由于行政诉讼中人民法院处于主动地位，是行政案件审判的指挥者，连接着当事人及其他诉讼参与人的诉讼活动，因此在确定管辖时，法律必须为人民法院办理行政案件提供便利，便于人民法院调查取证、传唤当事人和判决的顺利执行等。所以特殊地域管辖中的因不动产引起的行政案件的管辖规定，就充分体现了这一原则，以确保审判权的正确、公正行使。

同时，为了便于人民法院公正行使审判权，还要保证人民法院在审理程序上的公正性。如要保证审判机关独立、法官中立、当事人平等、过程透明等正当程序的建构，在保证程序正义的同时促进实体的公正。所以我国行政诉讼法在确定管辖时，为了减少和避免行政权干预审判权的现象，尽量排除某些行政干预的因素，比如对国务院部门或者县级以上地方人民政府所作的行政行为提起诉讼的案件，适当地提高审级，由中级人民法院受理，以及在人民法院认为必要时，把本该由下级法院审理的"不宜行使管辖权"的行政案件交由上级法院审理，甚至可以实行区域上的"交叉管辖"。

（三）均衡人民法院之间负担的原则

均衡法院负担是指在行政诉讼管辖中，要考虑各级法院在诉讼中合理、适当的分工，避免某一个地方或级别的法院负担过重，影响诉讼效率。所以在确定行政诉讼管辖时，除了考虑便利和公正之外，还应当考虑各级人民法院的职能分工和工作负担的均衡性。

司法实践中，考虑到行政案件受理和审判能力与可行性，大多数行政案件的审判、执行主要由基层人民法院承担，而中级以上的人民法院，尤其是最高人民法院，主要负责对下级人民法院进行审判监督、总结审判经验等任务。这样既有利于中级以上人民法院集中精力处理一些重大、复杂的一审行政案件和二审行政案件，也有利于其有时间和精力对下级人民法院进行行政审判的指导和监督。

当然，为了保证行政诉讼目的的实现，除了要考虑均衡负担的问题，还要让有限的司法资源在纵向、横向法院间进行合理的配置，充分考虑负担的均衡和司法资源的合理利用，以保证审判机关顺利完成审判任务。所以中级人民法院在必要时，可以对管辖权进行适当的调整。如根据《行政诉讼法》第24条规定："上级人民法院有权审理下级人民法院管辖的第一审行政案件。下级人民法院对其管辖的第一审行政案件，认为需要由上级人民法院审理或者指定管辖的，可以报请上级人民法院决定。"这条规定体现了司法资源合理调配的原则性和灵活性相结合的调整模式。

三、管辖的种类

根据不同的标准，可以将行政诉讼的管辖分为不同的类型。由于现实情况的复杂性，这些区分标准也存在着客观差异，了解这些差异和行政诉讼管辖的类型，有助于我们进一步认识案件的性质、程度和状态。一般来说，行政诉讼管辖有以下几种类型：

（一）级别管辖与地域管辖

级别管辖所要解决的问题是不同审级人民法院之间对行政案件的管辖权限的划分，而地域管辖所要解决的问题是确定不同地域的人民法院之间受理行政案件的分工。

（二）法定管辖和裁定管辖

这是以管辖是由法律规定还是由人民法院的行为来确定为标准所作的划分。法定管辖是指由法律明确规定，直接确定管辖法院；裁定管辖是指在特殊情况下，由人民法院根据《行政诉讼法》的规定，通过裁定或决定的形式，以移送、指定等行为确定管辖法院。

法定管辖是行政诉讼管辖的主要形式，而裁定管辖是在特殊情况下对法定管辖的补充。法定管辖可以被法院以决定的形式（移送、指定、转移）改变，但裁定管辖具有最终确定性，不能被法定管辖所调整。

《行政诉讼法》第14~17条规定的级别管辖和第18~20条规定的地域管辖都属于法定管辖。《行政诉讼法》第22条规定的移送管辖，第23条规定的指定管辖和第24条规定的管辖权的转移属于裁定管辖。

（三）专属管辖和选择管辖

这是以管辖是法律强制性规定还是任意性规定为标准所作的划分。专属管辖是指某一类行政案件只能由某一个或某几个人民法院管辖，其他法院没有管辖权，原告也不能选择管辖法院；选择管辖是指两个以上的人民法院对同一行政案件同时享有管辖权，在确定管辖法院时，可以由原告选择，也可以由有管辖权的法院协商，或者是由共同的上级人民法院进行指定。

在这种划分中，既考虑了方便当事人诉讼，也考虑了便于人民法院审理和执行判决。尤其是选择管辖的规定，使得原告可以选择对自己最有利的人民法院提起诉讼，这样能更好地保障原告的合法权益，也在一定程度上避免了行政干预，保障人民法院公正行使审判权。

《行政诉讼法》第 18~20 条规定的地域管辖就是专属管辖。而《行政诉讼法》第 21 条规定的就是选择管辖。

（四）共同管辖和合并管辖

这是以诉讼关系为标准对管辖所作的划分。共同管辖是指法律规定两个及两个以上人民法院对同一行政案件都有管辖权时，可以由当事人选择向哪个人民法院提起诉讼，由先立案的人民法院取得管辖权；合并管辖是指对某个行政案件有管辖权的人民法院可以管辖与此案件有牵连的其他案件。

共同管辖和合并管辖的划分不仅使当事人可以进行选择管辖，使行政相对人的权益得到更充分的法律保护，还在实际上扩大了行政诉讼的受案范围，避免了重复诉讼。

《行政诉讼法》第 18~19 条对限制人身自由强制措施不服的案件和经复议案件的管辖就是共同管辖。《行政诉讼法》第 61 条中规定，行政机关对民事争议所作裁决的行政诉讼中，人民法院就可以应当事人的申请，对相关民事争议一并进行审理。

第二节 级别管辖

一、级别管辖的概念

级别管辖，是指按照一定的标准，划分上下级人民法院之间受理第一审行政案件的分工和权限。行政诉讼法中关于级别管辖的规定，是确定第一审行政案件由哪一级法院进行审理的依据，其实质是依据人民法院组织系统来确定上下级人民法院对第一审行政案件的管辖权。所以，我国行政诉讼法将级别管辖分为四级：即基层人民法院、中级人民法院、高级人民法院和最高人民法院。

根据现行法律规定，这四级人民法院都有权管辖一定范围内的第一审行政案件。但具体哪一级人民法院应当管辖哪些第一审行政案件，要依据案件的性质、简繁程度、影响大小等因素来确定的。对于具体的确定标准，1989年在制定《行政诉讼法》过程中，是有过争议的。有学者认为："行政诉讼的级别管辖应采取使法院级别与被诉行政机关基本对应的原则来设定，法院级别不应低于当被告的行政机关的级别,以有利于司法中排除干扰。"[1]所以当时行政诉讼级别管辖中主要考虑了被诉人民法院与被告的级别高低相适应这一因素。虽然根据被告的级别考虑行政诉讼的级别管辖,有不符合法律面前人人平等原则之嫌,但是,从便于审理行政案件的角度看,这样的考虑在当时是具有合理性的。修订后《行政诉讼法》,还是采用了与刑事、民事诉讼级别管辖大体相同的标准,即主要以案件性质和影响范围作为确定行政诉讼级别管辖的标准。根据这一标准,《行政诉讼法》明确规定了四级人民法院级别管辖的基本内容。

二、基层人民法院的管辖

根据《行政诉讼法》第 14 条的规定:"基层人民法院管辖第一审行政案件。"这是一条概括性的规定,这一规定的实质是,基层人民法院管辖除《行政诉讼法》第 15、16 条和第 17 条所规定行政案件以外的所有行政案件。将这些行政案件确定由基层人民法院作为一审法院,是考虑到基层人民法院作为我国法院系统的基层单位,数量多,分布广,有力量承担大量行政案件的审判工作,而且基层人民法院所在地一般都是当事人所在地,便于当事人参加诉讼。同时,它往往又是被诉行政行为发生地和行政争议发生地,由当地的基层人民法院受理,便于法院调查取证,正确、及时地审理案件和执行判决。而且基层人民法院通过对行政案件的审理,也可以更好地对广大民众和行政机关执法人员进行生动的法制教育。

三、中级人民法院的管辖

根据《行政诉讼法》第 15 条的规定,中级人民法院管辖下列第一审行政案件:

(一) 对国务院部门或者县级以上地方人民政府所作的政行为提起诉讼的案件

旧法中规定的中级人民法院管辖的案件范围是"国务院各部门或者省、自治区、直辖市人民政府"。修订后的《行政诉讼法》将此条修改为"国务

---

[1] 柴发邦:《行政诉讼法教程》,中国人民公安大学出版社 1990 年版,第 170 页。

院部门或者县级以上地方人民政府所作的行政行为"。本条第1项将国务院部门为被告的案件予以保留。只是将"省、自治区、直辖市人民政府"扩大到"县级以上地方人民政府"。这实际上扩大了中级人民法院的管辖范围,将中院的管辖范围延伸到区、县级人民政府的行政案件,这是针对实践中存在的"县法院审不了县政府"的困境而采取的有针对性的调整。[1]

逐渐扩大中级人民法院对行政案件的管辖权,一直以来也是最高人民法院所要求的。从2000年的《最高人民法院关于执行〈中华人民共和国行政诉讼法〉若干问题的解释》(以下简称《2000年若干解释》)到2008年的《最高人民法院关于行政案件管辖若干问题的规定》(以下简称《管辖规定》),都体现了将县级人民政府为被告的案件上提一级审理的精神。所以,将涉及县级以上人民政府的案件纳入中级人民法院的管辖范围是大势所趋。但是法院在适用本条规定时,也应注意,此处的"县级以上地方人民政府"不包括人民政府的职能部门,只是针对县政府、不设区的市政府、市辖区政府,以及县级以上的市政府等。

(二) 海关处理的案件

海关处理的案件是指公民、法人或者其他组织对海关作出的行政行为不服向人民法院起诉的行政案件。[2]海关处理的案件一般都具有很强的专业性和技术性,处理难度较大。而且海关的设置不同于一般的行政区划,多分布在各大、中城市,其职权地域范围和中级人民法院相吻合,从方便诉讼的角度出发,由中级人民法院管辖比较合适。并且海关的业务与政策要求较高,由中级人民法院管辖,也可以保证办案水平和质量。

《行政诉讼法》还删除了旧法规定的"确认发明专利权的案件",该类案件具有很强的专业性和国际性,在1989年旧法的立法之初,考虑到这类案件需要较高的法律和科技水平,由中级人民法院管辖,能保证办案质量。但随着时代发展,这项规定已经远远落后于实践需求。2009年3月23日,在《最

---

〔1〕 李光宇:《新行政诉讼法逐条注释》(上),法律出版社2015年版,第147页。

〔2〕 最高人民法院在2003年通过司法解释取消了海事法院对行政案件的管辖权,2016年2月24日,最高人民法院发布了《关于海事法院受理案件范围的规定》(以下简称《规定》),对海事法院的受案范围从框架到细目都进行了相应修订,明确将海事行政案件重归海事法院管辖,并且通过7个项目细化了海事行政案件的具体受案范围(第79条~第85条)。故而,《行政诉讼法》中规定的"海关处理的案件",应是指该《规定》中海事法院管辖范围以外的行政案件。

高人民法院关于贯彻实施国家知识产权战略若干问题的意见》中提出：要"积极探索符合特点的审判组织模式……研究设置统一受理知识产权民事、行政和刑事案件的专门知识产权审判庭，尽快统一专利和商标等知识产权授权确权案件的审理分工，优化知识产权审判资源配置，实现知识产权司法的统一高效"。这是探索试点知识产权案件统一集中审理的"三审合一"审判模式。在此基础上，最高人民法院要求进一步深入实施国家知识产权战略，优化知识产权保护体系；妥善协调司法保护和行政执法的关系，发挥司法保护知识产权主导作用；根据国家知识产权战略要求，积极探索研究建立知识产权专门法院。[1]2014年8月31日，第十二届全国人大常委会作出了《关于在北京、上海、广州设立知识产权法院的决定》，规定在北京、上海、广州设立知识产权法院。北京知识产权法院于2014年11月挂牌成立；同年12月16日，第二家知识产权法院即广州知识产权法院建成，12月28日，第三家知识产权法院即上海知识产权法院挂牌成立。最高人民法院于2014年10月27日通过了《关于北京、上海、广州知识产权法院案件管辖的规定》，明确了知识产权法院的管辖范围。[2]至此，所有中级人民法院都不再受理涉及知识产权的案件。所以，修订后的《行政诉讼法》删除了中级人民法院对确认发明专利权案件的管辖规定。

（三）本辖区内重大、复杂的案件

这是一条具有灵活性的兜底条款。一般来讲，三大诉讼中，只要是重大、复杂的案件都需要适当提高管辖级别，而行政诉讼更是应该如此，只有这样才能充分保证审判的公正性，最大限度地避免行政干预。而此处的"重大、复杂"，一般可以根据案件的难易程度、在本辖区的影响大小，以及政策性和专业性的深度和广度来确定。《管辖规定》中对"重大、复杂"是这样规定的：（1）被告为县级以上人民政府的案件，但以县级人民政府名义办理不动产物权登记的案件可以除外；（2）社会影响重大的共同诉讼、集团诉讼案件；（3）重大涉外或者涉及我国香港特别行政区、澳门特别行政区、台湾地区的案件；（4）其他重大、复杂的案件。这是在《2000年若干解释》的基础上进

---

[1] 参见2012年12月25日王胜俊在十一届全国人大常委会第三十次会议上所作的《关于知识产权审判工作情况的报告》。

[2] 参见最高人民法院2014年10月27日发布的《关于北京、上海、广州知识产权法院案件管辖的规定》第1条。

一步扩大了中级人民法院的管辖范围。2015年《最高人民法院关于适用〈中华人民共和国行政诉讼法〉若干问题的解释》（以下简称《2015年若干解释》）中，删除了《2000年若干解释》对"重大、复杂"的界定，使中级人民法院管辖的"重大、复杂"的规定和《民事诉讼法》保持一致。这种修改实质上是在《管辖规定》的基础上极大地拓展了中级人民法院的管辖范围，能更充分地发挥中级人民法院的作用。所以中级人民法院除了对上述两类行政案件具有管辖权外，只要是认为行政案件具有重大、复杂的情况，就可以对其行使管辖权。

（四）其他法律规定由中级人民法院管辖的案件

这是《行政诉讼法》新增的条款，意味着全国人大及其常委会可以根据实际需要，在制定法律时，在法律中规定中级人民法院对行政案件的管辖，这条规定的目的就是为今后中级人民法院进一步扩大管辖范围预留空间。而当前司法体制改革正在积极推进中，在立法中保持一定的灵活性和开放性无疑是非常必要的。

四、高级人民法院的管辖

我国《行政诉讼法》第16条规定："高级人民法院管辖本辖区内的重大、复杂的第一审行政案件。"高级人民法院是地方各级人民法院中最高一级的审判机关，它的主要任务是对地方法院的审判工作进行指导、监督，以及审理不服中级人民法院一审的判决、裁定案件。根据法律规定，高级人民法院不宜过多地管辖第一审行政案件，只能对发生在本辖区内的重大、复杂的行政案件行使管辖权。而何谓"本辖区重大、复杂"，行政诉讼法并未作出进一步规定，一般来说，应当重点考虑该行政案件在本级行政区域内是否具有重要影响，以及在法律适用方面是否具有普遍指导意义。

五、最高人民法院的管辖

我国《行政诉讼法》第17条规定："最高人民法院辖全国范围内重大、复杂的第一审行政案件。"最高人民法院是我国最高国家审判机关，它在受理不服各高级人民法院裁判而提起的上诉案件的同时，主要任务是对全国的法院审判工作进行监督和指导，并在总结审判经验的基础上，作出有关法律适用的批复、指示和司法解释。因此，最高人民法院只对在全国范围内具有重大、复杂影响的行政案件才行使管辖权。此处的"全国范围内重大、复杂"主要是指对全国政治民主生活、社会经济生活有重大影响的、情况十分复杂的行政案件；有必要作出司法解释或法律类推的案件；影响很大的涉外案件等。

第三节 地域管辖

一、地域管辖的概念

地域管辖是指同级人民法院之间受理第一审行政案件的分工和权限。在确定了基于法院的纵向系统而进行划分的级别管辖后，需要进一步明确的就是横向的同级人民法院之间的分工，所以地域管辖是以级别管辖为基础而确立的。只有将这两种管辖制度结合起来，才能最终落实第一审行政案件的管辖权限。地域管辖的确定一般遵循"原告就被告"原则，即原告应当到被告所在地法院起诉。虽然这一原则的确定考虑了便利、经济和行政效率等因素，但对于行政诉讼的实际来说未必适合。为了矫正该原则对原告利益不利的弊端，行政诉讼中还规定了特殊地域管辖和共同管辖。

二、一般地域管辖

行政诉讼的一般地域管辖是指以作出最初行政行为的行政机关所在地为标准来确定对行政案件的管辖法院。由最初作出行政行为的行政机关所在地的人民法院对案件行使管辖权，有利于诉讼当事人进行诉讼活动，也有利于人民法院调查取证和行政判决、裁定的执行，同时也适应了被诉行政行为适用法律规范的地域性特点。

我国《行政诉讼法》第18条第1款规定："行政案件由最初作出行政行为的行政机关所在地人民法院管辖。经复议的案件，也可以由复议机关所在地人民法院管辖。"因此，一般地域管辖包括以下两种情况：

一是行政相对人对未经行政复议的案件提起行政诉讼的，由最初作出行政行为的行政机关所在地人民法院管辖。这是由地域管辖的一般原则决定的。

二是行政相对人对经过复议的行政案件提起行政诉讼的，可以由最初作出行政行为的行政机关所在地的人民法院管辖，也可以由复议机关所在地人民法院管辖。《行政诉讼法》和《2015年若干解释》都删除了"复议机关改变原具体行政行为"的规定，这就使得原来复议机关为了不做被告、不败诉、不得罪原行政机关，"维持率"畸高的情况得到了改善。这也就意味着，只要是经过复议的行政案件，不论复议机关维持还是以任何理由改变原行政行为，复议机关都要作为被告应诉。与之相对应的，经过复议的行政案件的管辖也进行了修改。经过复议的行政案件，原行政行为机关所在地法院和复议机关所在地法院都有管辖权，原告可以选择其中任何一个人民法院起诉。并且，为了解决原行政行为机关和复议机关级别高低区别导致的管辖法院级别不同的矛盾，《2015年若干解释》第8条还明确规定："作出原行政行为的行政机关和复议机关为共同被告的，以作出原行政行为的行政机关确定案件的级别管辖。"

《行政诉讼法》除了规定一般地域管辖的以上两种情形外，还新增了一条规定："经最高人民法院批准，高级人民法院可以根据审判工作的实际情况，确定若干人民法院跨行政区域管辖行政案件。"这主要是针对司法实践中司法地方化对行政诉讼的不利影响所作出的新规定。由于行政诉讼地方保护主义现象严重，行政审判的公正性难以实现，很多当事人在遭遇行政行为侵害后，不愿意进行诉讼，反而是通过信访、上访等方式来维权，这极大地损害了司法的公信力和法制的尊严。所以，最高人民法院在地方司法机关相对集中管辖权试点探索的基础上，[1]于2013年1月发布《关于开展行政案件相对集中管辖试点工作的通知》，决定在部分中级人民法院辖区内开展行政案件相对集中管辖试点工作，并将试点工作中集中管辖的经验向全国推广。《行政诉讼法》中的这条规定，就体现了这项精神，这对改善行政审判环境，促进司法公正，都有着积极意义。

三、特殊地域管辖

行政诉讼中的特殊地域管辖，是指以诉讼当事人或诉讼标的与法院管辖区的关系来确定行政案件的管辖法院。

---

[1] 关于实行相对集中管辖权的探索与成效，可参见危辉星、马良骥："探索管辖制度改革杜绝地方行政干预——浙江高院关于行政案件管辖改革试点的调研报告"，载《人民法院报》2012年7月26日。

我国《行政诉讼法》第19条规定："对限制人身自由的行政强制措施不服提起的诉讼，由被告所在地或者原告所在地人民法院管辖"；第20条规定："因不动产提起的行政诉讼，由不动产所在地人民法院管辖"。因此，特殊地域管辖有以下两种情况：

第一，对限制人身自由的行政强制措施不服提起诉讼的案件，由被告所在地或原告所在地的人民法院管辖。被告所在地一般是指被诉行政机关主要办事机关所在地。原告所在地一般是指原告户籍所在地、经常居住地或者被限制人身自由所在地。《行政诉讼法》之所以作出这样的规定，是由于在因行政机关采取限制人身自由的行政强制措施引起的行政案件中，有相当多情况是原、被告不在同一法院的管辖区内。如果规定这类行政案件一律由被诉的行政机关所在地的法院管辖，对原告的权益保护是相当不利的。所以从保护行政诉讼原告的合法权益角度看，这样规定是比较科学的。

值得注意的是，这种特殊地域管辖仅适用于限制公民人身自由的行政强制措施，不包括对公民作出的行政拘留。因为行政拘留属于行政处罚，而不是行政强制措施；而且，行政拘留在现实中是比较常见的处罚方式，如果涉及行政拘留的案件也要适用此项规定，将大大增加行政机关异地诉讼案件的数量，这对行政效率显然是不利的，因此特殊地域管辖只针对行政强制措施。

第二，因不动产而提起的行政诉讼，由不动产所在地的人民法院管辖。不动产是指形态上不能移动或者移动后将改变、丧失其性能、价值、用途的财产，如土地及其附着物或滩涂、山林等。这类行政案件由不动产所在地人民法院管辖，主要考虑到有利于人民法院实地勘察、调查取证，以及行政判决、裁定的顺利执行。在具体适用此条款时，应当注意不能将其扩大解释为与不动产有任何联系的行政纠纷。只有被诉行政行为直接针对不动产的，才应当由不动产人民法院管辖，如因不动产使用权、所有权发生纠纷或者是因不动产的征收、征用、拆除和污染不动产而引起的行政案件。

四、共同管辖

我国《行政诉讼法》第21条规定："两个以上人民法院都有管辖权的案件，原告可以选择其中一个人民法院提起诉讼。原告向两个以上有管辖权的人民法院提起诉讼的，由最先立案的人民法院管辖。"此条规定就是关于共同管辖，或者叫作选择管辖，其实无论是共同管辖还是选择管辖都是同一个问题的两个方面，都是指当两个以上的人民法院对同一个行政案件都有管辖权时，可以由原告选择向其中一个法院起诉的管辖形式。行政诉讼中常见的共同管辖主要有以下几种情况：

第一，不在同一区域内的两个以上被诉行政主体，共同对某一具有牵连性质的违法行为给予处罚，不同区域内行政主体所在地的法院都有管辖权；或者某一行政决定是上下两级行政机关共同作出的，上下两级行政机关所在地的法院都有管辖权；

第二，经复议的行政案件，复议机关所在地法院或者作出原行政行为机关所在地法院对行政案件都有管辖权；

第三，对因限制人身自由的强制措施不服提起的诉讼中，被告所在地法院和原告所在地法院对行政案件都有管辖权；

第四，因不动产提起的行政诉讼，如果争议所涉不动产跨越两个以上法院辖区，这几个法院对该行政案件都有管辖权。

对于同一个行政案件，两个以上的人民法院都有管辖权时，有管辖权的人民法院不可能同时或联合行使管辖权而同时受理、审判。所以，当发生共同管辖的情形时，一般是由原告选择其中一个法院提起行政诉讼，如果原告向两个以上有管辖权的人民法院都起诉，由最先立案的人民法院管辖。

适用此条时还应注意先立案的人民法院不得将案件移送给另一个有管辖权的人民法院。如果人民法院在立案前发现其他有管辖权的人民法院已经先立案的，不得重复立案；立案后发现其他有管辖权的人民法院已经先立案的，应裁定将案件移送给最先立案的人民法院。同时，两个以上人民法院之间因共同管辖发生争议的，应由争议法院协商解决；协商不成的，由其共同上级人民法院指定管辖，在争议解决之前，有关人民法院均应停止案件的审理。

第四节 裁定管辖

一、裁定管辖的概念

行政诉讼的裁定管辖是指在一些特殊情况下，以裁定的方式确定行政案件的管辖法院。裁定管辖是法定管辖的必要补充。

我国《行政诉讼法》第22、23、24条分别规定的移送管辖、指定管辖和管辖权的转移,均属于裁定管辖。

二、移送管辖

移送管辖是指人民法院对已经受理的行政案件,发现自己对该行政案件没有管辖权,依法将该案件移送给有管辖权的人民法院管辖。我国《行政诉讼法》第22条规定:"人民法院发现受理的案件不属于自己管辖时,应当移送给有管辖权的人民法院。受移送的人民法院应当受理。受移送的人民法院认为受移送的案件按照规定不属于本院管辖的,应当报请上级人民法院指定管辖,不得再自行移送。"根据这一规定,移送管辖一般应具备以下几个条件:

第一,移送案件的人民法院已经立案受理了行政案件。此时诉讼程序已经开始,只是并未审结,如果人民法院在立案前发现自己对该案件没有管辖权,只需要告知原告向有管辖权的法院起诉即可,不会出现移送管辖的情形。如果案件已经通过一审程序的审理并作出了判决,即使法院对该案没有管辖权,也只能通过二审或再审程序予以纠正,不会发生移送管辖。

第二,移送案件的人民法院认为自己对该案件没有管辖权。只有受理案件的人民法院在发现自己没有管辖权之后才能将案件移送。如果法院受理该案件时有管辖权,即使在审理过程中发生如行政区域变更或当事人住所变更等情形,也不得以此为理由将案件进行移送。在共同管辖中,先立案的人民法院也不得将有管辖权的案件移送到另一个有管辖权的人民法院。

第三,移送的人民法院对该案件有管辖权。移送的目的是为了使行政管辖制度得到落实,所以受理案件的法院必须将案件移送给有管辖权的人民法院。接受移送的法院对案件确有管辖权的,必须及时进行审理。

第四,受移送的法院应当进行审理。这是《行政诉讼法》中的新增条款,这就意味着受移送法院不得拒收、退回或自行再移送,如果认为受移送的案件按照规定不属于本院管辖的,应当报请上级人民法院指定管辖,也不得再自行移送。这条规定主要是为了防止法院之间相互推诿、拒绝受理,避免出现原告求告无门的情况,影响相对人依法行使诉权。

三、指定管辖

指定管辖是指由于某种特殊原因,有管辖权的人民法院不能行使管辖权,由上级人民法院用裁定的方式,将某一行政案件指定某个下级人民法院进行管辖。指定管辖的作用主要在于,当人民法院因某些特殊原因不能及时审理案件时,赋予上级人民法院变更或者确定案件管辖法院的权力,保证行政案件得到及时、有效的审理。

我国《行政诉讼法》第23条规定:"有管辖权的人民法院由于特殊原因不能行使管辖权的,由上级人民法院指定管辖。人民法院对管辖权发生争议,由争议双方协商解决。协商不成的,报它们的共同上级人民法院指定管辖。"

由此可见,指定管辖适用于以下两种情形:

第一,有管辖权的人民法院由于特殊原因不能行使管辖权,由其上级人民法院指定管辖。此时对管辖权的归属并没有争议,只是由于一些特殊原因,有管辖权的人民法院不能行使管辖权。这里的"特殊原因"包括事实上的原因和法律上的原因,如因地震、水灾、火灾等自然灾害,使有管辖权的人民法院无法对行政案件行使管辖权;或者是有管辖权的法院的行政审判人员因当事人申请回避或自行回避而导致无法组成合议庭进行审理。当发生这些特殊原因时,就应当由其上级人民法院指定其他人民法院行使管辖权,而对此案无管辖权的法院由于上级法院的指定获得了管辖权。

第二,人民法院之间对管辖权发生争议而双方协商不成的,由它们共同上级人民法院指定管辖。管辖权发生争议一般有两种情况:其一,两个以上的人民法院对同一案件都主张有管辖权;其二,两个以上的人民法院对同一案件都主张无管辖权。引起争议的原因一般是由于原告向两个以上有管辖权的法院都提起诉讼,受诉法院都立案的;或者是由于行政区域划分变动,造成几个法院都有管辖权。当人民法院之间因管辖权发生争议后,首先应当由争议的法院协商解决,如果协商不成的,应当报请它们共同上级人民法院指定管辖。所谓"共同的上级人民法院",是指对发生管辖权争议的各个人民法院都有指导、监督关系的上级人民法院,而不是各自的上级人民法院。

四、管辖权的转移

管辖权的转移,又称移转管辖,它是指经上级人民法院决定或同意,将行政诉讼案件的管辖权由下级人民法院移交给上级人民法院。我国《行政诉讼法》第 24 条规定："上级人民法院有权审理下级人民法院管辖的第一审行政案件。下级人民法院对其管辖的第一审行政案件，认为需要由上级人民法院审理或者指定管辖的，可以报请上级人民法院决定。"这是确定管辖权转移的法律依据。《行政诉讼法》删除了旧法中"也可以把自己管辖的第一审行政案件移交下级人民法院审判"的规定，只保留了管辖权的上移。由于行政诉讼的特殊性，管辖权下移过去常常被用作地方保护，不利于案件的公正审理，修法时考虑到这一现实，删除了管辖权下移。根据本条规定，管辖权的转移有以下几种情形：

（一）上级人民法院有权审理下级人民法院管辖的第一审行政案件

根据这项规定，上级人民法院可以直接以决定的形式，决定由自己审理本应由下级人民法院管辖的第一审行政案件，无需征求下级人民法院的同意。这里的上级人民法院，既可以是上一级人民法院，也可以是上几级人民法院，但必须具有上下隶属关系。而下级人民法院对上级人民法院的决定必须执行。

（二）下级人民法院对其管辖的第一审行政案件，认为需要由上级人民法院审理或者指定管辖的，可以报请上级人民法院决定。这一条款其实规定了两项制度，一是管辖权的转移，二是指定管辖

司法实践中，如果下级人民法院认为自己受理的有管辖权的行政案件重大、复杂，或者存在行政干扰以及其他不适宜自行审理的情形，都可以报请上级人民法院决定。同时，《行政诉讼法》增加了一种法定情形，就是在下级人民法院认为需要时，可以报请上级法院指定由其他人民法院管辖，这实际上就是行政案件的异地管辖。有人担心异地管辖将不利于行政案件协调，会切断法院与地方政府行政机关的联系。这一担心是不必要的，异地管辖法院进行协调时，被告所在地法院可以协同配合、参与协调，同时，管辖非诉执行的法院没有改变而且仍然管辖一些诉讼案件，这样法院联系政府行政机关的纽带仍然存在。[1]

在适用本条款时需要注意的是，这种管辖权转移的情形不同于移送管辖。管辖权转移是将行政案件从有管辖权的人民法院移送给无管辖权的人民法院

---

[1] 江必新：《中华人民共和国行政诉讼法理解适用与实务指南》，中国法制出版社 2015 年版，第 120 页。

管辖；而移送管辖则是人民法院将不属于自己管辖的行政案件移送给有管辖权的人民法院管辖。所以管辖权的转移必须经上级人民法院同意或者直接决定，移送管辖则不需报经上级人民法院决定，可以直接将没有管辖权的案件移送给有管辖权的人民法院。

第五节　行政诉讼管辖的改革

一、我国现行行政诉讼管辖制度中存在的问题

我国自1989年颁布《行政诉讼法》以来，对管辖的争议一直没有停止过，修订后的《行政诉讼法》虽然对管辖的问题有所改动，但并没有非常大的突破，尤其是《2015年若干解释》将《2000年若干解释》中关于管辖的具体规定基本删除，这样使管辖在具体实施时灵活性过大，可操作性降低，不利于行政诉讼目的的实现和对原告合法权益的保护。

综合学术界的观点，一般认为行政诉讼管辖制度存在以下几方面问题：

首先，第一审行政案件级别过低，不利于行政相对人合法权益的保护，影响了行政审判权的公正行使，使行政案件陷入困境，导致上诉率高，申诉率高，实体裁判率低，被告败诉率低，发回重审和改判率低，原告服判息诉率低。[1]

其次，地域管辖中的"原告就被告"原则增加了原告诉讼成本，不方便原告进行诉讼，受诉法院与被诉行政机关同处一地，行政案件不可避免地受到地方政府、人大、党委的不当干预，使得法院受理和公正裁判行政案件面临较大的困难。[2]

还有，有关管辖的部分缺乏可操作性，以致得不到有效执行。例如，"本辖区重大、复杂"的规定较为笼统；提级管辖的适用条件过于原则；没有明确规定异地管辖的适用条件；[3]法院裁定管辖诱发司法权不当行使进而滋生"告知难"；中级人民法院怠于提级管辖或者消极行使提级管辖权等，为司法

---

〔1〕 马怀德："《行政诉讼法》存在的问题及修改建议"，载《法学论坛》2010年第5期。

〔2〕 湛中乐："论《中华人民共和国行政诉讼法》的修改"，载《苏州大学学报》2012年第1期。

〔3〕 李荣珍、潘娜："论我国行政诉讼管辖制度的改革与完善"，载《海南大学学报》2009年第2期。

权偏向行政权创造便利空间。[1]

此外，由于各地方的具体情况不同，因此集中管辖、异地管辖面临着适用规则的难题，并且未能避免地方政府的干预，反而增加了当事人的负担。例如，相对集中管辖仍难以摆脱行政的干预；相对集中管辖存在违法之嫌；相对集中管辖将作为补充的指定管辖和管辖转移扩大化，使本来处于次要地位的指定管辖和管辖转移常态化，有违背法律目的和滥用管辖裁定权的嫌疑。[2]又如，相对集中管辖立案审查不严格，人员调配有难度，诉讼成本有所增加，审理与执行面临挑战（调查取证难，协调处理有障碍等）。[3]

针对学术界提出的问题，《行政诉讼法》及《2015年若干解释》并没有作出明确的规定。虽然学者们对此提出了各种解决方案，但在立法缺失的情况下，这些方案难以形成共识，其中很多观点缺乏论证的全面性和系统性。如有学者提出取消基层法院对行政案件的管辖权，但却没有考虑便民原则问题；有学者仅仅提出设立中级人民法院的派出法庭，但没有考虑到案件数量众多导致工作量大的问题；[4]还有很多学者提出应在我国设立行政法院，认为这是克服行政审判体制障碍的需要，可以作为推进行政诉讼制度发展的突破口，[5]但设立行政法院的前提是司法独立，这在我国现有体制下难以实现，"而且设置行政法院不仅不能解决行政干预问题，还会产生机构膨胀和增加财政负担的弊端"。[6]

二、行政诉讼管辖制度改革的讨论

多年来，我国对行政诉讼管辖制度的改革一直在进行探索，这其中，最重要的改革探索有三个，分别是提级管辖、集中管辖和异地管辖。

---

[1] 冯一文："管辖选择权：行政案件管辖制度改革之一剂良方——基于行政诉讼中'官官相护'滋生'告状难'现象的分析"，载《河北法学》2012年第4期。

[2] 王春业："论行政诉讼案件的相对集中管辖"，载《山东科技大学学报（社会科学版）》2013年第6期。

[3] 黄学贤、杨红："论行政诉讼管辖困境之形成及其突破"，载《法学评论》2013年第6期。

[4] 张国庆："我国行政诉讼管辖制度之重构"，载《理论与改革》2015年第2期。

[5] 马怀德："行政审判体制改革的目标：设立行政法院"，载《法律适用》2013年第7期。

[6] 全国人大法制工作委员会行政法室编：《行政诉讼法立法背景与观点全集》，法律出版社2015年版，第80页。

(一) 提级管辖

提级管辖是指上级人民法院在必要时，可以审理下级人民法院管辖的第一审行政案件；下级人民法院认为案情重大、复杂需要由上级人民法院审理的第一审行政案件，也可以请求移送上一级人民法院审理。

从实践来看，提级管辖有部分提级和全部提级之分。部分提级是指将部分行政案件交由中级以上法院审理；全部提级是指取消基层人民法院对行政诉讼案件的管辖权，改由中级以上法院管辖一审行政案件。

《行政诉讼法》第24条规定的就是部分提级。在行政诉讼管辖制度改革中，部分提级管辖的体制障碍是最小的。学术界争议较多的是全部提级管辖，如果将全部行政案件交由中级以上人民法院审理，会造成审判格局的大改变，将原来的四级法院审判体制变成三级审判体制。从现有立法的规定来看，并未涉及审判体制改变的问题。

由于我国法院的体制问题，人民法院在审理行政案件时，受到当地行政机关干扰的问题一直比较严重，尤其是承担着绝大多数一审行政案件审判的基层人民法院。因此在提级管辖改革中，如何提高行政审判的抗干扰能力就成了各地法院改革的重点。

《2000年若干解释》的第8条明确了中级人民法院管辖的"重大、复杂的案件"的范围，这实际上起到了对部分行政案件提级管辖的作用。一些地方人民法院根据该司法解释的规定，进行了行政诉讼提级管辖的尝试。2003年3月到2004年5月，浙江省高级人民法院进开展了提级管辖改革的实践。根据浙江省高级人民法院的要求，将被告为县级以上人民政府的案件，和原告人数在10人以上社会影响重大的共同诉讼、集团诉讼案件，全部收归中院管辖。但由于各级法院行政审判力量配置没有变化，提级管辖改革并没有达到预期的效果，反而使部分行政案件的矛盾上升和扩大。[1]

2012年，广东省高级人民法院在《管辖规定》的基础上，又开展了一项具有广东特色的提级管辖改革实践，将以县、区人民政府、省直厅局级行政

---

[1] 一些群体性案件当事人在省高院开庭结束后，直接到省政府申诉上访，甚至组织游行示威，一定程度上影响了审判进程和社会的稳定，还有一些当事人，为了达到提级审判的目的，想方设法钻法律的空子，本来原告不到10人的硬凑成10人以上向中级人民法院起诉，显然也与提级审判制度的初衷相悖。参见浙江省高级人民法院课题组："行政案件管辖制度研究——以浙江省行政案件异地管辖为典型展开"，载《法治研究》2007年第2期。

机关、中直驻粤厅局级行政机关为被告的案件统一由中级人民法院一审。为了解决行政案件数量增加和法官人数不足的矛盾，省内各人民法院都根据工作量增长情况为行政审判庭增配了审判人员。从这两地法院提级管辖的改革实践来看，在改善行政审判司法环境方面是有积极效果的，但也应该看到，全面实行提级管辖，并不适合中国现行的法院体制。如果由中级人民法院管辖一审行政案件，高级人民法院二审案件数量就会明显增加，会造成高级人民法院负担过重，而再审案件将会往最高人民法院集中。由高级人民法院乃至最高人民法院来终结行政案件，会造成诉讼的巨大不便利性和不经济性，实际也不可行。[1]

要解决提级管辖中存在的问题，首先要加强中级以上法院人员配备问题。案件提级后，中级以上法院的案件数量会显著增加，必须进行大规模的人员扩增。其次，要对中级以上法院进行审级管辖的重新设计。在完全提级管辖的情况下，可以在中级人民法院和高级人民法院之间增加一个上诉审级，这样，高级人民法院和最高人民法院的审级地位可以保持不变，维持在省级人民法院终审绝大多数行政案件，最高人民法院审判少量行政案件的审级体系。[2]

（二）集中管辖

行政案件集中管辖是指将基层人民法院管辖的一审行政案件平行交于其他基层人民法院集中管辖的形式。集中管辖是对普通管辖制度的变通，它打破了行政诉讼法对级别管辖和地域管辖的一般规定。

从我国司法实践来看，集中管辖的案件主要集中在民商事案件和刑事案件中，这其中有最高人民法院决定实行的，也有各地人民法院根据当地情况自行实行的。集中管辖的案件一般有涉外民商事案件、部分知识产权案件、未成年人案件以及劳动争议案件等。集中管辖对优化司法资源配置、统一裁判尺度和提高审判质量等方面有积极作用。而我国行政诉讼司法实践中，行政案件数量不多且分布不平衡，现行的管辖制度显然无法适应现实需要，行政诉讼集中管辖制度改革势也逐步实行。

2007年9月浙江省丽水市首先开始了"行政诉讼相对集中指定管辖制

---

[1] 叶赞平：《行政诉讼管辖制度改革研究》，法律出版社2014年版，第73页。
[2] 叶赞平：《行政诉讼管辖制度改革研究》，法律出版社2014年版，第162页。

度"的改革试验。这一试验取得了良好的效果,得到了最高人民法院的认可和推广。最高人民法院于2013年1月4日颁布了《关于开展行政案件相对集中管辖试点工作的通知》,决定在全国部分中级人民法院辖区内开展行政案件相对集中管辖试点工作。"集中管辖法院的选择,应当考虑司法环境较好、行政案件数量较多、行政审判力量较强、经济社会发展水平较高等因素,并制定试点方案报请高级人民法院决定","各高级人民法院应当结合本地实际,确定1个~2个中级人民法院进行试点。试点中级人民法院要根据本辖区具体情况,确定2个~3个基层人民法院为集中管辖法院,集中管辖辖区内其他基层人民法院管辖的行政诉讼案件;集中管辖法院不宜审理的本地行政机关为被告的案件,可以将原由其管辖的部分或者全部案件交由其他集中管辖法院审理。非集中管辖法院的行政审判庭仍予保留,主要负责非诉行政执行案件等有关工作,同时协助、配合集中管辖法院做好本地区行政案件的协调、处理工作"。这是最高人民法院在浙江丽水法院集中管辖试行方案的基础上,将由中级人民法院指定管辖的方式,改为由高级人民法院统一指定集中管辖法院,避免了逐案制定的烦琐,提高了集中管辖制度的规范性、统一性和便利性,解决了集中管辖法院案件数量明显增加,办案力量调整不到位的矛盾,同时实际上取消了部分基层人民法院的行政案件管辖权。

在地方行政机关控制同级人民法院人、财、物的情况下,人民法院难以独立行使行政审判权,维护司法权威。行政案件集中管辖制度在一定程度上实现了司法管辖区和行政区划的分离,有助于案件及时进入诉讼程序,保障当事人行使诉权和保障人民法院依法独立行使审判权,统一裁判尺度,提高司法的统一性。

当然这一制度在试行过程中也遇到了一些具体的问题和困难,如管辖法院办案力量不到位、影响集中管辖效果、异地开庭增加了当事人的诉讼成本等。为解决这些矛盾,可以对专业性较强的案件实行由特定法院集中管辖,充分发挥集中管辖法院的审判优势资源,提高审判质量,统一裁判标准;[1]在起诉途径上可以实现多样化,公民、法人或者其他组织既可以直接向相应的管辖法院提起行政诉讼,也可以向本地法院递交诉状,然后由本地法院转

---

〔1〕 参见最高人民法院2016年2月18日发布的《关于为京津冀协同发展提供司法服务和保障的意见》第16条。

交给集中管辖法院；在办案程序上，可以根据案件的具体情况，由相对集中管辖法院适用简易程序审理案件，当事人也可以协商一致提出适用简易程序审理的要求，由相应的集中管辖法院作出是否适用简易程序的决定；[1]同时，为方便当事人参加诉讼，还可以进一步完善巡回审判制度，同时建立委托宣判、委托送达制度。

（三）异地管辖

异地管辖是一种以指定管辖为基础的管辖制度。即当案件重大复杂或有管辖权的人民法院不宜行使管辖权或因其他原因需要异地管辖时，由上级人民法院以裁定的方式，指定辖区内其他人民法院对该案件行使管辖权。[2]

行政诉讼异地管辖最早始于2002年7月浙江省台州市中级人民法院的一项司法改革尝试。具体做法是对于被告是县级政府和10人以上的集团诉讼、共同诉讼案件，由原告直接向中级人民法院起诉，中级人民法院审查后，认为符合立案条件的，作出立案受理并由被告所在地之外某基层法院审判的裁定，然后将案件移交该基层法院审理。2004年，浙江省高级人民法院发文将这种模式在全省推广。2005年后，行政诉讼异地管辖在江苏、安徽、河北等地开始实行。最高人民法院在总结各地实践经验和充分研讨的基础上，于2008年1月14日颁布了《管辖规定》，正式确立了行政案件的异地管辖。

《管辖规定》并没有按照行政案件的性质来确定异地管辖的案件范围，而是按照提起异地管辖的不同主体和方式规定了异地管辖的四种情形。

1. 当事人以案件重大复杂为由或者认为有管辖权的基层人民法院不宜行使管辖权，直接向中级人民法院起诉，中级人民法院应当根据不同情况指定本辖区其他基层人民法院管辖，或者决定自己审理，或者书面告知当事人向有管辖权的基层人民法院起诉。

2. 当事人向有管辖权的基层人民法院起诉，受诉人民法院在7日内未立案也未作出裁定，当事人向中级人民法院起诉，中级人民法院应当根据不同情况要求有管辖权的基层人民法院依法处理或者指定本辖区其他基层人民法院管辖，也可以决定自己审理。

3. 基层人民法院对其管辖的第一审行政案件，认为需要由中级人民法院

---

[1] 王春业："论行政诉讼案件的相对集中管辖"，载《山东科技大学学报（社会科学版）》2013年第6期。

[2] 王春业：《行政法与行政诉讼法》，中国政法大学出版社2014年版，第307页。

审理或者指定管辖的，可以报请中级人民法院决定。中级人民法院应当根据不同情况决定自己审理或者指定本辖区其他基层人民法院管辖，或者决定由报请的人民法院审理。

4. 中级人民法院对基层人民法院管辖的第一审行政案件，根据案件情况，可以决定自己审理，也可以指定本辖区其他基层人民法院管辖。

而《行政诉讼法》第18条第2款规定"经最高人民法院批准，高级人民法院可以根据审判工作的实际情况，确定若干人民法院跨行政区域管辖行政案件"。这是《行政诉讼法》新增加的规定，是对行政诉讼地域管辖中"司法辖区和行政辖区合一"模式的重大改变。这款规定中，首先，从程序和实体两个角度进行了必要的规范：一是从程序上按照法律授权的规则严格要求，须经最高人民法院批准；二是明确授权实施条件，即为了保障司法公正、方便群众诉讼、节约司法资源的目的下，由高级人民法院根据审判的实际情况确定。其次，确定了"若干人民法院"来跨行政区域审理行政案件，而非仅仅是由基层人民法院来管辖第一审行政案件。

为了适应司法改革的需要，2014年10月党的十八届四中全会召开，对行政审判体制改革提出了更为明确的要求。"最高人民法院设立巡回法庭，审理跨行政区域重大行政和民商事案件；探索设立跨行政区划的人民法院，办理跨地区案件。"2014年12月28日，上海设立全国首个跨行政区划人民法院。同月30日，北京市第四中级人民法院揭牌，经中央批准的第二家试点审理跨行政区划案件的人民法院宣告成立。2015年1月28日，最高人民法院第一巡回法庭在深圳正式成立。同月31日，最高人民法院第二巡回法庭在沈阳揭牌。自这两个巡回法庭成立以来，审结了一批跨行政区划的大要案，解决了多年未了的信访积案，推出了一系列司法改革新举措，在审判权运行、审判管理、队伍建设、司法保障等方面创造了大量可复制、可推广的经验。2016年12月28日，位于南京和郑州的最高人民法院第三、第四巡回法庭先后挂牌运行。同年12月29日，位于重庆和西安的最高人民法院第五、第六巡回法庭先后挂牌运行。关于巡回法庭的性质和具体管辖案件范围，2016年12月28日《最高人民法院关于巡回法庭审理案件若干问题的规定》（以下简称《巡回法庭规定》）作出了规定。根据《巡回法庭规定》第3条，最高人民法院巡回法庭主要受理巡回区内重大的第一审行政、民商事案件；不服高级法院作出的第一审行政或者民商事判决、裁定提起上诉的案件；对高级人民法院作出的已经发生法律效力的行政或者民商事判决、裁定、调解书申请再审的案件等。第8条还规定："最高人民法院认为巡回法庭受理的案件对统一法律适用有重大指导意义的，可以决定由本部审理。巡回法庭对于已经受理的案件，认为对统一法律适用有重大指导意义的，可以报请最高人民法院本部审理。"这六个巡回法庭的成立和运行，在保障人民法院依法独立公正行使审判权、平等保护当事人合法权益方面起到了积极效果。

与此同时，2016年2月24日，最高人民法院发布了《最高人民法院关于海事诉讼管辖问题的规定》（以下简称《海事诉讼管辖规定》），明确规定了海事法院对行政案件的管辖范围。[1] 由于海事法院的设置不受行政区域的限制，所以海事法院对行政案件实行的是跨区域管辖制度。这样的设置使海事法院在审理海事行政案件时，能够排除地方干扰，克服地方保护主义，从而保证案件审判的公正性。而且，随着立案登记制的实施，人民法院受理的各类案件，尤其是行政诉讼案件数量呈明显上升态势。从全国法院的审判力量和受理的案件数量看，地方法院基本上是案多人少，而海事法院尚有余力，将海事行政案件交由海事法院专门管辖，一方面有利于解决地方法院案件过多的难题，另一方面则有利于扩大海事法院的受案范围，促进海事法院的发展与壮大。[2] 这些跨行政区域法庭的设立和专门人民法院受案范围的不断扩展，标志着跨行政区划管辖正式拉开序幕。

---

〔1〕 参见最高人民法院2015年12月28日发布的《关于海事诉讼管辖问题的规定》第79条~第85条。

〔2〕 参见"最高人民法院民四庭负责人就《最高人民法院关于海事诉讼管辖问题的规定》答记者问"，载http://www.court.gov.cn/zixun-xiangqing-16685.html。

第四章 行政诉讼的参加人

行政诉讼参加人是指依法参与行政诉讼活动,享有诉讼权利和承担诉讼义务或者与诉讼争议或结果有利害关系的人。行政诉讼参加人包括当事人和类似于当事人地位的诉讼代理人。当事人包括原告、被告和第三人。诉讼代理人包括法定代理人、指定代理人和委托代理人。当事人与案件有直接的利害关系,是法院裁判结果的权利义务承担者,因而是行政诉讼的核心参加人员。在行政诉讼活动中,除了诉讼参加人外,还有证人、鉴定人、翻译人、勘验人等,称为行政诉讼参与人。行政诉讼参与人与行政诉讼参加人不同,他们在诉讼当中享有一定的诉讼权利,并承担一定的诉讼义务,但他们参加诉讼的目的不是为了保护自身的合法权益,而是为协助人民法院查明案件事实真相,与案件本身没有利害关系。

第一节 行政诉讼的原告

行政诉讼的原告是指认为行政主体关及其公务人员作出的行政行为侵犯了其合法权益,依法向人民法院提起行政诉讼的公民、法人或其他组织。理解这个定义首先要注意,原告必须是行政管理关系中处于被管理者地位的公民、法人或其他组织,这也就决定了行政机关和其他国家机关不能成为原告。在此需要指出一点,2014年党的十八届四中全会通过的《关于全面推进依法治国若干重大问题的决定》提出:"检察机关在履行职责中发现行政机关违法行使职权或者不行使职权的行为,应当督促其纠正。探索建立检察机关提起公益诉讼制度。"公益诉讼制度建立后,检察机关则会成为行政诉讼的原告。

一、原告资格的认定

由于原告是行政诉讼的启动者,于是"究竟拥有何种权益的主体、与行政行为具备何种关联才有资格和能力向法院提起行政诉讼,是行政诉讼程序中的关键问题之一"[1]。原告资格能够限制那些并无诉的利益而滥用和可能滥用行政诉讼资源的"原告"进入诉讼。根据《行政诉讼法》第2条和第25条之规定,在行政诉讼中,享有原告主体资格的法定条件有三:

(一) 以自己的名义向人民法院提起行政诉讼的公民、法人或者其他组织

如果不是以自己的名义而是以他人的名义提起的诉讼,不能取得原告资格,而只是代理人。严格地讲,这里所指的公民必须具有中华人民共和国国籍的自然人。但根据《行政诉讼法》第99条的规定,外国人、无国籍人、外国组织在中华人民共和国进行行政诉讼,适用本法。因而,这里的公民应该作广义的理解。法人是指依法成立,能够独立享有民事权利和承担民事义务的组织。《行政诉讼法》及其相关司法解释对"其他组织"没有作界定,根据最高人民法院制定的《关于适用〈民事诉讼法〉若干问题的意见》第40条的规定,指的是合法成立,具有一定的组织机构和财产,但又不具备法人资格的组织。包括:(1) 依法登记领取营业执照的私营独资企业、合伙组织;(2) 依法登记领取营业执照的合伙型联营企业;(3) 依法登记领取我国营业执照的中外合作经营企业、外资企业;(4) 经民政部门核准登记领取社会团体登记证的社会团体;(5) 法人依法设立并领取营业执照的分支机构;(6) 中国人民银行、各专业银行设在各地的分支机构;(7) 中国人民保险公司设在各地的分支机构;(8) 经核准登记领取营业执照的乡镇、街道、村办企业等。

(二) 与被诉的行政行为具有法律上的利害关系

这种利害关系,实际上表现为"认为"行政机关的行政行为侵犯了其合法权益。具体而言,包括非法利益不受保护、权益必须有法律上的依据以及只要是权利或者(和)利益受到损害时,公民、法人和其他组织就可以请求法院予以保护等三方面的内容。"认为",仅是行为人的一种主观认识,合法权益是否真的受到了侵犯,要待人民法院通过审理后才能作出认定,但作为原告,必须是基于这种认识,然后通过诉讼的形式向人民法院提出请求,才

---

[1] 应松年:《行政法与行政诉讼法》(第2版),法律出版社2009年版,第480页。

能取得原告的资格。换言之,"认为"包含这样两层含义:其一,公民、法人和其他组织的权益是否遭受实际损害不影响其原告资格;其二,起诉者只有保护自己的权益而起诉才能具有原告资格。

需要特别指出,在实践中对于"与行政行为有利害关系"仍然存在着诸多的争议。我们认为,"与行政行为有利害关系"应当从这样几个方面来理解:

首先,这种利害关系应当是现实存在的或者按照常态必将发生的。在现实中,很多在被诉行政行为作出之后并没有立刻执行,从而当事人的利益此时并没有受到影响。一般而言,由于行政行为具有执行力,没有被废除、撤销或者宣告无效,其必然会付诸执行,于是当事人的利益在未来某一时间点可能会受到影响。除非发生了意外事件,当事人的利益将受到影响,这种情况应当视为该行政行为与当事人之间存在利害关系。如果行政行为实施之后,当事人的利益可能会受到影响也可能不会受到影响,是否受到影响还需要结合其他不确定条件才能明确,那么不应该认定该行政行为与当事人之间存在利害关系。

其次,这种利害关系所涉及的是法律上的利益而非是事实上的利益。法律上的利益是当事人享有的某些利益存在法律上的理由,而事实上的利益是不存在法律上的理由,而是基于某些事实条件产生的。

最后,这种利害关系是直接的而不是间接的。直接的利害关系是指被诉行政行为的权利义务的内容,直接作用于当事人或者直接影响到了当事人的利益。间接的利害关系是指行政行为是直接作用于他人或者直接影响到了他人的利益,但由于当事人与他人之间存在着另一个法律关系,通过该法律关系当事人受该行政行为的影响。直接的利害关系在行政行为作出之后是可能预见与考虑到的,而间接的利害关系由于需要借助其他法律关系的传导,行政行为才对当事人或当事人的利益产生影响,而对于这种作为媒介的利害关系是否会存在、如何存在等问题,被告一般是无法知晓的。由此,根据权责一致的原则,当事人与被诉行政行为之间存在直接的利害关系时,当事人才具有原告资格。

(三)具有法定诉讼权利能力和行为能力

公民的诉讼权利能力自出生到死亡为止都有,但行为能力可能由于年龄或精神状态而有所差异,缺乏完全行为能力的人不能亲自参加诉讼,只能由其法定代理人代为进行。法人或组织,诉讼权利能力和行为能力相一致,一般情况下参加诉讼没什么问题,但当其内部的组织或机构充当原告时,就会出现缺乏权利能力和行为能力的情况,这时就只能由可以独立对外的法人或组织充当原告。不具备法人资格的其他组织向人民法院提起诉讼的，由该组织的主要负责人作诉讼代表人；如果没有主要负责人的，可以由推选的负责人作诉讼代表人。

而随着检察机关提起行政公益诉讼试点的结束，2017 年 6 月 27 日，第十二届全国人民代表大会常务委员会第二十八次会议对行政诉讼法进行了第二次修正，在《行政诉讼法》第 25 条增加了一款作为第四款，即"人民检察院在履行职责中发现生态环境和资源保护、食品药品安全、国有财产保护、国有土地使用权出让等领域负有监督管理职责的行政机关违法行使职权或者不作为，致使国家利益或者社会公共利益受到侵害的，应当向行政机关提出检察建议，督促其依法履行职责。行政机关不依法履行职责的，人民检察院依法向人民法院提起诉讼。由此建立了检察机关提起行政公益诉讼制度"。该修订内容自 2017 年 7 月 1 日起施行。

二、原告资格的转移

一般而言，行政诉讼中的原告资格是法律赋予特定人的资格，故而原告资格是不能转移的。但是，出于保护享有原告资格的公民、法人和其他组织以外其他人的合法权益的目的，《行政诉讼法》确定了原告资格转移制度。所谓原告资格转移是指有权提起诉讼的公民、法人或者其他组织死亡或终止，其原告资格依法转移给特定的公民、法人或其他组织的情形。《行政诉讼法》第 25 条对原告资格的转移制度作了规定。

（一）原告资格转移的情形

根据《行政诉讼法》第 25 条的规定，行政诉讼原告资格发生转移的情形主要有两种：

1. 有权提起诉讼的公民死亡，其近亲属可以提起诉讼

即具有原告资格的公民死亡后，其原告资格可转移给近亲属。公民死亡包括自然死亡和宣告死亡。因此，公民因被限制人身自由而不能提出诉讼的，其近亲属依其口头或者书面的委托，以该公民的名义提起诉讼的情形，不发生原告资格的转移。近亲属的范围具体包括：配偶、父母、子女、兄弟姐妹、祖父母、外祖父母、孙子女、外孙子女和其他具有抚养、赡养关系的亲属。需要注意，在这些近亲属当中，不分先后亲疏，都可承受原告资格。近亲属承受原告资格后，可以自己的名义向法院起诉而不是作为死者的代理人。当

然，近亲属也可以拒绝承受原告资格，放弃诉讼权利。承受原告资格的近亲属提起诉讼的，胜诉时可享受死者应享有的权利，败诉时则应履行死者应履行的义务，但对死亡公民的人身处罚以及人身强制措施不能对近亲属执行。

2. 有权提起诉讼的法人或者其他组织终止，承受其权利的法人或组织可以提起行政诉讼

法人或其他组织终止是指法人或其他组织解散、分立或合并等。包括两种情况：一种是自行终止，另一种是因行政决定而终止。自行终止的，原告资格转移到承受其权利的法人或其他组织；因行政决定终止的，原法人或其他组织仍具有原告资格，该法人或组织都有权以自己的名义提起行政诉讼。

（二）原告资格的转移效果

原告资格的转移意味着原告资格的承受主体享有诉权，从而可以按照自己的意志自由处分诉权。也就是说，原告资格的承受主体可以以自己的名义起诉，也可以不起诉；可以申请撤诉，也可以继续进行诉讼活动。如果原告资格转移发生于诉讼阶段，此前的原告诉讼行为对原告资格的承受主体具有拘束力。

三、特殊情况下原告资格的确认

在现实中，确定行政诉讼的原告十分复杂，主要是对行政相对人之外的其他利害关系人的判定。这些情况有：

（一）相邻权案件的原告

相邻权是指两个以上相互毗邻的不动产所有人或者使用人，在行使不动产的占有、使用、收益和处分权时，相互之间应当给予便利或者接受限制而发生的权利义务关系。相邻关系属于民事法律关系，但民事主体侵犯他人相邻权的行为很多情况下与行政机关的行政行为有关。如果一方民事主体的行为是经行政机关批准或者许可后实施的，拥有相邻权的另一方就无法通过单纯的民事手段来解决，因而相对人可以以行政机关的批准或许可行为侵犯其合法权益为由，向人民法院提起行政诉讼。

（二）公平竞争权案件的原告

公平竞争体制的建立与健全是市场经济有效运行的重要条件。对市场主体公平竞争权的侵害有的是来自其他市场主体，有的则是来自行政机关。其中行政机关侵犯市场主体公平竞争权的情形主要有：（1）设置或者变相设置，限

制外地商品流入本地市场，例如 2008 年在扩内需保增长的掩护下，安徽、湖北等省市出台优先购买本地产品的行政措施；[1]（2）不适当的经济辅助行为，如不公平地为特定企业提供税收、贷款等方面的便利；（3）强制搭售某些品牌或者强制消费者购买某一种产品；（4）在没有对相关领域进行调查的基础上进行不公平的商检、评比等行为；（5）妨碍市场主体对某个交易机会的平等争取。（6）信息行为的歧视；（7）不法的行政确认行为。"一国经济能够快速发展主要取决于生产要素的自由流动而形成统一的大市场"，[2]而"无论在过去、现在还是未来，地方政府限制竞争的行为都是对竞争危害最甚的行为"。[3]因而，必须赋予公平竞争权人以原告资格。

公平竞争权案件，是指行政行为损害当事人公平竞争权的案件，其诉讼标的是行政垄断行为。在此类案件中，公平竞争权受到损害的人很有可能是行政相对人，如在招标投标中，公民、法人或其他组织都有公平竞争的权利，如果行政机关规定投标的某个条件明显偏向一方当事人而不利于其他投标者，就属于侵犯公平竞争权的行为，受害者可以作为原告提起行政诉讼。但是，如果行政行为是基于"竞争中立"立场作出的，即便是对既存经营者的经济利益产生了影响，也不能认为该行为侵犯了公平竞争权，该经营者不能提出行政诉讼。

（三）与被诉的行政复议决定有法律上利害关系或者在复议程序中被追加为第三人的

这种情况比较特殊，当事人不是在普通的行政法律关系中出现，而是在复议程序中出现的。因复议机关也是行政机关，其在复议程序中认定的某种法律事实与某相对人有关，或者决定把某相对人追加为复议第三人，也是一种行政行为，其行为同样会影响到这些相对人的合法权益，因而他们不服时也可以提起行政诉讼。

（四）受害人的原告资格

在某些案件主要是行政处罚案件中，存在着一个"受害人"的角色。在此种案件中，加害人可以对行政机关的处罚行为不服而提起行政诉讼，受害人也可以就行政机关对加害人处罚存在违法问题而提起诉讼。加害人之诉体

---

[1] 孙小宁："地出优先采购本地产品措施 地方保护主义抬头"，载《21 世纪经济报道》2009 年 2 月 17 日。

[2] 王春业等："产业结构趋同背景下的行政地区垄断探析"，载《产经评论》2011 年第 1 期。

[3] 王晓晔：《竞争法研究》，中国法制出版社 1999 年版，第 2 页。

现为主张减轻或免除处罚，而受害人之诉体现为加重对加害人的处罚，两者主张是相互对立的。如果加害人和受害人同时提起诉讼，法院应该将其作为两个不同的诉讼对待，可以合并审理。此时，加害人与受害人在行政诉讼中的地位都是原告，但不是共同原告。

（五）信赖利益人的原告资格

信赖利益人是指在行政机关撤销或变更其已经生效的行政行为导致因为信赖该行为而利益受到损害的人。信赖利益人一般包括行政行为的直接相对人和因信赖该行政行为而采取了相应行动并因此产生一定利益的人。无论是何种信赖利益人，都因行政行为被撤销或者变更导致法理上的利益受到损害，从而可以提起行政诉讼。申言之，行政机关作出行政行为后，相关公民、法人或者其他组织是行政行为的受益者或者权益因此得到保护，而行政机关将该行政行为撤销或变更后，反而使他们的利益受到损害。利益受到损害的相对人对此不服的，可以提起行政诉讼。

（六）合伙企业与合伙组织以及不具备法人资格的其他组织的起诉问题

合伙企业与合伙组织提起行政诉讼时，原告资格的确定分为两种情况：（1）合伙企业向人民法院提起诉讼的，以核准登记的字号为原告，由执行合伙企业事务的合伙人作诉讼代表人；（2）其他合伙组织提起诉讼的，合伙人为共同原告。不具备法人资格的其他组织向人民法院提起诉讼的，由该组织的主要负责人作诉讼代表人；没有主要负责人的，可以由推选的负责人作诉讼代表人。

（七）联营企业、中外合资或者合作企业的联营、合资、合作各方的起诉问题

1. 行政行为直接针对联营、合资、合作各方作出的，作为该行政行为的直接相对人，联营、合资、合作各方当然可以提出行政诉讼。

2. 行政行为针对是企业而不是联营、合资、合作各方作出的，利益受到损害的投资人如果拥有企业代表权，当然可以以企业名义诉讼。

3. 行政行为针对企业作出，而利益受损的联营、合资、合作各方并不拥有该企业的代表权，法律应该赋予联营、合资、合作各方以自己的名义提出起诉。这是因为对于联营企业、中外合资、中外合作企业这类组织，都是由两个组合体构成，而行政机关的行为，有时侵犯的是企业的整体利益，有时侵犯的却是企业中的一方而不是整个企业的利益。此时如果受害者以整个企

业的名义起诉，其内部便首先产生矛盾，作为权益没有受到损害的一方可能不愿意起诉。

（八）农村土地承包人的原告资格

行政机关作出的行政行为侵犯了农村土地承包人的承包经营权，承包人自然可以以自己的名义提起行政诉讼。如果该行政行为侵犯的是农村土地承包人的其他土地权益，作为该土地所有权人的农村经济组织当然可以以自己的名义提起行政诉讼，而承包人作为土地的使用权人也可以提起行政诉讼。

（九）非国有企业的起诉问题

非国有企业被行政机关注销、撤销、合并等，导致该企业失去权利能力和行为能力，不能对外实施具有法律意义的行为，但在诉讼上，法律仍是承认其诉讼权利能力与诉讼行为能力，即该企业或者其法定代表人可以提起行政诉讼。这样就出现了企业主体资格与原告资格分离的特殊情况。这种案件中，企业的法定代表人要么以企业的名义，要么以自己的名义提出诉讼。

（十）股份制企业的起诉问题

股份制企业经营自主权受到行政机关行政行为的侵犯时，企业的法定代表人一般会以企业的名义提起行政诉讼，但在某些情况下，企业的法定代表人不愿行使诉权，以致股东的权益受损。此时，企业的内部机构，包括股东大会、股东代表大会、董事会等，可以以企业名义提起诉讼。

四、行政诉讼法中关于行政诉讼原告规定的简评

我国著名行政法学家王名扬教授在《美国行政法》一书中指出："当代立法的趋势是放宽起诉资格的要求，使更多的人能对行政机关提起申诉，扩大公民的对行政诉讼活动的监督和本身利益的维护。"[1]对比修改前后的《行政诉讼法》关于行政诉讼原告资格的规定，不难看出宽起诉资格的立法趋势。具体而言，旧《行政诉讼法》第2条与第41条第1项似乎规定了原告的资格，即"行政行为侵犯其合法权益"。但在实践中，这一规定被理解成了行政诉讼原告是行政行为针对的相对人，排除了其他利害关系人。显然这一理解使得行政诉讼原告资格不仅没有拓宽，反而限缩了，进而极大地限缩了《行政诉讼法》的救济功能，导致"保护公民、法人和其他组织的合法权益"这

---

[1] 王名扬：《美国行政法》，中国政法大学出版社1995年版，第618页。

一立法目大打折扣。于是，新修改的《行政诉讼法》将旧法中的"依照本法提起诉讼的公民、法人或者其他组织是原告"修改为了"行政行为的相对人以及其他与行政行为有利害关系的公民、法人或者其他组织，有权提起诉讼"。这个修改具有重要的理论和实践意义，它扩大了原告资格的范围，有利于保护相对人的行政诉权，事实上也拓宽了行政诉讼的受案范围，符合我国行政诉讼的客观实际。[1]尽管《行政诉讼法》拓宽了行政诉讼原告资格，即将属于相对人范畴同被诉行政行为有利害关系的第三人纳入了原告范围，但是与行政行为有利害关系如何理解并没有解决，[2]或者说还缺乏权威性解释，特别是缺乏立法解释，这使得该表述的含义存在着不确定性。

第二节 行政诉讼的被告

行政诉讼的被告是指原告控告其行政行为侵犯了原告合法权益而被人民法院通知应诉的行政主体。具体来说，应诉的行政主体包括应诉的行政机关和应诉的法律、法规、规章授权的组织两大类。

一、行政诉讼被告的概念与条件

根据《行政诉讼法》的规定，被告必须具备三个条件：

（一）必须是行政主体

主要是行政机关或者法律法规规章授权的组织。行政机关是指行使国家行政职能，依法独立享有与行使行政职权的国家机关。包括乡镇级人民政府至国务院的各级人民政府及其职能工作部门。由于乡镇政府一般不设职能部门，故在这一级只能以乡镇政府为被告。除此之外，根据《行政诉讼法》第2条之规定，法律、法规、规章授权的组织也具有行政诉讼权利能力，可以成为行政诉讼的被告。

（二）必须是原告认为所作出的行政行为侵犯了其合法权益的行政主体

只有对特定的行政相对人做出行政行为的行政机关或法律法规规章授权

---

〔1〕 姜明安：《行政法与行政诉讼法》（第6版），北京大学出版社、高等教育出版社2015年版，第448~449页。

〔2〕 余凌云："论行政诉讼法的修改"，载《清华法学》2014年第3期。

的组织,才能成为行政诉讼的被告。此处的行政行为既包括原处理决定,也包括经复议后改变原处理决定的复议决定。

(三) 必须是被人民法院通知应诉的主体

行政机关或法律法规规章授权的组织能否成为被告,最终仍需要由人民法院确认。人民法院经过审查,确认被指控的行政机关或法律法规规章授权的组织具备上述两个条件,并通知其参加诉讼活动者,才能成为被告。

二、行政诉讼被告的一般情形

《行政诉讼法》第26条规定了行政诉讼被告的六种情形:

第一,直接起诉的被告。公民、法人或者其他组织直接向人民法院提起诉讼的,作出行政行为的行政机关是被告。行政诉讼案件有两类:一类是经过行政复议后再向人民法院起诉的,称为经复议的诉讼案件;另一类是不经过行政复议程序当事人直接向人民法院起诉的,称为直接诉讼案件。《行政诉讼法》第26条第1款规定:"公民、法人或者其他组织直接向人民法院提起诉讼的,作出行政行为的行政机关是被告。"

第二,经过复议的被告。经过行政复议的案件,是指经过行政复议程序之后,复议申请人对复议结果不服,继而向人民法院提起行政诉讼的案件。经复议的案件,复议机关决定维持原行政行为的,作出原行政行为的行政机关和复议机关是共同被告;复议机关改变原行政行为的,复议机关是被告。

第三,复议机关不作为的被告。复议机关在法定期限内未作出复议决定,公民、法人或者其他组织起诉原行政行为的,作出原行政行为的行政机关是被告;起诉复议机关不作为的,复议机关是被告。

第四,共同作出行政行为的被告。两个以上行政机关作出同一行政行为的,共同作出行政行为的行政机关是共同被告。关于共同行为的认定,实践中通常按照是否以行政机关的共同名义签署(即以公章为准)为判断标准,如果只有一个行政机关签署,而其他行政机关虽然实质参与但没有签署,则只能认定为签署行政机关的行为。另外,共同被告的构成必须是:作出同一行政行为的组织都是行政主体,非行政主体不能与行政主体成为共同被告。

第五,行政委托的被告。行政机关委托的组织所作的行政行为,委托的行政机关是被告。按照一般的委托代理理论,受委托人以委托人的名义进行活动，其行为的后果由委托人承担。这一理论同样适用于行政活动。行政机关在没有法律、法规或合法有效规章规定的情况下，授权某机构或所属职能部门行使行政职权，应视为委托。

第六，行政机关被撤销或者职权变更后的被告。行政机关被撤销或者职权变更的，继续行使其职权的行政机关是被告。

从上述六种情形看，对行政诉讼被告的确认：（1）行政机关实施的行政行为被诉时，被告是该行政机关；（2）被授权组织实施的行政行为被诉时，被告是该组织；（3）受委托者实施的行政行为被诉时，被告是委托者；（4）原告因行政机关不履行法定职责而起诉的，被告是对相应事项负有职责的行政主体。

除了《行政诉讼法》的规定外，《最高人民法院关于审理政府信息公开行政案件若干问题的规定》第4条对人民法院在审理政府信息公开行政案件中确定被告的不同情形做了明确规定：

1. 公民、法人或者其他组织对国务院部门、地方各级人民政府及县级以上地方人民政府部门依申请公开政府信息行政行为不服提起诉讼的，以作出答复的机关为被告；逾期未作出答复的，以受理申请的机关为被告。

2. 公民、法人或者其他组织对主动公开政府信息行政行为不服提起诉讼的，以公开该政府信息的机关为被告。

3. 公民、法人或者其他组织对法律、法规授权的具有管理公共事务职能的组织公开政府信息的行为不服提起诉讼的，以该组织为被告。

4. 有"政府信息公开与否的答复依法报经有权机关批准的""政府信息是否可以公开系由国家保密行政管理部门或者省、自治区、直辖市保密行政管理部门确定的"和"行政机关在公开政府信息前与有关行政机关进行沟通、确认的"情形之一的，应当以在对外发生法律效力的文书上署名的机关为被告。

三、特殊情况下被告资格的确认

（一）新组建机构的被告资格

一般而言，新组建的机构主要有三种类型：（1）不具有独立职权；（2）合法赋予了独立职权；（3）违法"赋予"了独立职权。第一种类型新组建机构由于不具有行政主体资格，自然不能作为被告。第二种类型新组建机构由于被合法赋予了独立职权，成了行政主体，从而可以作为被告。第三种类型新组建机构的独立职权是"违法"赋予的，因而不能获得行政主体资格，不具有独立承担法律责任的能力，从而不能作为被告，应当以组建该机构的行政机关为被告。

（二）派出机构与内设机构的被告资格

行政机关的派出机构与内设机构在职权上有两种可能：其一，没有独立职权；其二，具有独立职权。第一种情形，派出机构与内设机构自然不能成为行政诉讼的被告，它们对外做出的行政行为应当视为所在行政机关对它们的委托，从而被告是它们所在的行政机关。第二种情形，理论上讲，派出机构与内设机构有成为行政诉讼被告的可能，能否真正成为被告要视情况而定。具体来说有三种具体情况：（1）它们是在授权范围内实施行政活动，当事人提起诉讼的，它们自然是被告；（2）它们实施行政职权时，超越了法定授权的幅度，即"幅度越权"，"'幅度越权'"时，仍以作出行政行为的该机构为被告"；[1]（3）它们在实施行政职权时，"行使"了某类法律、法规、规章根本没有赋予它的职权，此时它们没有资格成为行政诉讼的被告，从而被告是其所在的行政机关。

（三）经批准行政行为的被告

在实践中，有些行政行为是经过上级行政机关批准后，由下级行政机关具体实施的。当事人提起行政诉讼，应当以对外发生法律效力的文书上署名的行政机关为被告。但是需要注意，如果是行政许可案件，对于下级行政机关根据上级机关作出的（不予）许可决定，当事人不服的，可以单独起诉该决定，也可以一并起诉上级机关的（不予）批准行为。如果是单独起诉（不予）许可决定的，被告是作出该决定的下级机关；如果是一并起诉（不予）许可决定和（不予）批准行为的，应当以两级机关为共同被告。

（四）村（居）民委员会的被告资格

《行政诉讼法》对村（居）民委员会的被告资格没有做明确的规定，目前在学界主要有两种不同的意见。一种意见认为，村（居）民委员会在性质上属于群众自治组织，不是行政机关，由此不具备行政诉讼被告的资格。另

---

[1] 林鸿潮：《行政法与行政诉讼法》，北京大学出版社2015年版，第285页。

一种意见则认为，村（居）民委员会尽管不是行政机关，但是根据法律、法规的规定，享有一定的行政管理职权，由此可以将其视为法律、法规授权的组织，从而具有行政诉讼被告的资格。

(五) 公立学校的被告资格

我国的《教育法》和《学位条例》通过授权的方式，明确规定学校对学生具有行政管理职权。由此，在我国行政诉讼司法实践中，如"北京大学博士刘燕文状告北京大学，要求颁发毕业证和学位证案"；"北京科技大学本科生田永状告北京科技大学，要求颁发毕业证案"；"财政部财政科学研究所博士韩某状告财政部财政科学研究所勒令退学案"等，都表明了公立学校具有行政诉讼的被告资格。

四、《行政诉讼法》中关于行政诉讼被告规定的简评

当前，我国因确认行政诉讼的被告而催生出来的行政主体理论是按照秩序行政原理打造的，从而使得应该成为被告的主体却无法成为被告。例如，在政府信息公开的案件中，实际制作信息的机构与持有信息并能保证其真实性、准确性的机构无法成为行政诉讼被告。从理论上说，"政府信息公开是一种公共服务，归属服务行政、给付行政，讲求的是信息准确、充分、真实。信息公开主体就不必是行政主体，实际制作信息的机构，以及持有信息并能保证其真实、准确的机构，往往是比较妥当的公开主体，比较便民。在诉讼上，它们也可以作为被告，也能有效地执行法院判决"。[1]但《行政诉讼法》并未对这类特殊性的被告作规定。这应该是这次《行政诉讼法》修改的一大遗漏。

此外，备受争议的当属行政复议机关成为被告的问题。《行政诉讼法》规定，经复议的案件，复议机关决定维持原行政行为的，作出原行政行为的行政机关和复议机关是共同被告；以及复议机关在法定期限内未作出复议决定，公民、法人或者其他组织起诉复议机关不作为的，复议机关是被告。可以说，《行政诉讼法》改变了旧法关于复议机关维持行政行为不当被告、改变行政行为才当被告的规定，从而破解了复议机关怕承担法律责任而选择做"维持会"的这一难题。这一改变应该是《行政诉讼法》中关于行政诉讼被告规定的一

---

〔1〕 余凌云："论行政诉讼法的修改"，载《清华法学》2014年第3期。

大亮点。

《行政诉讼法》第 26 条第 6 款尽管规定了行政机关被撤销或者职权变更的，继续行使其职权的行政机关为被告。但是，在现实中，应当作为被告的行政机关被撤销或者职权发生变更，可能有两种情形：一是发生在作出行政行为之后，在原告尚未提起诉讼时被撤销或职权发生变更；二是在诉讼过程中，人民法院作出裁判之前被撤销或职权发生变更。根据《行政诉讼法》的规定，在前者情形中，被告是继续行使其行政职权的行政机关；后者情形中，法院应当更换被告。但是，这都假定了行政机关被撤销或者职权发生变更后，有继续行使其行政职权的行政机关的存在。如果不存在继续行使其行政职权的行政机关，怎么办？显然，这是一个《行政诉讼法》解决不了的难题。我们认为这个难题，可以参照《国家赔偿法》是做法来予以解决。《国家赔偿法》第 7 条第 5 款规定："赔偿义务机关被撤销的，继续行使其职权的行政机关为赔偿义务机关；没有继续行使其职权的行政机关的，撤销该赔偿义务机关的行政机关为赔偿义务机关。"即在没有继续行使其职权的行政机关情况下，由作出撤销或作出职权变更的行政机关为被告。

随着我国政治体制的改革进一步深化，以及政府职能的转变，未来会有越来越多的政府行政职能从政府中分离出来，由具有社会管理职能的社会公权力组织来行使。这些组织在内涵上很难被"法律、法规授权组织"所涵盖，由此需要引入"公法人""公务法人""公法支配的机关"等术语作为被告名称的表述。[1]虽然行政法的生命不在于逻辑而在于社会本身，目前我国政府行政职能没有从政府中分离出来，不需要引入"公法人""公务法人""公法支配的机关"等术语作为被告名称的表述，但是立法可以适当超前，然而，《行政诉讼法》却没有作出回应，这也应该是此次《行政诉讼法》修改留下的一大缺憾。

第三节　行政诉讼的共同诉讼人

共同诉讼人指的是共同诉讼案件的当事人。其中原告一方为两个或两个

---

[1] 姜明安：《行政法与行政诉讼法》（第 6 版），北京大学出版社、高等教育出版社 2015 年版，第 453 页。

以上的公民、法人或者其他组织的，被称为共同原告；被告一方为两个以上的行政机关或被授权组织的，被称为共同被告。据此可知，共同诉讼人的前提是共同诉讼的存在。共同诉讼的成立有如下条件：（1）当事人双方至少有一方为两人或两人以上；（2）必须有相互独立的诉讼存在；（3）各个诉之间或诉讼标的是同一个行政行为，或者是同一类行政行为；（4）各个诉讼均属于人民法院主管与同一个人民法院管辖；（5）在法律程序上，人民法院进行合并审理。

《行政诉讼法》第27条规定："当事人一方或者双方为二人以上，因同一行政行为发生的行政案件，或者因同类行政行为发生的行政案件、人民法院认为可以合并审理并经当事人同意的，为共同诉讼。"该条规定了必要的共同诉讼和普通的共同诉讼。

一、必要的共同诉讼人

必要的共同诉讼是指当事人一方或者双方为二人以上，诉讼标的是同一行政行为的诉讼。这种共同诉讼中的当事人即为必要共同诉讼人。

必要的共同诉讼发生的条件主要有：

（一）当事人一方或者双方各为两人以上

既可能是原告或被告一方为二人以上，也可能原被告双方各为二人以上。在行政诉讼中，原告为二人以上的，通常是二人以上的行政相对人共同实施违法行为，行政机关对之作出行政行为，行政相对人不服，提起行政诉讼。被告为二人以上的，往往是同一行政行为，是由两个以上行政机关联合成共同作出的，作为行政相对人的公民、法人或其他组织不服，向人民法院提起诉讼，联合或共同作出行政行为的行政机关是共同被告。双方当事人各为二人以上的，往往是二个以上的行政相对人实施的违法行为，涉及两个以上行政机关的职权范围，该两个以上行政机关联合或共同作出行政行为，两个以上行政相对人不服提起的诉讼，是双方当事人各为二人以上的共同诉讼。实践中，必要共同诉讼人主要有以下几种情形：行政诉讼中的共同被处罚的人，成为共同原告；侵权案件中的致害人和受害人均对给予致害人的行政处罚不服，提起诉讼，致害人和受害人是共同原告，尽管两者的诉讼请求相反；其他行政行为的共同受害人，均对行政行为不服提起诉讼，为共同原告；被指控违法的行政行为由两个以上行政机关作出，参与作出的行政机关为共同被告。

(二) 必要共同诉讼的标准是诉讼标的同一，即因同一行政行为发生的行政案件

同一的行政行为，是指行政法律关系的主体虽然是复数，但引起行政法律关系发生、变更、消灭的行政行为却是同一的，双方当事人争议的行政行为是共同的，不是相类似的。如果行政机关对每一行政相对人作出行政行为，即使其内容相同，也不是同一行政行为，不能作为必要的共同诉讼。可见，必要的共同诉讼的标准是行政行为本身，即必须是一个独立、完整的行政行为，该行为或者是由两个以上行政机关共同作出，或者是一个行政行为处理两个以上公民、法人或者其他组织。

(三) 共同诉讼的原告、被告为复数时，必须一同起诉或一同被诉

没有一同起诉或一同被诉，人民法院可基于当事人一方的申请或者以职权通知应当参加诉讼的当事人参加诉讼。对于必要共同原告，法院有义务通知其他共同原告参加诉讼，但如果有原告资格的人不愿起诉，法院不得强行追加，可以通知他们作为第三人参加诉讼。对于必要共同被告，必须共同参加诉讼，原告起诉中有遗漏的，人民法院有权在征求原告人同意的基础上追加被告，并通知被告应诉，被追加的被告无权拒绝应诉。

必要共同诉讼是当事人因同一行政行为发生争议，不可分离，因而必须实行诉讼主体的合并。必要共同诉讼人中一人的诉讼行为，经全体共同诉讼人同意，对全体发生效力；未经全体同意，只对作出诉讼行为的人发生效力，其他共同诉讼人不受影响，因为共同诉讼人都是独立的法律主体，有独立的诉讼法律地位，一个人的行为对其他共同诉讼人没有法律上的约束力。他们各自以自己的名义参加诉讼，并对各自的行为负责，各自可以提出自己的诉讼请求。

在实践中，比较典型的必要共同诉讼人主要有两种情况：

1. 同一个行政行为（包括共同行为），涉及两个或两个以上利害关系人，两个或两个以上利害关系人均提起了行政诉讼。

2. 行政行为是几个行政主体的共同行为，两个或两个以上行政主体被指控的，被指控的行政主体是共同被告。如果没有指控的，人民法院应该通知其以第三人身份参加行政诉讼。

由于必要共同诉讼的诉讼标的是同一个行政行为,各诉讼之间具有不可分割性,因而为了避免出现判决相互不一致的情形以及节约司法资源,人民法院对必要共同诉讼必须合并审理,同时还负有对原告遗漏被告人的告知义务。

二、普通的共同诉讼人

普通的共同诉讼是指当事人一方或者双方为二人以上,因行政诉讼标的是同类的行政行为,由人民法院认为可合并审理并经当事人同意的行政诉讼。这种共同诉讼的当事人即是普通共同诉讼人。

所谓"同类的行政行为",首先,在行政法律关系中,不是一个行政行为而是两个或两个以上行政行为,实质上这是几个案件而非一个案件。其次,共同诉讼人之间在事实上或法律上并无当然的不可分割的联系,仅仅因为诉讼标的属于同一种类,即被诉行政行为有相同、相类似的性质,所以在程序上被统一起来。这种行政行为的同种类主要有:行政行为的基本事实同类,如均因偷税案件被处罚;或者是处理的法律依据同类,如因在一条拆迁道路上拒不搬迁或违章建筑,均根据同样的拆迁条例而被处罚或强制;或者是行政行为的种类、处理手段同类,如均被吊销执照等。

从理论上讲,普通的共同诉讼是可分之诉,因此,普通的共同诉讼并不必然引起合并审理,法院既可以分别审理,也可以合并审理,是否合并审理,取决于合并审理的成本及人民法院的裁量权。一般而言,法院要考虑的因素有:一是合并审理的行政行为必须是同样的行政行为,不是同样的行政行为不能合并审理;二是合并审理的案件相互之间有联系,或者在事实上、适用法律上有联系,或者是诉讼主体之间有联系,没有任何联系的案件,不能合并审理;三是合并审理更经济,有利于减少案件,简化诉讼程序,避免对同一行政机关两个以上的行政行为作出相互矛盾的裁判。根据《行政诉讼法》第27条规定,普通的共同诉讼引起合并审理必须同时具备人民法院认为可以合并审理与当事人同意这两个条件。

值得注意的是,《行政诉讼法》将旧法中的"同样"修改为"同类",在表述上更加严谨合理,是一个较大进步。

三、诉讼代表人

《行政诉讼法》第 28 条规定，无论是必要的共同诉讼还是普通的共同诉讼，只要是当事人一方人数众多的共同诉讼，就可以由当事人推选代表人进行诉讼。所谓代表人诉讼指的是，在原告方（或被告方）人数众多的情况下，有一人或者数人作为诉讼代表进行诉讼，而其他人则可不参加诉讼，但人民法院作出的有效法律裁判及于全体的诉讼形式。代表全体进行诉讼的当事人称之为诉讼代表人。

诉讼代表人主要有两种类型：

1. 不具有法人资格的诉讼代表人。合伙企业向人民法院提起诉讼的，应当以核准登记的字号为原告，由执行合伙企业事务的合伙人作诉讼代表人；其他合伙组织提起诉讼的，合伙人为共同原告。不具备法人资格的其他组织向人民法院提起诉讼的，由该组织的主要负责人作诉讼代表人；没有主要负责人的，可以由推选的负责人作诉讼代表人。

2. 集团诉讼的诉讼代表人。如果同案原告为 5 人以上，应当推选 1~5 名诉讼代表人参加诉讼；在指定期限内未选定的，人民法院可以依职权指定。

代表人的诉讼行为对其所代表的当事人发生效力，但代表人变更、放弃诉讼请求或者承认对方当事人的诉讼请求，应当经被代表的当事人同意。

第四节 其他参与人

一、行政诉讼的第三人

（一）第三人的概念与特征

《行政诉讼法》第 29 条第 1 款规定："公民、法人或者其他组织同被诉行政行为有利害关系但没有提起诉讼，或者同案件处理结果有利害关系的，可以作为第三人申请参加诉讼，或者由人民法院通知参加诉讼。"根据这一规定，学术界一般认为，所谓行政诉讼第三人，是指同提起行政诉讼的行政行为或者同案件处理结果有利害关系的，并可能受到行政诉讼审理结果影响，依本人申请并经批准或由人民法院通知参加诉讼的公民、法人或者其他组织。

行政诉讼第三人一般具有以下特征：

1. 行政诉讼第三人是原、被告以外的公民、法人或者其他组织。第三人既不是原告，也不是被告，而是在原告起诉之后，申请或者根据人民法院通知而参加到已经开始的诉讼中来的公民、法人或者其他组织。

2. 第三人必须是与被诉的行政行为或者同案处理结果有利害关系。这是第三人参加行政诉讼的根本原因，这里的利害关系是指被诉行政行为在客观上已经影响到第三人的权利义务。这是根据《行政诉讼法》第29条第1款得出的非常重要的特征，也是界定行政诉讼第三人的一个重要标准。只要与被诉行政行为有利害关系，无论这种利害关系是法律上的利害关系，还是诉讼结果上的利害关系，都可以参加行政诉讼。

对于行政相对人或者相关人而言，"利害关系"体现为两种情形：一是被诉的行政行为已经调整、涉及了他的权利、义务，法院对行政行为合法与否的判断将直接影响到他的法律地位；二是虽然被诉的行政行为没有调整、涉及他的权利，但是法院对行政行为合法与否的判断将对他的法律地位产生预决性的影响。同样对行政机关而言，也体现为两种情形：一是被诉行政行为实际上是第三人与被告的共同行政行为，该第三人本应与被告一起作共同被告，只是因无人起诉；二是法院对被诉行政行为合法与否的判断将对第三人行为的其他行政行为的合法性产生预决性作用。[1]

3. 第三人在法律上具有独立的诉讼地位。第三人既不同于原告，也不同于被告，其地位可以类似于原告或被告。第三人参加诉讼的主要目的是为了维护自己的合法权益，基于这个原因，其诉讼地位是独立的，也享有各种诉讼权利。虽然他无权处分原告和被告之间的实体权利和诉讼权利，不能进行放弃或者变更诉讼请求、撤诉等，只有原告或者被告才有权进行的诉讼行为，但是，他可以提出与案件有关的诉讼请求，也可以发言、辩论。《行政诉讼法》第29条第2款规定："人民法院判决第三人承担义务或者减损第三人权益的，第三人有权依法提起上诉。"因此，对人民法院的判决不服，第三人也有权提起上诉。

4. 第三人参加的是他人已经开始的、尚未结束的诉讼。第三人参加诉讼必须以原告、被告之间的诉讼正在进行为前提。如果原告、被告之间的诉讼尚未开始，或者原告、被告之间的诉讼已经审理完结，都不可能存在第三人。

---

〔1〕 张树义：《行政法与行政诉讼法》（第2版），高等教育出版社2007年版，第240~241页。

5. 行政诉讼第三人参加诉讼的程序是法定的。根据《行政诉讼法》第29条的规定，行政诉讼第三人参加诉讼的法定方式有两种：一是申请参加诉讼。第三人主动申请参加诉讼，由人民法院决定。如果人民法院准许，则以书面形式通知第三人，如果未获准许，人民法院则以裁定形式予以驳回申请。二是人民法院依职权通知其参加诉讼。由于第三人与被诉行政行为或者同案处理结果有利害关系，第三人未申请参加诉讼的，人民法院有通知其参加诉讼的职责。如果第三人拒不参加，法院不能强求，必须尊重该第三人的权利与选择。

第三人参加诉讼，不仅有利于人民法院查明案情，保护第三人的合法权益，还有利于简化诉讼程序，提高办案的效率。

（二）行政诉讼第三人的情形

根据行政诉讼的宗旨和特点，可以将行政诉讼第三人分为以下几种情形：

1. 原告起诉时遗漏了被告或者有意不告，人民法院应当通知原告追加被告，如原告不同意追加被告的，人民法院应当通知应当追加的被告以第三人的身份参加诉讼。

2. 行政机关的同一行政行为涉及两个以上利害关系人，一部分利害关系人对行政行为不服提起诉讼的，人民法院应当通知没有起诉的其他利害关系人作为第三人参加诉讼。从行政诉讼的实践来看，此类行政诉讼第三人主要有以下几种情形：

（1）行政处罚案件中的受害人或被处罚人。被处罚人对行政处罚不服起诉的，受害人可作为第三人参加诉讼；受害人对行政处罚不服起诉的，被处罚人可作为第三人参加诉讼。

（2）行政处罚案件中的共同被处罚人。在同一行政处罚案件中，行政机关处罚了两个以上的违法行为人。其中，一部分被处罚人向人民法院起诉，而另一部分被处罚人没有起诉的，可作为第三人参加诉讼。

（3）行政裁决案件中民事争议的当事人。行政裁决是行政机关依法解决有关民事争议的活动，行政裁决的结果通常对一方有利，对另一方不利。其中，不利一方当事人对行政机关有关民事争议所作的处理或者裁决不服提起诉讼，争议另一方当事人未起诉。在这种情况下人民法院应通知另一方当事人作为第三人参加诉讼。

（4）在行政确认案中，主张权利的一方可能成为行政诉讼第三人。此种情形除了存在涉及土地、草原、森林、滩涂、水面等自然资源的确权案件,还存在于专利确权行政案件等案件之中。在这些行政案件中,不论有关行政机关将权利赋予了何方行政相对人,主张权利的人与该行政确权行为都有利害关系,从而都可能成为参加诉讼的第三人。

(5) 行政许可案中,被许可人或许可争议人。未获许可的一部分申请人不服行政许可行为而向人民法院起诉的,其他申请人包括被许可人或许可争议人可以成为行政诉讼第三人。

(6) 当两个以上行政机关作出相互矛盾的行政行为时,其中的一个行政机关成为被告,另外的行政机关可以作为第三人;有些行政行为由行政机关和非行政主体共同署名作出,在这种情况下,非行政主体的组织因不具备行政诉讼主体资格,不能成为被告。如果相对人不服,提起行政诉讼,应以行政机关为被告,人民法院应通知非行政主体的组织作为第三人参加诉讼。

(三)《行政诉讼法》中关于第三人规定的评析

与旧法相比,《行政诉讼法》最大限度地拉张了第三人的范围,即原先的"同提起诉讼的行政行为有利害关系但没有提起行政诉讼"的第三人拉张成了现在的"同被诉行政行为有利害关系但没有提起诉讼,或者同案件处理结果有利害关系"的第三人。这种拉张是值得肯定的,但问题却很难说清楚,必须阐释的是,"有利害关系"的因果链条运行到哪里才彻底告别"被诉行政行为",只"与诉讼结果"发生关系?[1]因为第三人的拉张,实际上也意味着原告资格的拉张。

此外,行政诉讼法还增加了"人民法院判决第三人承担义务或者减损第三人权益的,第三人有权依法提起上诉"的规定。这一规定意味着第三人具有诉权,如果诉则是原告,如果不诉则是第三人。进一步地说,人民法院判决是否要求第三人承担义务或者减损了第三人权益是判断第三人是否具有诉权的标准。这一判断标准,一方面最大限度地保障了第三人的权益;另一面也克服了人民法院在行政诉讼作出了对第三人不利判决但并未判其承担义务而没有上诉权的弊端。应该说,这样的规定是值得肯定的。

---

[1] 参见余凌云:"论行政诉讼法的修改",载《清华法学》2014年第3期。

二、行政诉讼代理人

（一）行政诉讼代理人的概念与特征

行政诉讼的代理，是指在代理权限内，以当事人的名义进行行政诉讼活动的人。行政诉讼代理既可能基于法律规定而产生，也可能是由当事人委托而成立。设立行政诉讼代理人制度，是为了协助或帮助当事人进行诉讼，确保其诉讼权利得以实现，维护其合法权益。

行政诉讼代理人具有以下特征：

1. 行政诉讼代理人只能以被代理人的名义进行诉讼活动。如果代理人以自己的名义在行政诉讼中作出行为，则成了诉讼当事人而不是代理人。同时，代理人只能代理一方当事人，不能同时代理双方当事人。因为双方当事人的利益是矛盾和冲突的，代理人必须为维护和实现一方当事人的利益而活动。

2. 行政诉讼代理人在代理权限内的诉讼行为，其法律后果归属于被代理人。这是由代理行为的性质所决定的。代理行为是帮助他人实施的行为，不是为了代理人自己的利益，因此，代理人行为的法律后果要由被代理人承担。当然，如果代理行为越权，代理人要承担相应的责任。

3. 行政诉讼代理人必须具有诉讼行为能力。这是能够成为诉讼代理人，为被代理人提供帮助的首要条件。不具有诉讼行为能力的人，不能成为诉讼代理人。如果诉讼代理人在诉讼过程中丧失诉讼行为能力，就不能继续担当代理人。

诉讼代理人不同于诉讼代表人，两者具有如下的区别：

1. 诉讼代表人是本案的当事人，与本案的诉讼标的有法律上的利害关系；而诉讼代理人不是本案的当事人，从而与本案的诉讼标的没有法律上的利害关系。

2. 诉讼代表人参加诉讼的目的是为了保护自己的权益，并且受人民法院判决的约束；而诉讼代理人参加诉讼的目的是为了维护他人的权益，从而不受人民法院判决的约束。

（二）行政诉讼代理人的种类

行政诉讼代理人按其代理权产生依据的不同可以分为法定代理人、指定代理人和委托代理人三类。

1. 法定代理人。行政诉讼的法定代理人，是指根据法律的直接规定而享有代理权，代替无诉讼行为能力人进行行政诉讼的人。根据《行政诉讼法》第30条的规定，没有诉讼行为能力的公民，由其法定代理人代为诉讼。在行政诉讼中，法定代理人只适用于代理未成年人、精神病人等无诉讼行为能力的原告或第三人的个人进行诉讼，而不适用于作为被告的行政主体。法定代理人一般都是对被代理人负有保护和监督责任的监护人，法定代理人和被代理人之间存在着亲权或监护关系，如父母、配偶、子女、兄弟姐妹等。如果被代理人没有作为监护人的亲属，则由未成年人父母所在单位或精神病人所在单位，或者他们住所地的居民委员会、村民委员会作为法定代理人。在行政诉讼中，公民可以成为原告或第三人，因此，当原告或者第三人为无诉讼行为能力者时，因为不能以自己的行为参加诉讼并维护自己的合法权益，因而就由法定代理人的代理行为来维护他们的合法权益。

法定代理为特别代理，法定代理人具有和当事人基本相同的地位。法定代理人可以处分实体权利和诉讼权利，其实施的一切诉讼行为视同当事人的行为。当然，法定代理人不等同于当事人，其诉讼地位也有所区别。如法院确定管辖时是以当事人的住所地为准，而不考虑法定代理人的住所地等。当被代理人具有了或者恢复了诉讼行为能力，法定代理人也就丧失了代理资格。

法定代理人的代理权因下列情况而归于消灭：（1）被代理的未成年人成年；（2）精神病人恢复正常；（3）代理人死亡或丧失诉讼行为能力；（4）被代理人和代理人之间的收养关系被合法解除；（5）其他法律事实。例如，代理人恶意损害被代理人的合法权益，法院变更代理人。

2. 指定代理人，是指基于法院指定而享有代理权，代替无诉讼行为能力人进行行政诉讼的人。指定代理人制度同样是为无诉讼行为能力的人设定的，是对法定代理人制度的补充。但指定代理不是基于监护权，也不是基于当事人委托而产生，而是源于人民法院的职权指定。指定代理人一旦被法院指定即发生法律效力，而不论被代理人是否同意。指定代理人代理权限的大小，依其与被代理人的关系而定：如果指定代理人属于法定代理人范畴，则指定代理人可以行使被代理人的所有权利，即全权代理；如果指定代理人不属于法定代理人的范畴，则指定代理人的代理权限由法院确定。指定代理人的代理权因下列情形而归于消灭：（1）诉讼代理事项完成，诉讼结束；（2）被代理人产生或恢复诉讼行为能力；（3）法定代理人可以行使代理权等。

3. 委托代理人。行政诉讼的委托代理人，是指受当事人、法定代理人的委托，代理其参加行政诉讼活动的人。《行政诉讼法》第31条第1款规定："当事人、法定代理人，可以委托一至二人代为诉讼。"在行政诉讼中，委托诉讼代理是使用最为普遍的一种代理方式。委托代理人是基于当事人、法定代理人的委托而产生。委托代理人的代理权是委托人授予的，因此，其代理权仅限于依委托人在授权委托书中所确定的授权范围而定。在司法实践中，委托人的授权可分为一般授权和特别授权。一般授权即只在委托书上证明代理人仅有权代为进行诉讼的行为；特别授权则委托代理人不仅有权代为进行诉讼行为，而且还可以代为处分当事人的某些实体权利。

根据《行政诉讼法》第31条第2款的规定，委托代理人的范围有：（1）律师、基层法律服务工作者。律师享有依法查阅本案有关材料，向有关组织和公民调查、收集证据的权利等。但因行政诉讼的特殊性，律师必须在代理权限内进行诉讼代理活动。对准予查阅的庭审材料，可以摘抄、复制，与此同时，还必须要履行一些义务，如对涉及国家机密、商业秘密和个人隐私的材料，应当依照法律规定予以保密。作为被告的诉讼代理人的律师，在诉讼过程中，有权向有关组织和公民调查，收集与本案有关的证据，但是对涉及国家秘密、商业秘密和个人隐私的材料，应当保密。（2）当事人的近亲属。这里的当事人即诉讼中的原告。近亲属，包括夫妻、子女、兄弟姐妹等亲属，彼此熟悉，关系密切，对案情较为了解，相互之间较为信任，因此，公民委托其近亲属是常见现象。（3）当事人的工作人员，如当事人的同事、领导、老师等。（4）当事人所在社区、单位以及有关社会团体推荐的公民。公民和其所在社区、单位之间往往有密切关系。当公民在诉讼上发生困难时常常希望得到社区、单位的帮助，作为社区、单位来说，也有责任为本社区、单位的职工提供各方面的服务。社会团体，具体包括工会、共青团、妇联等。

值得注意的是，与旧法相比，《行政诉讼法》对委托代理人范围进行了大幅度的修改，具体是增加了"基层法律服务工作者""当事人所在社区推荐的公民"，将"社会团体"修改为"有关社会团体推荐的公民"，将"经人民法院许可的其他公民"修改为"当事人的工作人员"。之所以增加"基层法律服务工作者"，是因为当前我国已经存在一定规模的基层法律服务工作者队伍，而且党的十八届四中全会明确指出，发展基层法律服务工作者队伍。之所以增加"当事人所在社区推荐的公民"，是因为我国城镇化程度比三十多年前要高很多。将"社会团体""经人民法院许可的其他公民"分别修改为"有关社会团体推荐的公民"与"当事人的工作人员",意味着委托代理人范围得到扩大以及无需经法院允许。

此外,《行政诉讼法》扩展了律师委托代理人的权限。《行政诉讼法》第32条第1款规定:"代理诉讼的律师,有权按照规定查阅、复制本案有关材料,有权向有关组织和公民调查,收集与本案有关的证据。"也就是说,在旧法的"依规定查阅本案有关材料"权利的基础上增加了复制权。这一修改有利于解决实践中"阅卷难、复制难"的问题,保障律师依法履行代理职责,维护当事人的合法权益。

《行政诉讼法》第32条第2款规定:"当事人和其他诉讼代理人有权按照规定查阅、复制本案庭审材料,但涉及国家秘密、商业秘密和个人隐私的内容除外。"值得注意的是,《行政诉讼法》除了保留了旧法中的"国家秘密""个人隐私"的除外事项,还明确将"商业秘密"纳入到了保密范围。所谓"商业秘密"是指不为公众所知悉、能为权利人带来经济利益、具有实用性并经权利人采取保密措施的技术信息和经营信息。商业秘密能为权利人带来经济利益,如果代理诉讼的律师在查阅、复制与本案有关的材料,或向有关组织和公民调查,收集与本案有关的证据,或者其他诉讼代理人查阅、复制本案庭审材料时,将其知悉的秘密披露出来,则会导致商业秘密成为公共信息,从而丧失其具有的经济性,给权利人利益造成损害。于是,将商业秘密纳入到保密范围是值得肯定的。

当事人、法定代理人委托代理的人数是1人~2人。当事人委托诉讼代理人,应当向人民法院提交由委托人签名或者盖章的授权委托书。委托书应载明委托事项和具体权限。公民在特殊情况下无法书面委托的,也可以口头委托。口头委托的,人民法院应当核实并记录在卷;当事人解除委托或者变更委托,应当书面告知人民法院,由人民法院通知其他当事人。

委托代理权可以因下列情况而归于消灭:(1)诉讼代理事项完成,诉讼结束;(2)委托人解除委托;(3)受委托人辞去委托;(4)受委托人死亡或者丧失诉讼行为能力。

第五章 行政诉讼的证据规则

诉讼证据对案件的审理结果有着直接影响,因而行政诉讼证据制度是行政诉讼制度的重要内容之一,在行政诉讼理论和实践中具有十分重要的地位。修改前的《行政诉讼法》关于证据的规定只有6条,一些重要的内容未能明确。本次《行政诉讼法》修改,对证据的规定由原来的6条扩充到11条,吸收了2002年最高人民法院《关于行政诉讼证据若干问题的规定》(以下简称《证据规定》)的部分内容。

第一节 行政诉讼证据概述

一、行政诉讼证据的概念

行政诉讼证据是证据在行政诉讼程序中的体现,但关于证据的概念,各种学说莫衷一是,各国法典规定也不尽相同。我国《刑事诉讼法》第48条明确规定,可以用于证明案件事实的材料,都是证据。《行政诉讼法》没有如此明确地对证据进行定义,但可以参照《刑事诉讼法》的规定,对行政诉讼证据作一界定:即以法律规定的形式表现出来的能够证明案件真实情况的一切材料。证据的功能在于证明一件事实的存在或不存在,其外在形式是任何可以呈现于感官的东西。

根据证据学原理,证据具有真实性、关联性和合法性三大特征,这也是人民法院审查证据的三个主要方面。行政诉讼证据也应当具备这三项特征:

第一,作为用来证明案件真实情况的证据,首先应当具有真实性,即证据记载、反映的情况必须是客观真实的。故一般要求当事人向法院提交证据原件,以确保真实性;证人应当到庭作证,接受询问,以确保其所述内容具有真实性,而非主观随意猜想。

第二,证据必须与案件事实具有关联性,并不是所有客观存在的事实都可以作为案件证据。证据的关联性取决于案件的争议焦点,如行政诉讼主要审查行政行为的合法性,则当事人提交的证据应围绕能否证明行政行为合法性,这才是与待证事实有关联性;如果争议焦点在于行政处罚的合理性,与之具有关联性的证据往往是证明违法情节、危害后果的事实材料。当事人起诉时要证明其合法权益受到影响,证明存在争议行政行为以及对其权益产生影响的材料就是与案件事实相关的证据。

第三,证据必须具有合法性,即证据的来源、收集方式、形式必须符合法律规定,不具有合法性的证据材料不能作为证据被采纳。如鉴定意见必须由具有资质的鉴定机构作出;法律对收集证据的程序、时间等作出了限制,违反法定程序或以不正当手段获取的材料不能作为证据;证据应当符合法律规定的形式,不符合法律规定形式的材料不能作为证据。

二、行政诉讼证据的种类

《行政诉讼法》第33条规定了八种证据种类,和旧法第31条相比,增加了电子数据作为新的证据种类,并将鉴定结论修改为鉴定意见。

(一) 书证

书证是指以文字、符号、图形等方式记载的内容来证明案件事实的文件或其他物品。书证的特点在于其具有书面形式,而且是以记载的内容来证明案件事实。从理论上讲,勘验笔录、现场笔录、鉴定意见等也属于书证,但由于法律对这几种形式的证据专门规定为独立的证据形式,从而将它们排除于书证范围之外。

行政机关在实施行政管理的过程中一般以书面形式作出行政行为,如政府信息公开申请答复书、工伤认定决定书、行政处罚决定书、许可证等。在行政诉讼中,书证对于认定案件事实具有直接的、重要的作用。书证的载体一般是纸张,但并非只有书面文件才是其唯一的形式,其他物质载体也可以是书证的载体,如交通警察在情急之下记载于墙壁的某违章车辆的车牌号就属于书证。

《证据规定》第 10 条对提供书证的要求作了规定：(1) 提供书证的原件，原本、正本和副本均属于书证的原件。提供原件确有困难的，可以提供与原件核对无误的复印件、照片、节录本；(2) 提供由有关部门保管的书证原件的复制件、影印件或者抄录件的，应当注明出处，经该部门核对无异后加盖其印章；(3) 提供报表、图纸、会计账册、专业技术资料、科技文献等书证的，应当附有说明材料；(4) 被告提供的被诉行政行为所依据的询问、陈述、谈话类笔录，应当有行政执法人员、被询问人、陈述人、谈话人签名或者盖章；(5) 法律、法规、司法解释和规章对书证的制作形式另有规定的，从其规定。

"台湾'光大二号'轮船长蔡增雄不服拱北海关行政处罚上诉案"[1]中，蔡增雄签字的拱北海关缉私艇测定截停方位的图纸、笔录，"光大二号"轮被截停时蔡增雄亲自用铅笔在海图上标明的截停地点和时间，均证明该轮是在内海水域东经 114 度 35 分 45 秒、北纬 22 度 10 分 50 秒的海域被查获。本案中，图纸、笔录、海图等均系合法有效的书证。

(二) 物证

物证是指以其外部特征、物质属性、存在情况、存在场所等证明案件事实情况的物品或痕迹。物证的表现形式较为多样，如凶器、变质食品、违章建筑物、轮胎印痕等。物证是客观存在的事物，不具有思想内容，不附带任何主观意志，具有较高的证明价值，也比其他证据更为可靠。物证不会说谎，但物证也不会说话。物证一般仅能反映案件事实在特定阶段的状态与变化，不能直接向法庭证明案件事实，必须与其他证明手段结合起来。很多物证中存储的与案件事实有关的信息需要借助一定的科学技术来解读。

《证据规定》第 11 条对于提供物证的要求作了规定：(1) 提供原物。提供原物确有困难的，可以提供与原物核对无误的复制件或者证明该物证的照片、录像等其他证据；(2) 原物为数量较多的种类物的，提供其中的一部分。

在"伊尔库公司诉无锡市工商局工伤行政处罚案"[2]中，被告向法院提交的证据包括："……8. 照片，用以证明涉案丁苯橡胶商品的外包装上无中

---

[1] 详见《最高人民法院公报》1990 年第 1 期。
[2] 详见《最高人民法院公报》2006 年第 3 期。

文标识,俄文标识上未标明完整的生产日期,没有安全使用期或者失效日期;9.照片,用以证明伊尔库公司已销售的同类商品外包装上也没有中文标识,俄文标识上未标明完整的生产日期,没有安全使用期或者失效日期;10.俄文标识、翻译件和中文标识,用以证明涉案丁苯橡胶商品外包装袋上的俄文标识未标明完整的生产日期,没有安全使用期或者失效日期;伊尔库公司拟使用的中文标识也不符合相应国家标准及行业标准。"本案中,照片和标识等都是物证。

(三) 视听资料

视听资料是指以录音、录像、计算机及其他电磁方式记录储存的声音、影像或者其他信息证明案件事实的证据。视听资料的主要形式有录音带、录像带、胶卷等,随着现代科学技术发展,视听资料在司法实践中被广泛应用。

视听资料与书证的一个共同点是,都以记载或反映的内容来证明案情,所以英美法系国家通常认为视听资料属于"文书"的一部分。在我国,视听资料作为一种独立于书证的证据形式,其不同于书证以文字或者符号反映的内容来证明案情,视听资料是以图像或者影像来证明案情的。

视听资料有时也可作为物证使用,如质量不合格的录像带、录音带,这时录像带、录音带是以其质量、特征来证明案件事实,而不是其记载的内容来证明案情的。

视听资料将反映案件客观情况的材料固定并保存下来,使过去发生的情形能够在事后显示出来,具有较大的准确性和可靠性。同时,其具有容易被伪造和篡改的特征,因此,为保证视听资料作为证据使用的可靠性,一般要求当事人提供视听资料的原始载体。《证据规定》第12条对于提供视听资料证据的要求作了规定:(1) 提供有关资料的原始载体。提供原始载体确有困难的,可以提供复制件;(2) 注明制作方法、制作时间、制作人和证明对象等;(3) 声音资料应当附有该声音内容的文字记录。

在"上海彭浦电器开关厂诉上海市闸北区人民政府确认侵占行为违法并要求行政赔偿案"[1]中,判决认定,原告提供的录制强制拆除现场的DVD光碟符合要求。本案中,光碟系合法有效的视听资料。

---

[1] 详见最高人民法院行政审判庭编:《中国行政审判案例》(第2卷),中国法制出版社2011年版,第79号案例。

(四) 电子数据

电子数据是《行政诉讼法》新增加的证据种类,是伴随现代电子技术发展而出现的新型证据形式。目前行政诉讼制度上尚未对电子数据作具体界定,但根据最高人民法院、最高人民检察院、公安部联合下发了《关于办理刑事案件收集提取和审查判断电子数据若干问题的规定》,我们可以对行政诉讼电子证据进行初步概括,即电子数据是在行政程序过程中形成的,以数字化形式存储、处理、传输的,能够证明案件事实的数据。电子数据包括但不限于下列信息、电子文件:(1)网页、博客、微博客、朋友圈、贴吧、网盘等网络平台发布的信息;(2)手机短信、电子邮件、即时通信、通信群组等网络应用服务的通信信息;(3)用户注册信息、身份认证信息、电子交易记录、通信记录、登录日志等信息;(4)文档、图片、音视频、数字证书、计算机程序等电子文件。

电子数据以电子的形式存在,其获取可以不受时空限制,可增加、删除、修改,同时,对电子数据的操作都会留下痕迹。对电子数据的制作和提交的要求,目前尚无统一认识。由于电子数据证据具有载体多样、复制简单、容易被删改和伪造等特点,最高人民法院发布的《关于审理证券行政处罚案件证据若干问题的座谈会纪要》(法〔2011〕225号)明确提出,对电子数据的证据形式要求和审核认定应较其他证据方法更为严格,即相关电子数据证据应当符合下列要求:(1)无法提取电子数据原始载体或者提取确有困难的,可以提供电子数据复制件,但必须附有不能或者难以提取原始载体的原因、复制过程以及原始载体存放地点或者电子数据网络地址的说明,并由复制件制作人和原始电子数据持有人签名或者盖章,或者以公证等其他有效形式证明电子数据与原始载体的一致性和完整性。(2)收集电子数据应当依法制作笔录,详细记载取证的参与人员、技术方法、步骤和过程,记录收集对象的事项名称、内容、规格、类别以及时间、地点等,或者将收集电子数据的过程拍照或录像。(3)收集的电子数据应当使用光盘或者其他数字存储介质备份。监管机构为取证人时,应当妥善保存至少一份封存状态的电子数据备份件,并随案移送,以备法庭质证和认证使用。(4)提供通过技术手段恢复或者破解的与案件有关的光盘或者其他数字存储介质、电子设备中被删除的数据、隐藏或者加密的电子数据,必须附有恢复或破解对象、过程、方法和结果的专业说明。对方当事人对该专业说明持异议,并且有证据表明上述方式获取的电子数据存在篡改、剪裁、删除和添加等不真实情况的,可以向人民法院申请鉴定,人民法院应予准许。

(五) 证人证言

证人证言是指证人以口头或书面形式,向人民法院所做的关于案件事实的陈述。证人是指了解案件情况的非本案诉讼参加人,根据当事人的要求作证的人。证人应当是直接或间接知道案件情况的自然人,且具有辨别是非和正确表达的能力。《证据规定》第 13 条对于提供证人证言的要求作了规定:(1) 写明证人的姓名、年龄、性别、职业、住址等基本情况;(2) 有证人的签名,不能签名的,应当以盖章等方式证明;(3) 注明出具日期;(4) 附有居民身份证复印件等证明证人身份的文件。需要注意的是,精神上有缺陷或者年幼不能辨别是非、不能正确表达的人应排除在证人范围之外。《证据规定》第 42 条规定:"不能正确表达意志的人不能作证。根据当事人申请,人民法院可以就证人能否正确表达意志进行审查或者交由有关部门鉴定。必要时,人民法院也可以依职权交由有关部门鉴定。"

证人证言是证人根据个体记忆、感觉与经验对案件事实所作的陈述,不可避免地带有浓厚的主观色彩,因而客观性较差,容易出现虚假陈述以及伪证。《证据规定》第 41 条对证人出庭作证作出明确要求,凡是知道案件事实的人,都有出庭作证的义务。有下列情形之一的,经人民法院准许,当事人可以提交书面证言:(1) 当事人在行政程序或者庭前证据交换中对证人证言无异议的;(2) 证人因年迈体弱或者行动不便无法出庭的;(3) 证人因路途遥远、交通不便无法出庭的;(4) 证人因自然灾害等不可抗力或者其他意外事件无法出庭的;(5) 证人因其他特殊原因确实无法出庭的。

(六) 当事人的陈述

当事人陈述是指在行政诉讼中,原告、被告等当事人就自己知道的案件事实向人民法院所作的陈述。当事人向人民法院所作的陈述范围广泛,有关于起诉理由的陈述、案件经过的陈述、法律适用意见等,只有对案件事实的陈述才是证据意义上的当事人陈述。

当事人陈述具有很强的双重性:一方面,当事人是事件的亲历者,比其他证人、鉴定人等更了解案件事实;但另一方面,其与案件处理结果有直接的利害关系,本着趋利避害的原则,难免会夸大或缩小某些事实,甚至歪曲事实真相,故难以确保其陈述的真实性、客观性、全面性。《民事诉讼法》第

75条规定，人民法院对当事人的陈述，应当结合本案的其他证据，审查确定能否作为认定事实的根据。这一规定在行政诉讼中同样可以适用。目前，在行政诉讼相关理论研究和实践中，对当事人陈述尚缺乏较为深入的探讨。

（七）鉴定意见

鉴定意见是指具有鉴定资格的专业人士运用自己的专业知识，就案件的专门问题提出结论性意见。在案件涉及专业领域的问题时，审判人员需要借助鉴定人的专业知识。鉴定意见是审判人员裁判案件的有利助手，对案件事实的认定有着举足轻重的作用，因而对于鉴定人的委托或者聘请手续应严格要求。

《行政诉讼法》将"鉴定结论"这一表述修改为"鉴定意见"，与《民事诉讼法》《刑事诉讼法》的表述一致。鉴定意见最初出现在《关于司法鉴定管理问题的决定》中，采用鉴定意见这一表述，更加科学、准确，更符合鉴定活动的本质特征，其并非法院必须采纳的证据，而是与其他证据形式一样，要对其进行质证，并应结合案件的全部证据，综合审查判断，而不是被动地作为定案依据。

根据《证据规定》第14条的规定，在行政诉讼中，被告向人民法院提供的在行政程序中采用的鉴定意见，应当载明委托人和委托鉴定的事项、向鉴定部门提交的相关材料、鉴定的依据和使用的科学技术手段、鉴定部门和鉴定人鉴定资格的说明，并应有鉴定人的签名和鉴定部门的盖章。通过分析获得的鉴定意见，应当说明分析过程。

（八）勘验笔录、现场笔录

勘验笔录是指行政机关的工作人员或者人民法院的审判人员为了查明案件事实，对案发现场或难以当庭出示的证据就地进行勘察、测量、检验后制作的笔录。

现场笔录是行政机关对执法现场当时情况所作的记录，是《行政诉讼法》特有的证据种类。现场笔录的表现形式多样，最为常见的有公安机关对违反治安管理的人进行处罚时所作的笔录、税务机关对拒不纳税的公民或法人进行处罚所作的笔录。

《证据规定》第15条规定："根据行政诉讼法第三十一条第一款第（七）项的规定，被告向人民法院提供的现场笔录，应当载明时间、地点和事件等内容，并由执法人员和当事人签名。当事人拒绝签名或者不能签名的，应当注明原因。有其他人在现场的，可由其他人签名。法律、法规和规章对现场笔录的制作形式另有规定的，从其规定。"

第二节 行政诉讼的举证责任分配与举证期限

行政诉讼举证责任是行政诉讼证据制度的重要组成部分，在行政诉讼证据规则体系中具有重要地位。

一、举证责任的含义

行政诉讼法中没有对举证责任的概念作出明确界定，作为一个学术概念，其内涵一直存在争议。根据证据法学通说，举证责任也称为证明责任，包含双重含义，"证明责任应当包括行为与后果两个方面，即行为意义上的证明责任与结果意义上的证明责任。前者指当事人对所主张的事实负有提供证据证明的责任，后者指在事实处于真伪不明状态时，主张该事实的人承担不利的诉讼后果"。[1] 也有人将之归纳为主观证明责任和客观证明责任。"当事人就待证事实无法查明，在事实存否不明时，法院就该待证事实如何认定之裁判准则，即为客观的举证责任。客观的举证责任对于两造当事人之举证活动具有一定之压力，为获得法院有利之心证，而有设法提供证据之必要性，称为主观的举证责任。两者在概念上难免混淆，惟客观的举证责任方为真正的举证责任。主观的举证责任之形成，系以客观的举证责任为前提。"[2] 主观证明责任实际上是举证义务，当事人通过举证，推动法院对待证事实进行调查。主观证明责任对当事人不直接产生不利后果，负有客观的证明责任一方，在待证事实是否成立无法查明的情况下，承担待证事实不成立的不利法律后果。

举证责任一般包含两方面的内容：证据应该由谁提出以及应该举证的一方未举证或不足以证明待证事实时的法律后果。

二、被告承担的举证责任

在民事诉讼法上，举证责任分配遵循"谁主张，谁举证"的原则。《民事诉讼法》第64条规定："当事人对自己提出的主张，有责任提供证据。"《行

---

[1] 樊崇义：《证据法学》，法律出版社2001年版，第200页。
[2] 徐瑞晃：《行政诉讼法》，五南图书出版有限公司2012年版，第381页。

政诉讼法》第34条对被告的举证责任作了规定，即：被告对作出的行政行为负有举证责任，应当提供作出该行政行为的证据和所依据的规范性文件。被告不提供或者无正当理由逾期提供证据，视为没有相应证据。但是，被诉行政行为涉及第三人合法权益，第三人提供证据的除外。与旧法相比，增加了第2款，规定了被告不提供或者无正当理由逾期提供证据的法律后果。

（一）行政诉讼被告承担举证责任

由于行政诉讼旨在审查被告行政行为的合法性，因此行政诉讼确立了被告承担举证责任的基本原则。在行政诉讼中，被告作出的行政行为，包括该行为的法定职责、认定事实、执法程序、法律依据，均构成被告应当举证证明的待证事实。若法律规定被告对行政行为的合法性承担举证责任，并且规定了相应的举证期限，那么不举证或逾期举证就可能被视为没有证据。这大大提高了行政机关的应诉意识和举证意识，也促进了行政机关在行政程序中依法履行职责，积极调查取证，严格遵守法律，恪守执法程序，有效推动依法行政。

行政诉讼法增加了被告不提供或无正当理由逾期提供证据将被"视为没有相应证据"的规定，即产生证据失权的法律效果，而主要证据不足是应当判决被撤销的违法情形之一。行政行为具有损益性时，由行政机关承担证据失权的法律后果，有利于保护原告的利益，但是行政行为的撤销涉及第三人合法权益时。则可能损害第三人的合法权益，因此本条还作了例外的规定。

（二）被告收集证据的限制

行政诉讼期间调查收集证据是当事人的权利，但行政诉讼法对被告收集证据的权利作了明确的限制，这是由行政诉讼的特殊性决定的。行政诉讼具有复审性，审查的是行政机关经过行政程序后作出的行政行为的合法性。行政机关在行政程序中应遵循"先调查取证，后作出决定"的原则，行政机关作出行政行为时，应当有充分的证据，因而无须在诉讼期间收集证据。同时，这一规定也体现了案卷排他性原则，即行政机关的裁决只能以案件作为根据，不能在案卷以外，以当事人未知悉和未论证的事实作为根据。案卷排他性原则也保障法院对行政机关的监督，因为行政机关的决定只能以案件中的记载为根据，法院凭此能比较容易地审查行政行为是否具有合法性以及是否有足够的证据支持。对于经过正式程序的行政裁决，法院的司法审查限于案件或记录。这样做可以促使行政机关在行政程序中调查收集证据，避免证据不充分，防止行政机关轻率地作出行政行为。《行政处罚法》第 30 条规定："公民、法人或者其他组织违反行政管理秩序的行为，依法应当给予行政处罚的，行政机关必须查明事实；违法事实不清的，不得给予行政处罚。"事实清楚是行政处罚机关作出处罚时必须确定的要件之一。

实际上在行政机关作出行政行为之前，必须先查明事实，这是其必须遵守的行政程序。如《江苏省行政程序规定》第 51 条规定，行政执法程序启动后，行政机关应当核实材料，收集证据，查明事实。换句话说，行政机关必须在行政程序过程中获取所有证据。如果允许行政机关先作出行政行为，进入诉讼程序后再收集证据，就是让行政机关违反先取证后调查的程序，必然不符合正当程序原则。因此，《行政诉讼法》第 35 条规定，在诉讼过程中，被告及其诉讼代理人不得自行向原告、第三人和证人收集证据。被告的诉讼代理人基于被告的委托进行诉讼活动，其权限不能大于委托人的权利，被告不得自行收集证据，则其诉讼代理人亦不具有此权利。如果允许被告的代理人自行收集证据，则对被告不得自行收集证据的限制将成为一纸空文。

行政诉讼的第三人一般是指同被诉行政行为有利害关系但没有提起诉讼，或者同案件的处理结果有利害关系的公民、法人或其他组织。第三人既可能同意原告的主张，也可能支持被诉行政行为，或者有自己独立的主张，在行政程序中可能是行政相对人或利害关系人。被告在作出行政行为时，应该充分考虑第三人的合法利益，收集相关的证据，因而在行政诉讼过程中不得再自行向其收集证据。此外，限制被告在诉讼程序中对第三人收集证据还可以防止被告与第三人串通，损害原告的合法权益。[1]

需要注意的是，这里强调的是被告及其代理人在诉讼过程中不得"自行"收集证据，这是一个原则。但在例外情况下，如果经过法庭允许，则不在该条禁止的范围之内。

三、原告的主观证明责任

行政诉讼中被告承担举证责任，这是公认的原则，但并不排除原告可以提供证据。虽然行政行为合法性的证明责任由被告承担，但如果原告提出有利于确认行政行为违法性的证据，法院也不应加以拒绝。

---

[1] 马怀德：《新编中华人民共和国行政诉讼法释义》，中国法制出版社 2014 年版，第 162 页。

《行政诉讼法》第 37 条规定，原告可以提供证明行政行为违法的证据。原告提供的证据不成立的，不免除被告的举证责任。

在行政诉讼中，原告主张行政行为违法，被告主张行政行为合法，双方各自为证明其主张所承担的举证责任，符合"谁主张，谁举证"的原则。本条规定原告"可以"提供证明行政行为不合法的证据，而不是"必须"或"应当"提供。即使原告提供的证据不能成立，也不能据此得出被诉行政行为合法的结论。

行政诉讼早期强调行政机关举证责任的做法曾发挥了积极的作用，也是立法时的特别考虑。但这是在行政诉讼法实行撤销诉讼一体主义这一特定历史条件下的必然产物，具有一定的局限性和不足。随着行政行为类型的丰富和行政诉讼受案范围的扩大，证明对象亦随之扩大，举证责任的规定亦应随之发展。本次行政诉讼法修改时，对被告的举证责任这一条未作原则修改，但增加了原告在相应情形下提供证据的要求。《行政诉讼法》第 38 条规定了原告承担举证责任的两种情形以及例外情形：

第一，被告不履行法定职责案件中原告的举证责任。被告履行法定职责有两种情形：依职权履行法定职责和依申请履行法定职责。对于前者，被告应主动履行法定职责，无须原告提出申请，也就没有必要由原告提出有关向被告提出申请的证据。对于后者，要求当事人以法定形式和程序，按照一定的步骤向行政机关提出申请后，行政机关未予批准或答复，此时，原告需要证明其在行政程序中提出了申请。原告若不能提供证据证明其向被告提出了申请，则不能启动诉讼程序。但在实践中，若行政机关登记制度不完备或故意制造难题导致行政相对人无法提供曾经向行政机关提出申请的证据时，要求原告提供证据显然是不公平的。此时，被告应当承担起事实真伪不明时的证明责任，因为其本可以设立完善的登记制度来避免这一问题的产生。

第二，行政赔偿、补偿案件中原告的举证责任。行政赔偿、补偿案件，不同于一般的行政诉讼案件，一般行政诉讼审查的是行政行为的合法性，而行政赔偿诉讼审查的是行政行为是否造成损害后果。行政诉讼的裁判主要针对行政行为的效力，而行政赔偿、补偿裁判主要解决行政机关承担的赔偿、补偿责任问题。"行政赔偿争议，就争议的主体来说，它类似于行政行为争议；就争议的内容来说，它类似于民事争议。"[1]

行政赔偿、补偿案件在性质上属于给付诉讼，其举证责任分配原则与民事损害赔偿诉讼并没有太多区别。"在行政赔偿诉讼中，应由原告证明因受行政行为侵害而造成损害的事实。因为法律上的赔偿是以损害的存在为前提条件，有损害才有赔偿，无损害则无赔偿。因此，证明损害的存在是要求赔偿的前提。而证明损害的存在是受害者或者说是要求赔偿者的责任。在行政赔偿诉讼中，相对人所受到的损害是否存在，不能要求行政机关对此举证，就如同刑事诉讼中不能要求被告自证其罪一样。"[2]

在行政赔偿案件中，有三个要件需要证明：存在违法行为，损害事实以及因果关系。行为的违法性要件在针对行政行为的审理中依然由被告承担举证责任，但损害事实的存在应由原告来证明，"原告遭受损害的事实是其提起行政赔偿诉讼的最基本的事实，只能由其承担举证责任"。[3]有观点认为，因果关系也由被告来证明，然而行政诉讼法只规定"原告应当对行政行为造成的损害提供证据"，而没有明确提及因果关系。从该条规定的内容来看，原告对行政行为造成的损害提供证据，其除了需要证明存在损害事实以外，还应当证明该损害系由行政行为造成，若不能证明系行政行为造成，则不能要求行政行为主体承担责任。因此，因果关系由原告来证明更合乎行政诉讼法的精神。

此外，该条还规定，"因被告的原因导致原告无法举证的，由被告承担举证责任"。在"陆长兰与辽宁省抚顺市新抚区人民政府行政强制申诉一案"中，再审被申请人新抚区政府违反法定程序、越权强制拆除再审申请人陆长兰的房屋，导致陆长兰无法举证证明屋内物品损失。因此，法院在再审审理中免除陆长兰对行政赔偿损失事实的举证责任。[4]

行政补偿与行政赔偿是两种不同的制度，其根本差异在于引起损害的原因不同，赔偿责任是由违法行为引起的，而补偿责任是合法行为引起的。除此之外，两者在举证责任分配上适用同样的规则并不存在障碍。

---

[1] 江必新、梁凤云、梁清：《国家赔偿法理论与实务》，中国社会科学出版社2010年版，第1200页。
[2] 张树义：《最高人民法院关于行政诉讼证据若干问题的规定释评》，中国法制出版社2002年版，第43页。
[3] 孔祥俊：《行政诉讼证据规则与法律适用》，人民法院出版社2005年版，第47页。
[4] [2016]最高法行申16号。

四、行政诉讼的举证期限

行政诉讼案件的审理具有时限性要求，虽然实体正义对于当事人而言至关重要，但是不能为了追求实体正义而忽视程序的重要性，行政诉讼在一定程度上必须重视诉讼效率。在举证方面，法律规定了行政诉讼当事人必须遵守举证时限的规定。作为一项诉讼法律制度，当事人如果不遵守，承担举证责任的一方必须承受逾期举证所带来的法律后果。举证期限制度有利于促使行政诉讼案件当事人在规定的时间内及时提供证据，尤其是促使行政机关注重在行政程序过程中保存证据。

（一）被告的举证期限

《行政诉讼法》第67条规定，被告应当在收到起诉状副本之日起15日内向人民法院提交作出行政行为的证据和所依据的规范性文件。被告在举证期限内不提供或无正当理由逾期提供证据的，法院应当认定该被告作出的行政行为没有相应的依据。行政行为没有证据就意味着法院应当撤销行政行为或采取其他适合的判决形式。如在"龙岩市公安局新罗分局与林荣辉治安管理行政处罚一案"中，龙岩市公安局新罗分局于2015年12月15日收到起诉状副本后，在15日内既未提交作出治安管理行政处罚的证据和依据，也没有向原审法院提出延期提供证据的书面申请，法院认定龙岩市公安局新罗分局作出被诉行政行为没有相应证据，并根据案件情况判决确认行政处罚违法。[1]

（二）被告延期提供证据和补充证据

行政诉讼法对被告举证期限作出了要求，行政机关应当在法定期限内向人民法院提交作出行政行为的证据，否则就会视为被诉行政行为没有相应的证据。但审判实践中遇到的问题千变万化，一方面存在因不可抗力等条件所限，出现无法按时提交证据的情况；另一方面，原告或第三人可能在行政程序阶段故意隐瞒可以证明其主张合法或合理的证据，而在诉讼程序中提出，这时若不给被告补充提供证据的权利，被告因此而败诉，显然会造成权利失衡。因此，在特殊情况下，经人民法院准许，被告也可以延期提供证据或补充证据。《行政诉讼法》第36条规定，被告在特殊情形下，经人民法院批准，可以延期提供证据或补充证据。

---

[1] [2016] 闽08行终35号。

1. 被告延期提供证据需要满足三个条件

第一，因不可抗力等正当事由不能提供。不可抗力是相对确定的法律概念，但是除了不可抗力之外还有哪些正当事由，可能会产生一些争议。如在"周国强与苏州市虎丘区通安镇人民政府"一案中，被上诉人单位内部人事变动，相关档案处于交接过程中，法院认为属于正当理由；[1]在"缪育怀、吴玉华与龙岩市新罗区卫生和计划生育局计划生育行政征收决定"一案中，法院认为涉案材料较多、案情较为复杂为正当事由。[2]这些是否属于正当理由，是值得商榷的。为此，最高人民法院有必要对正当事由进行进一步阐释或者列举一些成为正当事由的条件，以防止出现法院在行政诉讼中偏袒被告的情形。

第二，被告在作出行政行为时已经收集了证据。不论被告提出的正当事由为何，延期提供的证据必须是在行政行为作出之前行政机关就已经收集的相关材料，而不能提交在行政行为作出之后收集的材料。因此，被告必须在提交延期申请时说明证据材料已经存在。

第三，须经人民法院准许。被告提出的正当事由是否合理，最终必须由法院来认定，法院必须本着公平、公正的态度作出符合法律的决定。

2. 被告补充证据需要满足两个条件

第一，原告或者第三人提出了其在行政处理程序中没有提出的理由或者证据。在行政程序过程中，原告或者第三人必须提交证据以便行政机关能够在充分获取证据的基础上作出符合法律和事实的决定。原告或第三人不能在救济过程中提出在行政程序过程中未提出的证据，如果允许这样做，则不符合公平的原则。如在"石毅与济南好声音商贸有限公司等工伤行政确认"一案中，在工伤认定的行政程序过程中，济南好声音商贸有限公司未提交任何证据，并未进行答辩。随后在其提起行政复议和行政诉讼的理由中，涉及其注册成立的时间在石毅受伤之后的问题，该理由在济南市人力资源和社会保障局行政处理程序中并未提出。因此，在本案诉讼中济南市人力资源和社会保障局可以补充证据。[3]

第二，经人民法院准许。人民法院在审理行政案件过程中，必须根据法

---

[1] [2016] 苏 05 行终 367 号。
[2] [2016] 闽 08 行终 83 号。
[3] [2015] 济行终字第 181 号。

律和实际情况合理判断被告的情形是否属于补充证据的情形。

（三）原告或者第三人的举证期限

行政诉讼法主要规定了被告对作出行政行为承担举证责任，规定了被告的举证期限及法律后果。虽然行政诉讼法规定了特殊情形下原告承担举证责任，但是法律条文未规定原告或第三人的举证期限。《证据规定》第7条规定，原告或者第三人应当在开庭审理前或者人民法院指定的交换证据之日提供证据。因正当事由申请延期提供证据的，经人民法院准许，可以在法庭调查中提供。逾期提供证据的，视为放弃举证权利。也就是说，最高人民法院在关于行政诉讼证据的司法解释中对于原告或者第三人的举证期限作了规定，原告或者第三人必须在开庭审理之前或者审理案件的法院确定的某个具体证据交换之日提交证据。

第三节 人民法院证据的调取与保全规则

在行政诉讼过程中，证据的来源除了有原、被告方提供外，在特定的情况下可以由人民法院调取、收集。

法院调取证据分为依职权调取和依申请调取等两种情形。

一、人民法院依职权调取证据

在旧法第34条第2款的基础上《行政诉讼法》新设的一条即第40条规定，人民法院有权向有关行政机关以及其他组织、公民调取证据。这是法院依职权调取证据的法律依据。

随着司法中立的发展，法院一般不主动取证，而把取证的责任交给当事人。在行政诉讼中主要交给被告，法院作为中立者起着居中裁判作用。但有时在特定情况下，为了查明案情，对依据已有的证据难以搞清案情的，法院也依职权或依申请进行取证，调取行政机关该提供但没有提供的证据。法院的取证对象可谓广泛，包括有关行政机关、其他组织、公民，相关单位或个人有义务予以配合与协助。对不配合协助的、情节严重的，将按照《行政诉讼法》第59条的规定进行处理：即有义务协助调查的人，对人民法院的协助调查决定，无故推拖、拒绝或者妨碍调查的，人民法院可以根据情节轻重，予以训诫、责令具结悔过或者处一万元以下的罚款、15日以下的拘留；构成犯罪的，依法追究刑事责任；是单位的，可以对其主要负责人或者直接责任人员依法予以罚款、拘留等。法院依职权取证的范围通常是程序方面的证据，例如，涉及依职权追加当事人、中止诉讼、终结诉讼、回避事项等且必须通过调取证据才能弄清的事项；还包括案件涉及国家利益、社会公共利益以及他人合法权益的且通过案件当事人确实无法提供的证据等。

法院依职权取证受到一定的限制，即"不得为证明行政行为的合法性调取被告作出行政行为时未收集的证据"。对此，可作如下理解：一是法院的取证不能为了证明行政行为的合法性，合法性问题的举证交由被告自己举证，否则，司法与行政就有合伙欺负原告的嫌疑。二是法院不能调取被告作出行政行为时没有收集的证据。被告在作出行政行为时就应当已经收集了完整的证据，要先有证据然后作出行政行为，而不能事后取证。与此相对应的是，被告作出行政行为时没有收集相关证据而该证据又恰好可以证明某一行政行为的合法性，但此时的证据是不能作为行政行为证据的，更不能作为行政诉讼的证据，法院当然不能依职权为行政机关调取这样的证据。这里涉及法院取证的价值取向问题，法院作为诉讼的居中裁判者，赋予其调查取证权，与法律规定的诉讼原、被告双方举证责任分配的意义是不同的。诉讼的原告与被告是诉讼利益的实际追求者，与诉讼的实体利益密切相关。因此，二者在诉讼中提供证据证明其主张的行为是对己有利的行为。但人民法院作为居中裁判者，法律赋予其调查取证权，是为了在案件穷尽证据后，事实真相仍处于真伪不明的情况下，由法院不偏不倚的调取证据，证明案件事实。同时，举证的目的是向作为弱势主体的原告一方进行适当倾斜。

二、人民法院依申请调取证据

《行政诉讼法》第41条还增加了法院依申请调取证据的情形。依申请调取证据的条件为：其一，申请主体仅限于原告或者第三人。其二，与本案有关的证据，当然是否有关，需要法院根据具体案件进行综合判断。其三，申请人不能自行收集的证据，这里也应当包括连同诉讼代理人也无法收集的证据。具体而言，申请法院调取证据的有三种情形：

1. 由国家机关保存而须由人民法院调取的证据

由国家机关保存的,此类证据无论是当事人还是其诉讼代理人都无法调取到。而法院作为国家司法机关,往往有这方面的优势,可以依法调取。如果是国家机关保存但属于对外公开的证据,任何人都可以通过合法途径获取,则不应申请法院调取。

2. 涉及国家秘密、商业秘密和个人隐私的证据

依据《保守国家秘密法》及国务院公布的《保守国家秘密法实施办法》,国家秘密是关系国家安全和利益,依照法定程序确定,在一定时间内只限一定范围的人员知悉的事项,涉及政治、经济、国防、外交、国民经济、科学技术等诸多领域中的秘密事项。根据《反不正当竞争法》,商业秘密是指不为公众所知悉、能为权利人带来经济利益、具有实用性并经权利人采取保密措施的技术信息和经营信息。个人隐私权目前还没有确切的含义解释,一般将之定义为权利主体主观上希望他人不知晓的个人事务。像涉及国家秘密、商业秘密和个人隐私的此类证据,当事人自己去取证,一般很难得到,申请法院调取是理所当然的事情。

3. 确因客观原因不能自行收集的其他证据

这实际上是一个兜底条款,在难以穷尽的情况下作出原则性规定,为司法实践留下空间。

人民法院对当事人调取证据的申请,经审查符合调取证据条件的,应当及时决定调取;不符合调取证据条件的,应当向当事人或者其诉讼代理人送达通知书,说明不准许调取的理由。当事人及其诉讼代理人可以在收到通知书之日起3日内向受理申请的人民法院书面申请复议一次。人民法院应当在收到复议申请之日起5日内作出答复。人民法院根据当事人申请,经调取未能取得相应证据的,应当告知申请人并说明原因。人民法院需要调取的证据在异地的,可以书面委托证据所在地人民法院调取。受委托的人民法院应当在收到委托书后,按照委托要求及时完成调取证据工作,送交委托人民法院。受委托的人民法院不能完成委托内容的,应当告知委托的人民法院并说明原因。

三、证据的保全

证据保全是指在证据有可能灭失或者以后难以获取的情况下,人民法院

应诉讼参加人的要求或主动依职权采取措施对证据予以固定和保护的制度。行政诉讼保全制度对于保证行政诉讼顺利进行有着积极的作用。据此，采取证据保全需要具备以下条件：

第一，必须存在可能灭失或者以后难以取得的情况。并不是所有的证据都需要进行证据保全，大多数证据不需要进行证据保存，只有对那些存在可能灭失或者以后难以取得的证据才进行证据保全。

第二，证据必须对案情有较重要的证明作用。即使有些证据存在可能灭失或者以后难以取得的情况，但也不一定要进行证据保全，只有那些对案情有较重要证明作用的证据才进行证据保全。

《行政诉讼法》第42条规定，在证据可能灭失或者以后难以取得的情况下，诉讼参加人可以向人民法院申请保全证据，人民法院也可以主动采取保全措施。当事人按照法律规定向人民法院申请保全证据的，应当在举证期限届满前以书面形式提出，并说明证据的名称和地点、保全的内容和范围、申请保全的理由等事项。当事人申请保全证据的，人民法院可以要求其提供相应的担保。人民法院可以根据具体情况，采取查封、扣押、拍照、录音、录像、复制、鉴定、勘验、制作询问笔录等保全措施。人民法院保全证据时，可以要求当事人或者其诉讼代理人到场。

第四节 行政诉讼证据的质证与认定规则

一、行政诉讼证据的质证

《行政诉讼法》第43条第1款规定："证据应当在法庭上出示，并由当事人互相质证。对涉及国家秘密、商业秘密和个人隐私的证据，不得在公开开庭时出示。"在行政诉讼中，对证据进行出示与质证是审查认定证据能否被采信以及证明力的必经步骤。所谓质证，是指在法庭审判过程中由当事人及其代理人对双方提供给法庭的证据、有争议和疑问的材料，通过询问、辨认、质疑、说明、解释、辩驳等方式，查明、核实证据能否作为定案根据的活动。[1]是在人民法院的主持下，当事人及其代理人对证据的合法性、真实性、关联

---

[1] 转引自孙彩虹：《证据法学》，中国政法大学出版社2008年版，第125页。

性、有无证明力以及证明力的大小进行辩论的活动。虽然证据可由当事人收集与提交，也可由法院依职权调取，但这些证据往往真假难辨，质证的目的在于查明案件事实真相。只有质证才能达到去伪存真的目的，从而帮助法院查明案件真相，做到以事实为依据，以法律为准绳，作出正确的裁判。为此，行政诉讼法要求所有的证据要当庭出示并经过对方质证；没有当庭出示、没有经过对方质证的，不管多么重要，都不能作为定案的依据。即使对于涉及国家秘密、商业秘密和个人隐私的证据，也要经过质证程序，只不过这样的证据在出示和质证时不对外公开而已。涉及国家秘密的证据，如有些走私的行政案件，证据涉及走私行为发现的线索，可能会暴露举报人等秘密。商业秘密的构成要件之一就是秘密性，即构成商业秘密的技术信息或经营信息能够不被权利人以外的公众知悉，在行政诉讼活动中应当对其加以保护。个人隐私涉及当事人的名誉、信用等，公开其隐私将影响其个人声誉，因此，当证据涉及个人隐私时，也不得在法庭上公开质证。

在质证过程中，对各类证据要求是不一样的：

1. 对书证、物证和视听资料的质证。《证据规定》第40条规定，对书证、物证和视听资料进行质证时，当事人应当出示证据的原件或者原物。但有下列情况之一的除外：（1）出示原件或者原物确有困难并经法庭准许可以出示复制件或者复制品。（2）原件或者原物已不存在，可以出示证明复制件、复制品与原件、原物一致的其他证据。（3）视听资料应当当庭播放或者显示，并由当事人进行质证。

2. 对证人证言的质证。《证据规定》第41~46条对证人出庭作证制度作了详细的规定。凡是知道案件事实的人，都有出庭作证的义务。但有下列情形之一的，经人民法院准许，当事人可以提交书面证言：（1）当事人在行政程序或者庭前证据交换中对证人证言无异议的；（2）证人因年迈体弱或者行动不便无法出庭的；（3）证人因路途遥远、交通不便无法出庭的；（4）证人因自然灾害等不可抗力或者其他意外事件无法出庭的；（5）证人因其他特殊原因确实无法出庭的。不能正确表达意志的人不能作证。根据当事人申请，人民法院可以就证人能否正确表达意志进行审查或者交由有关部门鉴定。必要时，人民法院也可以依职权交由有关部门鉴定。当事人申请证人出庭作证的，应当在举证期限届满前提出，并经人民法院许可。人民法院准许证人出庭作证的，应当在开庭审理前通知证人出庭作证。当事人在庭审过程中要求证人出庭作证的,法庭可以根据审理案件的具体情况,决定是否准许以及是否延期审理。在下列情形中,原告或者第三人可以要求相关行政执法人员作为证人出庭作证:(1)对现场笔录的合法性或者真实性有异议的;(2)对扣押财产的品种或者数量有异议的;(3)对检验的物品取样或者保管有异议的;(4)对行政执法人员的身份的合法性有异议的;(5)需要出庭作证的其他情形。证人出庭作证时,应当出示证明其身份的证件。法庭应当告知其诚实作证的法律义务和作伪证的法律责任。出庭作证的证人不得旁听案件的审理。法庭询问证人时,其他证人不得在场,但组织证人对质的除外。证人应当陈述其亲历的具体事实。证人根据其经历所作的判断、推测或者评论,不能作为定案的依据。

3. 对鉴定意见的质证

《证据规定》第47条规定,当事人要求鉴定人出庭接受询问的,鉴定人应当出庭。鉴定人因正当事由不能出庭的,经法庭准许,可以不出庭,由当事人对其书面鉴定结论进行质证。鉴定人不能出庭的正当事由,参照《证据规定》第41条的规定。对于出庭接受询问的鉴定人,法庭应当核实其身份、与当事人及案件的关系,并告知鉴定人如实说明鉴定情况的法律义务和故意作虚假说明的法律责任。

4. 对专门性问题的质证

《证据规定》第48条规定,对被诉行政行为涉及的专门性问题,当事人可以向法庭申请由专业人员出庭进行说明,法庭也可以通知专业人员出庭说明。必要时,法庭可以组织专业人员进行对质。当事人对出庭的专业人员是否具备相应专业知识、学历、资历等专业资格等有异议的,可以进行询问。由法庭决定其是否可以作为专业人员出庭。专业人员可以对鉴定人进行询问。

5. 对电子数据的质证

鉴于电子数据的特殊性,除了遵循传统的证据质证要求外,还涉及新型收集手段合法性、原件的特殊性要求等,这些尚需要相关司法解释对其作出明确解释。

二、行政诉讼证据的审核认定规则

《行政诉讼法》第43条第2款规定:"人民法院应当按照法定程序,全面、客观地审查核实证据。对未采纳的证据应当在裁判文书中说明理由。"这就要求法院要对当事人质证后的证据是否具备法定的证据资格、证明力的大小等问题进行审核。也就是说，法庭应当对经过庭审质证的证据和无需质证的证据进行逐一审查并对全部证据综合审查，遵循法官职业道德，运用逻辑推理和生活经验，进行全面、客观和公正地分析判断，确定证据材料与案件事实之间的证明关系，排除不具有关联性的证据材料，准确认定案件事实。"客观"审查，包括对证据的来源、证据的真实性、证据与所证明事实的关系等进行审查；"全面"审查是对所有证据及其相关的材料进行逐一审查。"全面"体现了审查的范围，"客观"体现了审查的态度。

（一）对证据的审查的内容

对证据的审查包括对证据的合法性审查和真实性审查两个方面。法庭应当从以下方面审查证据的合法性：（1）证据是否符合法定形式；（2）证据的取得是否符合法律、法规、司法解释等的要求；（3）是否有影响证据效力的其他违法情形。法庭应当从以下方面审查证据的真实性：（1）证据形成的原因；（2）发现证据时的客观环境；（3）证据是否为原件、原物，复制件、复制品与原件、原物是否相符；（4）提供证据的人或者证人与当事人是否具有利害关系；（5）影响证据真实性的其他因素。

（二）不能作为定案依据的证据材料

《行政诉讼法》第43条第3款规定，以非法手段取得的证据，不得作为认定案件事实的根据。主要是对以非法手段获取的证据进行排除，但行政诉讼法没有使用排除一词，而是使用了"不得作为认定案件事实的根据"，更符合司法裁判的表述风格。当然，行政诉讼法没有对非法证据进行列举，需要在今后的司法解释中予以明确。一般而言，非法证据有狭义与广义之分。狭义的非法证据是指通过非法的途径和手段获得的证据；广义的非法证据是指不符合法定来源和形式的或者违反诉讼程序取得的证据资料。也可以将行政诉讼中的"非法证据"理解为五种表现形态：不合法主体收集或提供的证据；取证程序不合法的证据；形式不合法的证据；通过非法权能取得的证据；其他违反行政诉讼规定的证据（如未经质证的证据，行政机关在二审中提供的证据等）。[1]也可以将之归纳为：严重违反法定程序取得的证据；以秘密调查

---

[1] 高丹："行政诉讼证据制度若干问题研究"，吉林大学2012年硕士学位论文，第20页。

手段取得的证据；以非法权能取得的证据；"钓鱼执法"取得的证据；"毒树之果"证据（以非法手段取得的证据为线索间接获得的证据）。[1]非法证据排除规则适用于所有行政诉讼当事人，包括原告、第三人等，并不仅限被告。

司法实践中，不能作为认定案件事实根据的证据有：（1）严重违反法定程序收集的证据材料；（2）以偷拍、偷录、窃听等手段获取的，侵害他人合法权益的证据材料；（3）以利诱、欺诈、胁迫、暴力等不正当手段获取的证据材料；（4）当事人无正当事由超出举证期限提供的证据材料；（5）在中华人民共和国领域以外或者在中华人民共和国香港特别行政区、澳门特别行政区和台湾地区形成的未办理法定证明手续的证据材料；（6）当事人无正当理由拒不提供原件、原物，又无其他证据印证，且对方当事人不予认可的证据的复制件或者复制品；（7）被当事人或者他人进行技术处理而无法辨明真伪的证据材料；（8）不能正确表达意志的证人提供的证言；（9）不具备合法性和真实性的其他证据材料。此外，被告在行政程序中依照法定程序要求原告提供证据，原告依法应当提供而拒不提供，在诉讼程序中提供的证据，人民法院一般不予采纳。

不能作为认定被诉行政行为合法依据的证据：（1）被告及其诉讼代理人在作出行政行为后或者在诉讼程序中自行收集的证据；（2）被告在行政程序中非法剥夺公民、法人或者其他组织依法享有的陈述、申辩或者听证权利所采用的证据；（3）原告或者第三人在诉讼程序中提供的、被告在行政程序中未作为行政行为依据的证据。

复议机关在复议程序中收集和补充的证据，或者作出原行政行为的行政机关在复议程序中未向复议机关提交的证据，不能作为人民法院认定原行政行为合法的依据。

对被告在行政程序中采纳的鉴定意见，原告或者第三人提出证据证明有下列情形之一的，人民法院不予采纳：（1）鉴定人不具备鉴定资格；（2）鉴定程序严重违法；（3）鉴定意见错误、不明确或者内容不完整。

（三）同一事实有数个证据的证明效力认定方法

如果证明同一事实有数个证据的，其证明效力一般可以按照下列情形分别认定：（1）国家机关以及其他职能部门依职权制作的公文文书优于其他书

---

[1] 刘淑婷："论行政诉讼非法证据排除规则"，吉林大学2014年硕士学位论文，第13~20页。

证；（2）鉴定意见、现场笔录、勘验笔录、档案材料以及经过公证或者登记的书证优于其他书证、视听资料和证人证言；（3）原件、原物优于复制件、复制品；（4）法定鉴定部门的鉴定意见优于其他鉴定部门的鉴定意见；（5）法庭主持勘验所制作的勘验笔录优于其他部门主持勘验所制作的勘验笔录；（6）原始证据优于传来证据；（7）其他证人证言优于与当事人有亲属关系或者其他密切关系的证人提供的对该当事人有利的证言；（8）出庭作证的证人证言优于未出庭作证的证人证言；（9）数个种类不同、内容一致的证据优于一个孤立的证据。此外，以有形载体固定或者显示的电子数据交换、电子邮件以及其他数据资料，其制作情况和真实性经对方当事人确认，或者以公证等其他有效方式予以证明的，与原件具有同等的证明效力。

（四）经法院认定后可以采信的证据情形

在以下这些情形中的证据，经法院认定后可以采信：（1）在庭审中一方当事人或者其代理人在代理权限范围内对另一方当事人陈述的案件事实明确表示认可的，人民法院可以对该事实予以认定。但有相反证据足以推翻的除外；（2）在行政赔偿诉讼中，人民法院主持调解时当事人为达成调解协议而对案件事实的认可，不得在其后的诉讼中作为对其不利的证据；（3）在不受外力影响的情况下，一方当事人提供的证据，对方当事人明确表示认可的，可以认定该证据的证明效力；对方当事人予以否认，但不能提供充分的证据进行反驳的，可以综合全案情况审查认定该证据的证明效力；（4）众所周知的事实、自然规律及定理、按照法律规定推定的事实、已经依法证明的事实和根据日常生活经验法则推定的事实，法庭可以直接认定；（5）原告确有证据证明被告持有的证据对原告有利，被告无正当事由拒不提供的，可以推定原告的主张成立；（6）生效的人民法院裁判文书或者仲裁机构裁决文书确认的事实，可以作为定案依据。但是如果发现裁判文书或者裁决文书认定的事实有重大问题的，应当中止诉讼，通过法定程序予以纠正后恢复诉讼。

经过法庭审核，下列证据不能单独作为定案的依据：（1）未成年人所作的与其年龄和智力状况不相适应的证言；（2）与一方当事人有亲属关系或者其他密切关系的证人所作的对该当事人有利的证言，或者与一方当事人有不利关系的证人所作的对该当事人不利的证言；（3）应当出庭作证而无正当理由不出庭作证的证人证言；（4）难以识别是否经过修改的视听资料；（5）无法与原件、原物核对的复制件或者复制品；（6）经一方当事人或者他人改动，对方当事人不予认可的证据材料；（7）其他不能单独作为定案依据的证据材料。

庭审中经过质证的证据，能够当庭认定的，应当当庭认定；不能当庭认定的，应当在合议庭合议时认定。人民法院应当在裁判文书中阐明证据是否采纳的理由。法庭发现当庭认定的证据有误，可以按照下列方式纠正：（1）庭审结束前发现错误的，应当重新进行认定；（2）庭审结束后宣判前发现错误的，在裁判文书中予以更正并说明理由，也可以再次开庭予以认定；（3）有新的证据材料可能推翻已认定的证据的，应当再次开庭予以认定。

（五）新修订的行政诉讼法中关于质证与认定规定的进步

新修订的《行政诉讼法》相较于旧法，增加了关于质证与认定的规定，是一大进步。从关于质证与认定的规定之具体内容来看，有以下几个可圈可点之处：

第一，明确规定对涉及国家秘密、商业秘密和个人隐私的证据，不得在公开开庭时出示。无论是涉及国家秘密的证据，还是涉及商业秘密和个人隐私的证据，都是不能为外界所知悉的，在出示过程中都将会对国家或相关的自然人、法人或者其他社会组织的利益造成侵害。由此，涉及国家秘密、商业秘密和个人隐私的证据，不得在公开开庭时出示，能有效防止其他人不当获得国家秘密、商业秘密和他人隐私。

第二，明确规定对未采纳的证据应当在裁判文书中说明理由。证据能否被法院采纳，表面上看是法院的事情，但事实上同当事人有着密切关系，因为证据是否被法院采纳意味着当事人能否胜诉。因此，在事实查明部分，法官要着重对事实和证据进行充分的论证，对证据的真伪、采信与否进行逐一的分析说明。以往法律规定没有要求说明对不予采纳证据的理由，因此原告认为对自己有利的证据却没有被采纳，从而不服上诉的事件频繁发生。而新修订的《行政诉讼法》对法院没有采纳的证据提出了要求，就是要在裁判书中"说明理由"，主要是说明没有采纳该证据的理由，以让当事人信服。

第三，明确规定以非法手段取得的证据不得作为认定案件事实的根据。证据作用在于证明某一主张成立或不成立，以及帮助法院查明案件的真相。正是由于证据如此重要，当事人很有可能为了胜诉的目的而以非法手段去获取证据。为此，世界各国都规定了证据必须以合法的手段取得，并明确规定以非法手段取得的证据，不得作为认定案件事实的根据。对非法证据排除的规定，对于我国行政诉讼制度的进步有着极大意义。

第六章 行政诉讼程序

行政诉讼程序是指人民法院审理行政诉讼案件所遵守的步骤、方式和期限的总和,由第一审程序、第二审程序和审判监督程序构成。行政诉讼程序以行政审判活动为内容,与行政审判活动相联系,是为审理行政争议案件而设立的诉讼程序,目的是为了保证审理结果的公正、合理、正确。

这里要注意行政诉讼程序与行政程序的区别,行政程序是指行政主体实施行政行为时所遵守的方式、步骤、空间、时限,反映的是行政权的运行过程。行政程序与行政诉讼程序是两种不同性质的程序,在内容、目的、适用对象、表现形式、违反相应程序的后果等方面都不同;而且行政程序比行政诉讼程序更简便易行,行政程序可能在行政诉讼程序中成为被审查的对象和内容。

第一节 第一审程序

第一审程序是指人民法院从受理行政案件到作出第一审裁判的诉讼程序。与其他程序相比,第一审程序是人民法院解决行政案件的必经程序,也是行政诉讼程序中内容最丰富、体系最完整的审理程序,二审以及再审程序都是在此基础上进行设计的。主要由起诉、立案、审理和裁判四个环节组成。

一、行政诉讼的起诉

起诉是诉讼活动的起点,因为司法活动采取的是不告不理原则,如果没有原告起诉,法院就不能主动立案。但是起诉是原告的单方行为,要引起法院对所起诉案件的立案必须符合一定条件。只有经法院审查与立案后,才能启动相应的诉讼程序。由此,起诉与立案是诉讼的初始阶段。

所谓行政诉讼的起诉是指公民、法人或其他组织认为行政主体作出的行政行为侵犯其合法权益的,向有管辖权的人民法院提起行政诉讼,要求人民法院对该行政行为的合法性进行审查的活动。

(一)起诉的一般条件

所谓一般条件指无论提起何种诉讼、提出何种诉讼请求,都应当具备的条件。根据《行政诉讼法》第49条的规定,提起行政诉讼必须具备以下条件:

1. 原告适格。所谓原告适格是指提起行政诉讼之人必须符合原告资格,即必须是《行政诉讼法》第25条规定的公民、法人和其他社会组织。该条规定:"行政行为的相对人以及其他与行政行为有利害关系的公民、法人或者其他组织,有权提起诉讼。有权提起诉讼的公民死亡,其近亲属可以提起诉讼。有权提起诉讼的法人或者其他组织终止,承受其权利的法人或者其他组织可以提起诉讼。"由此可见,有下列情形之一的,具备了原告的资格:一是行政行为的相对人;二是利害关系人;三是具有原告资格的公民死亡后其近亲属;四是具有原告资格的法人或者其他组织终止后承受其权利义务的法人或其他组织。

2. 有明确的被告。被告是法律责任的承担者,是行政诉讼不可或缺的主体。明确的被告指的是公民、法人或者其他社会组织起诉需要明确指出实施行政行为的行政机关、授权组织的名称。如果没有明确的被告,就会出现无人应诉的情况,法院也无法通过行使审判权对合法权益给予保护和救济,公民、法人和其他社会组织的起诉也就变得毫无意义。

3. 有具体的诉讼请求和事实根据。所谓诉讼请求指的是原告向人民法院提出的,并且希望获得人民法院保护和救济的实体性权利的主张。如果原告没有提出明确的诉讼请求,人民将无法进行审理。所谓"有具体的诉讼请求",《2015年若干解释》第2条专门作了规定,包括九种情形,即"请求判决撤销或者变更行政行为""请求判决行政机关履行法定职责或者给付义务""请求判决确认行政行为违法""请求判决确认行政行为无效""请求判决行政机关予以赔偿或者补偿""请求解决行政协议争议""请求一并审查规章以下规范性文件""请求一并解决相关民事争议""其他诉讼请求"等。同时还规定，如果"当事人未能正确表达诉讼请求的，人民法院应当予以释明"。

4. 属于人民法院受案范围和受诉人民法院管辖。属于人民法院受案范围指的是原告请求人民法院通过行使审判权给予保护与救济权益的范围，是人民法院审判权的作用领域。受案范围决定了公民、法人和其他社会组织的诉权行使范围。属于受诉人民法院管辖指的是原告起诉的行政案件依法属于接受起诉状的人民法院管辖。根据行政诉讼法的规定，只有有管辖权的人民法院才能接受原告的起诉状，启动相应的行政诉讼程序。

（二）起诉的时间条件

起诉的时间条件，即起诉期限，是指不服行政行为的当事人可以向法院提起行政诉讼的法定期限，超过法定期限相对人将丧失行政诉权。通过起诉期限的规定，可以促使相对人及时行使行政诉权，及时解决行政争议。由于行政行为的复杂性，行政诉讼起诉期限也较为复杂。行政诉讼法起诉期限包括以下内容：

1. 直接起诉的期限。《行政诉讼法》第46条第1款规定："公民、法人或者其他组织直接向人民法院提起诉讼的，应当自知道或者应当知道作出行政行为之日起六个月内提出。法律另有规定的除外。"值得注意的是，直接起诉期限的起点由原来的"知道"增加了"或应当知道"，使得表述更为完善。"知道"或"应当知道"的时间可能与行政行为作出的时间相同，也有可能推后，而且推后的可能性更大。所谓"知道"，通常是指行政机关以书面或口头形式明确告知相对人，或相对人已经在送达的文书上签字；所谓"应当知道"是一种法律推定，是按照普通人通常的认知能力可以推断的一种状态，对此，法官拥有一定的裁量权。"知道或者应当知道"不仅是一个主观判断的问题，更是一个证据问题。在实务中，应考虑让被告承担举证责任，举出相关的证据来证明对方知道或应当知道，如果证据不足以让法官认为对方有知道的可能性，那就可能承担因此带来的败诉风险。

与旧法的3个月相比，行政诉讼直接起诉的期限延长了，以往是3个月，现在是6个月。这个延长是好事还是坏事呢？应当说各有利弊，有利的方面是可以给当事人较为充分的时间来行使诉权，防止因时间过短而错过了时机。正如王敬波教授所言："修改后的行政诉讼法延长了公民、法人和其他组织作为原告的起诉期限，由现行的行政诉讼法当中的三个月延长到了六个月，并且对一些特殊情况，都做了比较明确的规定。这样就可以给原告更多的时间来提起诉讼。"[1]弊端是可能会造成当事人怠于行使权利，并使行政争议长久地搁置，使违法的行政行为持续过久，特别是"在实质法治主义和形式法治主义没有实现充分对话的情况下，过长的起诉期间貌似有助于被侵害利益的救济，却往往难免陷入无法通过事后救济来弥补的尴尬局面，具有严重损害行政信赖保护原则的危险。这是因为，随着时间的流逝，新形成的法关系下又有新的法益需要保护，会给旧有的争议解决增加难度"。[2]因此，如何科学设置诉讼期限，仍是一个有待研究和论证的问题。必须考虑充分兼顾起诉者的权利救济与行政法律关系尽快稳定这两种法益间的平衡，而不是越长越好。

2. 特殊案件的起诉期限。由于行政活动以及行政诉讼比较复杂，如果严格按照上述规定计算诉讼时效会给当事人带来不公平的结果。为了克服这一缺陷，行政诉讼法对特殊案件的起诉期限作了相应的规定。根据《行政诉讼法》第46条第2款的规定，对不动产[3]的起诉期限最长不超过20年，对其他案件最长不超过5年，起算时间都是从行政行为作出之日起计算。这个起算应当是以当事人不知道或不应当知道为前提的，即行政机关没有告知相对人起诉期限或诉权，没有证据证明当事人知道或应当知道的情形。

3. 对行政机关不作为行为的起诉期限。《行政诉讼法》第47条将对行政不作为的起诉期限分两种情况：一般情况与紧急情况。

一般情况下是2个月，是指行政机关具有法定的保护相对人人身权、财产权的职责而行政机关在相对人申请后不履行的，起诉的起算点是从"行政机关在接到申请之日起两个月内"，即2个月后的第二天就可以起诉，但最长不得超过6个月。因为根据《2015年若干解释》第4条规定："对行政机关不履行法定职责提起诉讼的，应当在行政机关履行法定职责期限届满之日起六个月内提出。""不履行"包括拒绝履行、不予答复等。

"紧急情况"下，公民的人身权、财产权随时可能受到危害，需要有关行政机关立刻提供保护。如果行政机关不作为，当事人可以直接起诉，不受期限的限制，这是符合现实情况的。比如，公民遭受歹徒对其人身、财产袭击

---

[1] 详见"新行政诉讼法八大看点"，载http://news.sina.com.cn/o/2014-11-02/053931081630.shtml。

[2] 杨建顺："应科学设定行政诉讼起诉期间"，载《检察日报》2014年9月3日。

[3] 按照国务院颁布的《不动产登记暂行条例》规定，不动产，是指土地、海域以及房屋、林木等定着物。

而请求公安机关对其进行保护，公安机关不履行保护职责的，就属于此种情况。不过，此条虽有意保护原告在紧急情况下的合法权益，但如果法院的相关审理程序跟不上，也难以起到较好效果。

4. 经过行政复议案件的起诉期限。对于经过行政复议的案件，在收到复议决定书或复议机关不作为时的复议期限届满之日起的15日内提起诉讼。值得注意的是，旧法第38条第1款即"公民、法人或者其他组织向行政机关申请复议的，复议机关应当在收到申请书之日起两个月内作出决定"的关于复议期限的文字在修订后的行政诉讼法中被删除了。可能由于这是行政复议法中应该作出的规定，[1]行政诉讼法不应该越权或重复规定。

5. 起诉期限中止与延长的情形。起诉期限的中止。中止是因特殊原因而暂时停止期限的计算，待特殊原因结束后继续计算。旧法只规定了诉讼期限延长的情形，而没有规定中止的情形。建立行政诉讼中止制度，能够更好地使行政相对人的诉权得到保护。对此，行政诉讼法对中止制度进行了完善。《行政诉讼法》第48条规定，公民、法人或者其他组织因不可抗力或者其他不属于自身的原因耽误起诉期限的，被耽误的时间不计算在起诉期限内。由此可见，行政诉讼法规定的中止期限有两种情形：第一种情形是有不可抗力，对不可抗力相关法律已经作了解释。第二种情形是其他不属于当事人自身的原因。对此，有学者认为，一般是指当事人身患重症无法行动；有学者认为是指诉讼文书的送达超时等。为此，需要通过司法解释作出明确列举。凡是属于中止情形的，被耽误的时间不计算在诉讼期限内，待障碍消除后继续计算。

起诉期限的延长。《行政诉讼法》第48条第2款规定，公民、法人或者其他组织因前款规定以外的其他特殊情况耽误起诉期限的，在障碍消除后10日内，可以申请延长期限，是否准许由人民法院决定。由此可以看出，要延长起诉期限，必须符合三个条件：一是起算期限耽误的原因是"不可抗力或者其他不属于其自身的原因"以外的其他特殊情况；二是申请延长期限必须在障碍消除后10日内作出；三是期限的延长应由人民法院决定。期限中止与

---

[1] 实际上，《行政复议法》的规定更为详细。该法第31条规定："行政复议机关应当自受理申请之日起六十日内作出行政复议决定；但是法律规定的行政复议期限少于六十日的除外。情况复杂，不能在规定期限内作出行政复议决定的，经行政复议机关的负责人批准，可以适当延长，并告知申请人和被申请人；但是延长期限最多不超过三十日。"

延长有着较大区别：前者发生在期限内，将特殊情况下的时间扣除，是法定的，无需法院批准；后者是期限届满后的增加，是否准许，由法院决定。起诉期限延长的事由是"前款规定以外的其他特殊情况耽误的期限"，这个特殊情况到底是什么？有人将行政机关的拖延作为情形之一，还有人将原告自身的某些原因也包括在内。对此，迫切需要作出有权威的解释。因这种情况耽误起诉期限的，在障碍消除后的10日内，当事人可以申请延长期限，是否准许由人民法院决定。这里需要当事人向法院提出申请延期的请求且提供证据来证明，当事人不申请延长的，法院不能依职权主动延长。同时，当事人申请后，法院需要审查，并具有自由裁量权。

（三）起诉方式

1. 书面方式

《行政诉讼法》第50条第1款规定，起诉应当向人民法院递交起诉状，并按照被告人数提出副本。书面起诉就是向法院递交起诉状。行政诉讼起诉状即公民、法人或者其他组织不服行政机关的行政行为而向人民法院提起诉讼的书面请求。起诉状可以清楚地表述原告的诉讼请求、详细叙述具体案情，有利于法院清晰地了解行政纠纷的详情。因此，递交起诉状是行政诉讼起诉的主要方式。在递交起诉状时，还要根据被告的人数递交与原件内容相同的副本。

2. 特殊情况下的口头方式

《行政诉讼法》第50条第2款规定，书写起诉状确有困难的，可以口头起诉，由人民法院记入笔录，出具注明日期的书面凭证，并告知对方当事人。在起诉方式上，除了按照传统的向法院递交诉状外，把口头起诉作为一种特殊的起诉形式在法律中明确规定，是个很大进步。尤其是在民告官的行政诉讼中，这在很大程度上方便当事人行使诉权。实际上，民事诉讼法中早就有公民可以口头起诉的规定。例如《民事诉讼法》第120条规定："起诉应当向人民法院递交起诉状，并按照被告人数提出副本。书写起诉状确有困难的，可以口头起诉，由人民法院记入笔录，并告知对方当事人。"但旧行政诉讼法对起诉只有起诉状的规定，实际排除了口头起诉的可能。实践中，原告向人民法院提起行政诉讼，往往只能以提交起诉状的书面方式，不得以口头形式起诉。目前，在我国的一些偏僻地区，尚有不少文化程度较低的当事人，自己不会书写起诉状，这在很大程度上影响了他们对行政诉权的行使，影响了对自己合法权益的保护。行政诉讼法从更为便民、更人性化的角度规定了特殊情况下的口头诉讼,作为书面起诉的补充形式,方便了当事人行使诉权。按照行政诉讼法的规定,对于书写起诉状有困难的当事人,可以口头起诉,由法院记入笔录,同时要出具注明日期的书面凭证。当案件受理之后,法院要将口头起诉的记录内容要点告知被告,告知被告的方式既可以是书面的也可以是口头的。

不过这一条在实践中可能遭遇到的问题是,书写起诉状"确有困难"情形的判断方式,是仅仅限于其文化程度还是其法律专业程度。会不会出现法院要求当事人去花钱找律师代写的现象?对此,需要实践中作出明确规定。

(四)行政诉讼与行政复议的衔接关系

行政诉讼与行政复议都是行政争议解决方式和权利救济方式。为了节约资源,在同一时间当事人最好只选择一种救济途径。如果当事人将行政争议提交到法院的同时,又向行政复议机关申请复议,这就需要做好行政诉讼与行政复议的衔接工作。根据行政诉讼法和行政复议法等法律规范的规定,行政诉讼与行政复议的衔接方式体现在以下方面:

1. 由当事人自由选择

《行政诉讼法》第44条第1款规定:"对属于人民法院受案范围的行政案件,公民、法人或者其他组织可以先向行政机关申请复议,对复议决定不服的,再向人民法院提起诉讼;也可以直接向人民法院提起诉讼。"也就是说,除了法律明文规定的特殊情况外,行政复议并不是行政诉讼的必经阶段。当事人对行政机关作出的行政行为不服的,既可以先向复议机关申请复议,也可以直接向人民法院提起诉讼,由当事人自主选择。当然,一旦当事人作出了选择,而且复议机关或人民法院已经受理的,当事人就不能再改变。例如,当事人已经选择了行政复议,在复议期间就不得另行提起行政诉讼;如选择了行政诉讼,根据司法最终原则,当事人也不可能再回到行政复议程序,此所谓"单项选择"。

2. 行政复议是行政诉讼的前置程序

《行政诉讼法》第44条第2款规定:"法律、法规规定应当先向行政机关申请复议,对复议不服再向人民法院提起诉讼的,依照法律、法规的规定。"行政复议是行政诉讼的前置程序必须由法律明确规定,例如《行政复议法》第30条第1款规定:"公民、法人或者其他组织认为行政机关的具体行政行为侵犯其已经依法取得的土地、矿藏、水流、森林、山岭、草原、荒地、滩涂、海域等自然资源的所有权或者使用权的，应当先申请行政复议；对行政复议决定不服的，可以依法向人民法院提起行政诉讼。"

3. 行政复议为终局裁决的不得提起行政诉讼

根据《行政诉讼法》第13条规定，人民法院不受理公民、法人或其他组织对法律规定由行政机关最终裁决的行政行为。当事人即使不服行政复议机关的裁决，也不得提起行政诉讼。根据相关法律的规定，此类情况有如下几种情形：一是国务院的裁决。例如，《行政复议法》第14条规定，对国务院部门或者省、自治区、直辖市人民政府的行政行为不服的，向作出该行政行为的国务院部门或者省、自治区、直辖市人民政府申请行政复议。对行政复议决定不服的，可以向人民法院提起行政诉讼；也可以向国务院申请裁决，国务院依照本法的规定作出最终裁决。二是省级政府对某些自然资源所有权或者使用权的行政复议决定。例如，《行政复议法》第30条第2款规定："根据国务院或者省、自治区、直辖市人民政府对行政区划的勘定、调整或者征用土地的决定，省、自治区、直辖市人民政府确认土地、矿藏、水流、森林、山岭、草原、荒地、滩涂、海域等自然资源的所有权或者使用权的行政复议决定为最终裁决。"三是某些由公安机关作出的裁决。例如，根据《公民出境入境管理法》第15条的规定，受公安机关拘留处罚的公民对处罚不服的，可以向上一级公安机关申请复议，由上一级公安机关作出最终裁决，也可以直接向人民法院提起行政诉讼。根据《外国人入境出境管理法》第29条第2款的规定，受公安机关罚款或者拘留处罚的外国人，对处罚不服的，可以向上一级公安机关申请复议，由上一级公安机关作出最终裁决，也可以直接向人民法院提起行政诉讼。

二、行政诉讼的立案

行政诉讼有立案难、审理难和执行难的"三难"问题，首要之难是起诉难，"起诉难显然不只是一方行为的结果状态，它更多的是当事人和法院之间相互作用发生的结果状态。起诉作为一种当事人向法院递交起诉状的单方行为，如果没有法院的相应反应和作用是不会发生所谓难易问题的"。[1]为解决

---

[1] 张卫平："起诉难：一个中国问题的思索"，载《法学研究》2009年第6期。

现实中"起诉难"问题，《行政诉讼法》第 51 条对立案方式进行了改革。

1. 实行登记立案制度

《行政诉讼法》第 51 条第 1 款规定，人民法院在接到起诉状时对符合本法规定的起诉条件的，应当登记立案。在行政诉讼领域，如何破解立案难问题一直是理论界与实务界关注的问题。中国共产党十八届四中全会通过的《关于全面推进依法治国若干重大问题的决定》明确提出，要"改革法院案件受理制度，变立案审查制为立案登记制，对人民法院依法应该受理的案件，做到有案必立、有诉必理，保障当事人诉权"，明确提出了登记立案制。所谓登记立案是与现行的"审查立案"相对而言的。审查立案是指法院在立案时对起诉者的起诉条件不仅要进行形式审查，也要进行实体审查，审查原告是否适格，包括：是否具备诉讼权利能力与行为能力、是否具有诉的利益、诉的利益是否具有合法性。[1] 这种审查的结果，"最主要的问题是实体审理的前移问题"，[2] 未审先判，使立案阶段几乎变成了一审。在这种审查制下，法院常以各种借口，拒绝受理由公民、法人或其他组织提出的行政诉讼。而实际上是法院出于自身利害或因外界干预尤其是党政干预的考虑而拒绝受理，将不少案件在立案阶段就拒之于门外。"立案登记制"则取消所有实质性或实体性的审查，使所有符合法定条件的起诉都可以立即获得法院的正式接受，排除任何实质性或实体性条件，且简化了程序。在起诉这个环节上，法院审查的是起诉材料"是否有"的问题，而不是"是否正确"问题。当这些基本形式要件符合后，就应当给予登记并立案。至于诉讼请求是否合理、证据是否充分、是否需要追究被告法律责任等，则留待立案后再进行审查。即首先将案件纳入司法程序之中，给当事人一个充分说理的地方，从而降低当事人行政诉讼的门槛，很容易就启动行政诉讼程序，将更多的行政争议纳入行政诉讼程序。

2. 要求法院在接到起诉状时要"接收起诉状"，并"出具注明收到日期的书面凭证"

《行政诉讼法》第 51 条第 2 款规定："对当场不能判定是否符合本法规定的起诉条件的，应当接收起诉状，出具注明收到日期的书面凭证，并在七日

---

[1] 李中和：《人民法院立案审判工作理论与实务》，人民法院出版社 2006 年版，第 78 页。
[2] 张卫平：《司法改革：分析与展开》，法律出版社 2003 年版，第 222 页。

内决定是否立案。不符合起诉条件的，作出不予立案的裁定。裁定书应当载明不予立案的理由。原告对裁定不服的，可以提起上诉。"

这个"出具"行为是法院的主动行为，不是应要求而出具的行为，法院不得以当事人没有要求出具为借口而不出具书面凭证。就是说，法院如果不予当场接受、如果不出具书面凭证或书面凭证上没有注明日期或注明日期不正确的，都是违法行为，都要依法承担相应的法律责任。这种硬性规定，更多的是为当事人寻求下一步救济提供证据，解决了投诉无门的现实窘境，力图从制度上解决相对人起诉难的问题。如果当场能判断符合起诉条件，法院应当场立案；对当场不能判定是否符合起诉条件的，要在7日内决定是否立案；对于不予立案的裁定，要求法院在裁定书中载明不予立案的理由，这样解决了法院不受理时的"莫须有"式的做法。这种说理的要求，将贯穿法院审理行政案件的始终。值得注意的是，行政诉讼法还明确了法院作出立案与否的起算点，即法院"接到起诉状或者口头起诉之日起"的7日内，体现了立法的严谨性。

3. 对于起诉状存在"内容欠缺"或者"有其他错误"的，法院有义务进行"指导和释明"，并一次性告知补正

《行政诉讼法》第51条第3款规定，起诉状内容欠缺或者有其他错误的，应当给予指导和释明，并一次性告知当事人需要补正的内容。不得未经指导和释明即以起诉不符合条件为由不接收起诉状。"释明"是大陆法系的概念，后来，在我国民事审判中，引入了"释明"制度，"释明"方式有：说明、告知、询问。行政诉讼法将该制度也引入了行政诉讼之中，这是一个进步。"指导和释明"是指"在当事人的主张不正确、有矛盾，或者不清楚、不充分，或者当事人误以为自己提出的证据已经足够时，法官依据职权向当事人提出关于事实及法律上的质问或指示，让当事人把不正确和有矛盾的主张予以排除，把不清楚的主张予以澄清，把不充足的证据予以补充的权能"。[1]通过"指导和释明"和一次性告知机制的建立，确保符合起诉条件的行政案件能够进入诉讼程序。对于经过"指导和释明"后仍存在"内容欠缺"或者"有其他错误"的如何处理的问题，《2015年若干解释》作出规定，即"当事人拒绝补正或者经补正仍不符合起诉条件的，裁定不予立案，并载明不予立

---

〔1〕 杨钧、秦嬿："论释明制度"，载《法学》2003年第9期。

案的理由"。

4. 规定了相应的法律责任

《行政诉讼法》第51条第4款规定，对于不接收起诉状、接收起诉状后不出具书面凭证，以及不一次性告知当事人需要补正的起诉状内容的，当事人可以向上级人民法院投诉，上级人民法院应当责令改正，并对直接负责的主管人员和其他直接责任人员依法给予处分。行政诉讼法的这次修改力度之大不仅体现在法院要登记、要出具书面凭证以及一次性告知起诉状的内容缺陷和其他错误之处，更体现在不做上述行为时的法律责任的规定上。当事人可以向上级法院投诉，上级法院在责令其改正之后，仍要对"对直接负责的主管人员和其他直接责任人员依法给予处分"，并不因改正了就不处分。这里规定的是"上级法院"而非"上一级法院"，意味着当事人可以越级投诉，体现了对上述行为的监督。对法院工作人员工作不力进行处分的主要依据是2009年最高人民法院颁布的《人民法院工作人员处分条例》（法发〔2009〕61号），该条例明确列举了法院工作人员因违反法律、法规或该条例规定，应受到的处分的种类、受处分的期间。即处分的种类为：警告、记过、记大过、降级、撤职、开除。受处分的期间为：警告，6个月；记过，12个月；记大过，18个月；降级、撤职，24个月。

三、行政诉讼的审理

行政诉讼法对审理前的准备、开庭审理、撤诉、诉讼的中止和终结以及审理依据做了规定。

（一）审理前的准备

1. 送达起诉状

《行政诉讼法》第67条规定，人民法院应当在立案之日起5日内，将起诉状副本发送被告。被告应当在收到起诉状副本之日起15日内向人民法院提交作出行政行为的证据和所依据的规范性文件，并提出答辩状。人民法院应当在收到答辩状之日起5日内，将答辩状副本发送原告。被告不提出答辩状的，不影响人民法院审理。被告应当在收到起诉状副本之日起10日内向人民法院提交作出行政行为的有关材料，并提出答辩状。人民法院应当在收到答辩状之日起5日内，将答辩状副本发送原告。被告不提出答辩状的，不影响人民法院审理。一般说来，在审理期间不停止行政行为的执行，但有下列情形的停止行政行为的执行：（1）被告认为需要停止执行的；（2）原告申请停止执行，人民法院认为该行政行为的执行会造成难以弥补的损失，并且停止执行不损害社会公共利益，裁定停止执行的；（3）人民法院认为该行政行为的执行会给国家利益、社会公共利益造成重大损害的；（4）法律、法规规定停止执行的。当事人对停止执行或者不停止执行的裁定不服的，可以申请复议一次。

2. 财产保全

对于因一方当事人的行为或者其他原因，可能使行政行为或者人民法院生效裁判不能或者难以执行的案件，人民法院可以根据对方当事人的申请作出财产保全的裁定；当事人没有提出申请的，人民法院在必要时也可以依法采取财产保全措施。行政诉讼法中没有专门的财产保全的条款，只是在第101条中指出可适用《民事诉讼法》的规定，而民事诉讼法关于财产保全的规定能适用于行政诉讼的主要是《民事诉讼法》第100条，即法院对于可能因当事人一方的行为或者其他原因，使判决难以执行或者造成当事人其他损害的案件，根据对方当事人的申请，可以裁定对其财产进行保全、责令其作出一定行为或者禁止其作出一定行为；当事人没有提出申请的，人民法院在必要时也可以裁定采取保全措施。人民法院采取保全措施，可以责令申请人提供担保，申请人不提供担保的，裁定驳回申请。人民法院接受申请后，对情况紧急的，必须在48小时内作出裁定；裁定采取保全措施的，应当立即开始执行。

3. 先予执行

先予执行，是指在受理案件后终审判决作出前，为了权利人生活或生产经营的急需，法院裁定义务人预先履行义务的制度。先予执行是一种应急措施，相对于裁判生效后的强制执行而言，目的是解决权利人的燃眉之急。[1]《行政诉讼法》第57条规定，人民法院对起诉行政机关没有依法支付抚恤金、最低生活保障金和工伤、医疗社会保险金的案件，权利义务关系明确、不先予执行将严重影响原告生活的，可以根据原告的申请，裁定先予执行。当事人对先予执行裁定不服的，可以申请复议一次。复议期间不停止裁定的执行。对此，可从以下几方面理解：

---

[1] 张晓茹：《民事诉讼法教程》，对外经济贸易大学出版社2007年版，第182页。

首先，先予执行有特定的对象。行政诉讼的先予执行适用对象是抚恤金、最低生活保障金和支付工伤、医疗社会保险金等发放争议的案件，具有行政给付性质。值得注意的是，在《行政诉讼法》第 12 条肯定的受案范围第（十）项中也提到类似的内容，该项中除了抚恤金外，其他使用的是"最低生活保障待遇或者社会保险待遇"。使用"待遇"一词，显然不只包括金钱，还包括金钱之外的其他待遇。而能够先予执行的，只能是具有金钱给付性质的内容。

其次，先予执行必须符合一定条件。先予执行的前提条件，一是权利义务关系明确，即在立案后基本可以判断出结果，原告方必然胜诉。若权利义务关系存在严重争议，则不能采取先予执行。二是先予执行情况的紧急性，即不先予执行将严重影响原告生活，使原告的生活几乎无法维持下去，到了一种非常紧急的程度，体现了对原告合法权益保护的及时性。因此，法院在先予执行时，也只能以解决原告生活的迫切需要为准，而不能超出这个范围，否则，就形成先执行后审判的司法悖论。

最后，先予执行是依申请而作出的。原告必须向法院提出申请，法院只有在提出申请的情况下，才能裁定先予执行，而不能依职权裁定先予执行。而且，只有原告才有提起的权利，其他利害关系人则无此权利。

此外，对先予执行裁定不服的救济。当事人对先予执行裁定不服的，可以申请复议一次，但复议期间不停止裁定的执行。由于不是上诉，因此，只能向作出裁定的法院申请复议，而不是向上级法院提出申请。

（二）开庭审理

一般来说，人民法院要公开审理行政案件，但涉及国家秘密、个人隐私和法律另有规定的除外。涉及商业秘密的案件，当事人申请不公开审理的，可以不公开审理。与旧《行政诉讼法》第 45 条对公开审理的例外只涉及国家秘密、个人隐私以及法律另有规定情形相比，新修订的行政诉讼法在总结审判经验的基础上增加了一款，即对涉及商业秘密案件审理的规定。所谓商业秘密，又称营业秘密或工商秘密，是指不为公众所知悉，能为权利人带来经济利益，具有实用性并经权利人采取保密措施的技术信息和经营信息。[1]一

---

[1] 葛立朝、邢造宇：《知识产权法》，浙江大学出版社 2008 年版，第 428 页。

般可分为技术信息和经营信息。[1]与国家秘密、个人隐私等作为绝对不能公开审理的法定情形不同的是，涉及商业秘密的行政案件属于相对不公开审理的情形，当事人申请不公开的，可以不公开。可从两方面来理解：一是对涉及商业秘密的案件，原则上是公开的，即以公开审理为原则，以不公开审理为例外，并不是说只要是涉及商业秘密的行政案件，就不公开审理；二是只有在当事人提出明确不公开申请的情形下，涉及商业秘密的行政案件才不公开，因此，如果不提出不公开审理的申请，就推定为同意公开审理。

开庭审理前由书记员查明当事人和其他诉讼参与人是否到庭，并宣布法庭纪律。

1. 宣布开庭。开庭审理时，首先由审判长宣布开庭；然后依次核对当事人，宣布案由，宣布审判人员、书记员名单，告知当事人有关的诉讼权利义务，询问当事人是否提出回避申请。

一般而言，人民法院审理行政案件，由审判员组成合议庭，或者由审判员、陪审员组成合议庭。合议庭的成员，应当是三人以上的单数。根据《行政诉讼法》第55条规定，当事人认为审判人员、书记员、翻译人员、鉴定人、勘验人与本案有利害关系或者有其他关系可能影响公正审判的，有权申请审判人员、书记员、翻译人员、鉴定人、勘验人回避。审判人员、书记员、翻译人员、鉴定人、勘验人认为自己与本案有利害关系或者有其他关系，应当申请回避。院长担任审判长时的回避，由审判委员会决定；审判人员的回避，由院长决定；其他人员的回避，由审判长决定。当事人对决定不服的，可以申请复议一次。

2. 法庭调查。法庭调查是开庭审理的中心环节，具体任务是通过核对各种证据材料，审查证据的证明效力以便认定案件事实。《行政诉讼法》第101

---

〔1〕 技术信息指自然人或组织通过自己的科研开发形成或在生产经营过程中积累起来的专门性技术成果，它既包括物理、化学、生物、计算机等理论或工艺技术，也包括市场开发、人事管理、经营方案、物流管理等环节的技术性措施。其表现形式种类繁多，如技术资料、设计图纸、计算机程序、实验程序、生产流程、装配工艺、操作方式、维修措施、产品配方、技术情报等。经营信息是指自然人或组织从事生产经营活动而获得的相关信息。它与技术信息的区别在于，其不需要通过专门的科研开发来获得，而是伴随着相关人员的活动收集整理而获得。经营信息一般包括：材料采购信息，配套产品厂家信息，合作方的生产经营状况，原材料价格、市场供求情况，竞标手段及策略，经营模式、管理方案、生产经验、决策流程、企业文化战略、公关及形象策略，具有秘密性质的销售渠道、客户资料、交易记录、营销策略，以及其他与市场相关的商业情报或信息。参见葛立朝、邢造宇：《知识产权法》，浙江大学出版社2008年版，第429页。

条规定，对于开庭审理的规定，行政诉讼法中没有规定的，可适用民事诉讼法的规定。根据《民事诉讼法》第138条规定，法庭调查依下述顺序进行：首先，当事人陈述。法庭依次是依原告、被告、第三人及他们各自的诉讼代理人的顺序陈述。其次，告知证人的权利义务、证人作证、宣读未到庭证人证言。再次，出示书证、物证、视听资料和电子数据。复次，宣读鉴定意见。当事人及法定代理人经审判长许可，可以向鉴定人发问。最后，宣读勘验笔录、现场笔录。

3. 法庭辩论。法庭辩论是开庭审理的重要阶段，是在审判人员主持下，当事人根据案件已经查明的事实和根据，用口头辩论方式陈述各自对诉讼争议和事实的看法、理由以及依据，以明辨是非和责任的程序。行政诉讼的法庭辩论程序适用民事诉讼法的规定，根据民事诉讼法的相关规定可以得知，行政诉讼法庭辩论的一般顺序为：先由原告及其诉讼代理人发表辩论意见，再由被告及其代理人、第三人及其代理人发表辩论意见，接着各方相互辩论。法庭辩论终结，由审判长按照原告、被告、第三人的先后顺序征询各方最后意见。审判长宣布法庭辩论结束。

4. 合议庭评议。合议庭评议案件时，首先应确定案件事实是否全部查清，在此基础上再进一步判明被告所作行政行为是否合法有效。合议庭评议实行少数服从多数的原则。

5. 宣判。《行政诉讼法》第80条规定，人民法院对公开审理和不公开审理的案件，一律公开宣告判决。当庭宣判的，应当在10日内发送判决书；定期宣判的，宣判后立即发给判决书。宣告判决时，必须告知当事人上诉权利、上诉期限和上诉的法院。对此，可作如下理解：（1）一律公开宣判原则。法院审理案件可以分为公开审理和不公开审理等两种形式。其中，以公开审理为原则，以少数不公开审理为例外。对涉及国家秘密、个人隐私的案件，不公开审理；对涉及商业秘密的，应当事人的申请，也可以不公开审理。但无论是公开审理还是不公开审理的案件，在宣判时要一律公开，没有任何例外。这个公开是向所有人公开，没有范围的限制。（2）发放判决书的时间。宣判后，根据不同情形发送判决书：当庭宣判的，10日内发送判决书；定期宣判的，宣判后立即发判决书。（3）必须告知当事人的相关事项。行政诉讼法还要求在宣判时，要及时告知当事人三项内容："当事人上诉权利""上诉期限""上诉的法院"。从条文表述来看，不仅要在判决书中写明，还要口头告知当事人这三项内容。

(三) 审理中几种情况的处理

1. 撤诉。行政诉讼中的撤诉分为申请撤诉和视为撤诉两种情况。

申请撤诉。根据《行政诉讼法》第62条的规定，人民法院对行政案件宣告判决或者裁定前，原告申请撤诉的，或者被告改变其所作的行政行为，原告同意并申请撤诉的，是否准许，由人民法院裁定。

按照撤诉处理。《行政诉讼法》第58条规定，经人民法院传票传唤，原告无正当理由拒不到庭，或者未经法庭许可中途退庭的，可以按照撤诉处理。此外，原告在法定期限内未交诉讼费，又不提出缓交申请的，按自动撤诉处理。

不论是原告申请撤诉还是按照撤诉处理，一旦经人民法院裁定批准，均产生一定的法律后果。在实体法上产生的法律后果是诉讼请求不能实现；在程序法上产生的法律后果是终结诉讼程序，使诉讼法律关系归于消灭。人民法院裁定准许原告撤诉，原告再起诉的，人民法院不予受理；原告在法定期限内未预交诉讼费按自动撤回起诉处理的，原告在起诉期间内再次起诉，人民法院应予受理。

2. 缺席判决。缺席判决原则上适用于被告，根据《行政诉讼法》第58条的规定，被告无正当理由拒不到庭，或者未经法庭许可中途退庭的，可以缺席判决。根据最高人民法院的有关规定，人民法院裁定不准许原告撤诉，如果原告仍拒不到庭的，人民法院也可以作出缺席判决。缺席判决只能在案件事实已经全部查清的情况下才能依法作出。

3. 诉讼中止。诉讼中止是指在行政诉讼进行过程中，由于存在和发生了某种无法克服或难以避免的特殊情况，致使诉讼无法继续进行而暂时停止的一种法律制度。《行政诉讼法》第61条第2款规定，在行政诉讼中，人民法院认为行政案件的审理需以民事诉讼的裁判为依据的，可以裁定中止行政诉讼。行政诉讼法对诉讼中止的其他情形，适用于民事诉讼法的相关规定。根据民事诉讼法的规定，结合行政诉讼的特点，行政诉讼应当中止的情形包括：原告死亡，需要等待其近亲属表明是否参加诉讼的；原告丧失诉讼行为能力，尚未确定法定代理人的；作为一方当事人的行政机关、法人或者其他组织终止，尚未确定权利义务承受人的；一方当事人因不可抗力的事由不能参加诉讼的；案件涉及法律适用问题，需要送请有关机关作出解释或者确认的；案件的审判须以相关民事、刑事或者其他行政案件的审理结果为依据,而相关案件尚未审结的;其他应当中止诉讼的情形。中止诉讼时人民法院应当作出裁定。中止诉讼的原因消除后,应恢复诉讼程序。

4. 诉讼终结。诉讼终结是指在行政诉讼进行期间,因存在和发生了某种特殊情况,使诉讼无法进行或者继续进行已无实际意义,从而结束正在进行的行政诉讼程序的一种法律制度。诉讼终结与诉讼中止的区别在于:前者是完全结束对案件的审理,以后不再恢复诉讼程序;后者只是诉讼程序的暂时中断,待障碍消除后还要恢复诉讼程序。行政诉讼法对诉讼终结的情形,适用民事诉讼法的相关规定。根据民事诉讼法的规定,结合行政诉讼的特点,行政诉讼终结有以下情形:原告死亡,没有近亲属或者近亲属放弃诉讼权利;作为原告的自然人丧失诉讼行为能力,无法确定法定代理人,无人继续诉讼的;作为原告的法人或者其他组织终止后,其权利义务的承受人放弃诉讼权利,无人继续诉讼的。诉讼终结时,人民法院应当制作裁定书,裁定书一经送达即发生法律效力,当事人不得提出上诉。终结诉讼的法律后果是人民法院不再对该案进行审理,原告不得就同一事实和理由就同一诉讼标的再行起诉。

5. 行政诉讼附带民事诉讼。行政诉讼附带民事诉讼,是指在行政诉讼过程中,人民法院根据当事人或利害关系人的请求,受理与被诉行政行为密切相关的民事权益争议,将两种性质不同的争议并案审理,在解决行政争议的同时,附带解决民事争议的活动。[1]在行政争议中,有很大一部分与民事争议交织在一起,解决行政争议成为解决民事争议的前提条件。法院通过行政诉讼处理行政争议时,有可能也有必要一并解决与此相关的民事争议,从而节约司法成本,减少当事人的诉累,也避免分开裁决可能产生的结果矛盾与冲突问题。值得注意的是,这里只有行政附带民事诉讼而没有民事附带行政诉讼的问题。因为按照我国法律的规定,行政争议由行政审判庭专门管辖,不可能交由民事审判庭来解决。

旧法没有对行政诉讼附带民事诉讼问题进行规定,而《2000年若干解释》在其第61条中规定:"被告对平等主体之间民事争议所作的裁决违法,民事争议当事人要求人民法院一并解决相关民事争议的,人民法院可以一并

---

[1] 参见王保礼、刘德生:"行政诉讼附带民事诉讼问题探讨",载《法商研究》1996年第6期。

审理。"这一规定，为实践中法院受理、审理行政附带民事诉讼案件提供法律依据。而在学界，对行政诉讼能否附带民事诉讼问题一直存有争议，[1]对行政附带民事诉讼的范围也有不同看法。行政诉讼法中增加了行政附带民事的诉讼，息止了实践争论，也为解决行政附带民事的诉讼提供法律上的依据，无疑具有很大的进步性。

根据《行政诉讼法》第61条的规定，在涉及行政许可、登记、征收、征用和行政机关对民事争议所作的裁决的行政诉讼中，当事人申请一并解决相关民事争议的，人民法院可以一并审理。在行政诉讼中，人民法院认为行政案件的审理需以民事诉讼的裁判为依据的，可以裁定中止行政诉讼。由此可见，行政附带民事诉讼可分为两种情况：

（1）涉及行政许可、登记、征收、征用、行政机关对民事争议所作的裁决的行政诉讼附带民事诉讼。如果当事人在提起行政诉讼的同时一并申请解决相关民事争议，法院可以一并审理。行政许可是指行政机关根据公民、法人或者其他组织的申请，经依法审查，准予其从事特定活动的行为。如果受该行政许可行为影响的民事权利义务关系存在争议，当事人在提起行政诉讼的同时，可以一并提出解决民事争议的申请。行政登记是指行政主体根据行政相对人的申请，在行政管理部门的相关登记账簿中记载某种事实状况，以此确认其法律地位的行为。如工商企业登记、纳税登记、房屋产权登记、户口登记等。如果受该行政登记行为影响的民事权利义务关系存在争议，当事人在对行政登记行为提起行政诉讼的同时，可以一并提出解决民事争议的申请。行政征收是指行政主体依据法律规定，以强制的方式无偿取得行政相对方财产的行政行为。如果受该行政征收行为影响的民事权利义务关系存在争议，当事人在对该行政征收行为提起行政诉讼的同时，可以一并提出解决民事争议的申请。行政征用是行政主体基于公共利益的需要，依法定程序强制性地使用行政相对方财产或劳务的行政行为。如果受该行政征用行为影响的民事权利义务关系存在争议，当事人在对该行政征用行为提起行政诉讼的同时，可以一并提出解决民事争议的申请。行政裁决是指行政机关以第三者身

---

[1] 何文燕教授曾通过对刑事诉讼附带民事诉讼与行政诉讼附带民事诉讼的比较及具体分析行政赔偿诉讼、行政裁决诉讼与行政处罚诉讼，论证了行政诉讼附带民事诉讼与诉讼效益原则及判决确定性原则相违背，并提出笔者的观点，即不宜建立行政诉讼附带民事诉讼制度。详见何文燕、姜霞："行政诉讼附带民事诉讼质疑"，载《河南省政法管理干部学院学报》2002年第2期。

份，依法对平等主体之间发生的民事纠纷进行审查并作出具有强制力处理的行政行为。根据我国有关法律的规定，行政裁决主要有以下几类：（1）损害赔偿的裁决，这种纠纷广泛存在于食品卫生、环境保护、药品管理、产品质量、医疗卫生、社会福利等领域，当事人可以依法要求行政机关进行裁决，确认损害赔偿责任和赔偿数额；（2）补偿纠纷的裁决，这种纠纷主要存在于房屋拆迁、土地征用、知识产权使用等领域，双方当事人可以依法请求有关行政机关进行裁决，作出强制性补偿决定；（3）权利归属纠纷的裁决，例如因土地、草原、矿产、水面、滩涂等自然资源的权属争议和房产权属争议等，双方当事人可以依法向有关行政机关请求确认，并作出裁决。如果当事人不服上述行政裁决的，可以在提起行政诉讼的同时一并申请解决民事争议，法院可以一并审理。

可见，能够与行政诉讼一并提出的民事诉讼，都要求民事争议与行政争议有着非常密切的关系。而附带提出的主体，既可以是原告，也可以是第三人，且以他们主动申请为前提，法院不能依职权进行审理。当事人提出的时机是在一审程序中，由行政审判庭负责审理。按照行政诉讼法的规定，人民法院一旦决定一并审理，当事人不得对该民事争议再提起民事诉讼。

（2）先民事诉讼后行政诉讼的情形。即在行政诉讼中，如果该行政诉讼的进行要以民事诉讼的裁判结果为依据，法院就要裁定先中止行政诉讼，待民事诉讼裁判结果出来后再继续进行行政诉讼。而对于先民事后行政的诉讼，是否一定必须是《行政诉讼法》第61条第1款中所讲的"涉及行政许可、登记、征收、征用和行政机关对民事争议所作的裁决的行政诉讼"，从法条本身难以看出。一般发生在某一行政行为的作出需要以某民事争议的解决为基础或前提，而在民事争议解决前，当事人向法院对某一行政行为提起行政诉讼时，法院应告知先解决民事争议，待民事争议解决后再进行行政诉讼；已经受理的行政诉讼，也要暂时中止，待民事争议解决后再予以恢复。

6. 被告在一审期间改变被诉行政行为的处理。在现实中，行政诉讼一审过程中，经常发生被告改变行政行为的现象。为此，《行政诉讼法》第62条规定，人民法院对行政案件宣告判决或者裁定前，被告改变其所作的行政行为，原告同意并申请撤诉的，是否准许，由人民法院裁定。由此可见，对于原告和第三人来说，如果对改变后的行政行为满意，一般会引起撤诉，此时由人民法院裁定是否准许；如果原告不申请撤诉，人民法院必须仍应审查原行政行为。

7. 对复议决定一并作出裁决。《行政诉讼法》第 79 条规定，复议机关与作出原行政行为的行政机关为共同被告的案件，人民法院应当对复议决定和原行政行为一并作出裁判。该规定仅适用于复议机关作出维持原行政行为判决的案件。根据行政诉讼法，经过行政复议的行政案件，可能有三种结果，一是复议机关维持原行政行为；二是复议机关改变原行政行为；三是复议机关不作为。在这三种情况下，只有第一种情况即复议机关维持原行政行为的案件，复议机关与原行政行为的作出机关是共同被告。此时，法院在审理此类案件时，要对复议决定和原行政行为一并作出裁判。

（四）审结期限

根据《行政诉讼法》第 81、88 条的规定，第一、二审行政案件的审结期限不同。对于第一审行政案件，"人民法院应当在立案之日起 6 个月内作出第一审判决。有特殊情况需要延长的，由高级人民法院批准，高级人民法院审理第一审案件需要延长的，由最高人民法院批准"。所谓特殊情况，一般是指案件事实比较复杂，短期内不易查清，或者当事人有特殊原因无法出庭等情况。对于第二审行政案件，人民法院审理上诉案件，应当在收到上诉状之日起 3 个月内作出终审判决。有特殊情况需要延长的，由高级人民法院批准，高级人民法院审理上诉案件需要延长的，由最高人民法院批准。与旧法相比，修订后的行政诉讼法一审期限由 3 个月延长到 6 个月，二审期限由 2 个月延长到 3 个月。法律规定行政案件审限的目的在于有效地保证人民法院对行政案件的及时审结。

但这个期限的延长是成功还是失败？笔者认为，这个期限的延长并非好事。

第一，行政诉讼案件是以被告举证为主的一种诉讼，与民事诉讼、刑事诉讼不同的是，行政诉讼的被告对证明其行政行为合法性的证据和依据都是在作出行政行为时就已经具备的，基本上无需再调取新的证据。在旧法规定的时间内是完全可以审理完毕的，大多数案件不存在因审理期限难以结案的情形。第二，对于少数复杂的行政案件，如果在法定的期限内不能审结的，法律还为其规定了延长的情形，即"有特殊情况需要延长的，由高级人民法院批准，高级人民法院审理第一审案件需要延长的，由最高人民法院批准"。这个延长期限的规定，足以满足少数复杂案件的审理期限的要求。不能因为少数这样的案件而把所有的行政案件都延长审理期限。第三，鉴于行政行为一经作出，就具有法律效力，而且，大部分行政行为在诉讼期间不停止执行。如此下去，审理期限越长，对相对人可能造成的损害就越大，即使打赢官司后能得到一定的救济，但任何救济都难以恢复到损害前的状态。第四，过长的诉讼期限让相对人望"诉"兴叹。老百姓不愿打官司的原因有很多，但其中诉讼时间太长是一个重要的因素。诉讼成本的一个重要考量是时间成本。一个行政案件时间过长，甚至久拖不决，当事人就会饱受诉累，望"诉"兴叹，不仅是不敢告，更是不愿告，对司法救济失去信心。诉讼成本高、期限太长，老百姓便会转而寻求能尽快解决问题的办法，寻找上访渠道，这也会造成信访数量与日俱增的问题。第五，实际上，目前有些行政案件不能及时结案，很多时候是因为办案法官不积极，接了案件之后看时间未到，就往后拖延；开完庭之后，不是积极地写裁判书，看时间未到，继续往后拖延；直到快到结案时间时，才仓促结案，造成办案质量不高的现象。因此，延长审理期限，不但不能提高案件审理质量，还会为某些法官继续拖延提供机会。

有人提出，民事诉讼的一审的审理期限是6个月，二审是3个月，行政诉讼也应与之相一致。这种类比是没有道理的。尽管民事诉讼法规定的一审期限是6个月，但刑事诉讼法规定的公诉案件一审期限为2个月，二审期限也为2个月。不同诉讼有其自身特点，不必强求一样。因此，本人认为，行政诉讼法中规定一审6个月的期限，将会加大行政诉讼的时间成本，也给法院拖延时间找了一个法定借口。如果不重视诉讼效率，不把提高诉讼效率摆到应有的位置，要实现诉讼公正无异于一个美好的愿望而已。[1]

不过，对需要延长期限的审批，行政诉讼法还是沿用了旧法的规定，即使基层法院对期限延长的审判也需要报经高级法院审批，显然审批手续有繁琐之嫌疑。在这方面，应该参考民事诉讼法的规定，[2]由本院院长批准和上级法院批准。

---

〔1〕 谭世贵："诉讼效率视角下《刑事诉讼法》的修改与进一步完善"，载《浙江社会科学》2012年第11期。

〔2〕《民事诉讼法》第149条规定："人民法院适用普通程序审理的案件，应当在立案之日起六个月内审结。有特殊情况需要延长的，由本院院长批准，可以延长六个月；还需要延长的，报请上级人民法院批准。"

第二节 简易程序

简易程序是行政诉讼法新增的内容。以往认为，行政诉讼只能适用普通程序而不能实行简易程序，只能实行合议制而不能实行独任制。结果，许多案情很简单的行政案件都要组成合议庭，都要实行普通程序，浪费了司法资源。设立行政诉讼简易程序符合国际司法实现审判低成本高效率的潮流。在国外，不少国家对行政诉讼中的一些案件都采取简易程序方式进行审理，并取得了良好的社会效果和法律效果，简易程序已经成为行政诉讼领域发展的一个趋势。我国行政诉讼简易程序的借鉴也是这个潮流的必然趋势，符合行政案件类型化的现实特点，"人类几千年的生产经验告诉我们，对纷繁复杂的工作进行专业化分工，将有利于此项工作更好地完成"。[1]特别在实行登记立案方式之后，可能会使行政案件在短时间内数量大增，在有限的司法资源与大量的行政案件矛盾出现之时，按照司法资源的配置现状和案件繁简难易情况实行分类审理案件。简易程序有利于解决诉讼成本和提高诉讼效率问题，符合我国行政诉讼改革的理念和发展规律。

一、简易程序的概念

简易程序是指第一审人民法院审理简单行政案件所适用的简便易行的诉讼程序。[2]

简易程序是我国行政诉讼第一审程序中的一个独立诉讼程序。它与第一审普通程序之间既有联系也有区别。就二者之间的联系而言，二者都属于第一审程序，只不过普通程序是第一审行政诉讼的完整版，简易程序是第一审行政诉讼程序的简化版，这种简化是对第一审普通程序的简化。正因为简易程序是普通程序的简化，人民法院在适用简易程序审理案件的过程中，如果简易程序没有规定的，可以适用普通程序的规定；如果人民法院适用简易程序审理案件的过程中，发现案情复杂，不再适宜简易程序，可以转化为适用第一审普通程序予以审理。就二者之间的区别而言，普通程序完整、系统，

---

[1] 章武生、吴泽勇："简易程序与民事纠纷的类型化解决"，载《法学》2001年第1期。
[2] 应松年：《行政诉讼法学》（第6版），中国政法大学出版社2015年版，第209页。

而简易程序比较简单、便捷；第一审普通程序适用案件范围为复杂的行政案件，而简易程序适用案件范围为简单的行政案件。

行政诉讼简易程序是我国行政诉讼立法中新设立的审判程序。旧行政诉讼法没有规定简易程序，人民法院审理第一审行政案件时适用的程序只有第一审普通程序。2010年10月，为了保障和方便当事人依法行使诉讼权利，减轻当事人诉讼负担，保证人民法院公正、及时审理行政案件，最高人民法院发布了《关于开展行政诉讼简易程序试点工作的通知》，就部分基层人民法院开展行政诉讼简易程序试点工作进行了规定。在总结试点经验的基础之上，2014年11月，第十二届全国人大常委会对行政诉讼法进行了修订，专门增加简易程序。这样，我国的行政诉讼第一审程序与民事诉讼程序、刑事诉讼程序一样，都规定了第一审普通程序和简易程序，行政诉讼程序更加完善。

二、简易程序的价值

行政诉讼法规定简易程序具有重要价值：

1. 减轻当事人诉讼负担，方便当事人诉讼。行政诉讼设置简易程序，构建案件繁简分类分流处理机制，使当事人可以方便地就一些轻微的不法侵害行为主张权利。相比民事诉讼率而言，我国的行政诉讼率虽然这几年增加很快但一直不高，其中一个重要的原因就是"缺乏一种简便、快捷的审判程序，以至绝大多数公民、法人或其他组织在遇到行政机关的轻微不法侵害时，会考虑到诉讼成本而忍痛作罢"。[1]"诉讼过分迟延等于拒绝裁判。"[2]由于诉讼时间太长，很多简单、轻微的行政纠纷和行政争议案件到不了法院。从当事人现实需要的角度来看，当事人去法院打官司，必然要考虑成本。对于一些简单、轻微的行政案件，如果能够做到快立案、快审案、快判决，一般情况下，当事人肯定是十分乐意的。"因为无论审判能够怎样完美地实现正义，如果付出的代价过于昂贵，则人们往往只能放弃通过审判来实现正义的希望。"[3]增加简易程序，极大地方便了当事人的诉讼。不仅如此，行政诉讼

---

[1] 汤友洪、揭萍、安然："行政诉讼应增设简易程序"，载《法学》1997年第2期。
[2] [意] 莫诺·卡佩莱蒂等：《当事人基本程序保障权与未来的民事诉讼》，徐昕译，法律出版社2000年版，第43页。
[3] [日] 棚濑孝雄：《纠纷的解决与审判制度》，王亚新译，中国政法大学出版社1994年版，第266页。

法还赋予当事人简易程序选择权，使得当事人可以在诉讼程序开始时选择适用简易程序，这无疑也会增加当事人的诉讼主动权和诉讼信赖感，为行政诉讼纠纷顺利、快捷的审理和裁决打下良好的基础。

2. 节约司法资源，方便人民法院办案。"司法资源是指国家在司法活动方面投入的人力、物力、财力。"[1]旧行政诉讼法规定，行政案件无论是简单还是复杂，都必须适用完整的第一审普通程序，这虽然有助于保障司法公正，但却浪费了司法资源，损害了司法效率，导致行政诉讼审判低效运行。目前，我国司法审判面临着案多人少的矛盾，如果所有案件不分繁简都一律适用普通程序，就会浪费有限的司法资源。从理论上讲，人民法院审理案件都需要根据案件的繁简程度建立案件的繁简分流机制，一般复杂的案件适用普通程序审理，相对简单的案件适用简易程序审理，这既不损害司法公正，也能节约有限的司法资源，提高和实现司法效率。从简易程序的实践效果来看，成效也非常明显。以江苏省南通市法院系统的统计数据为例，2016年以来，南通全市法院适用简易程序审结各类行政案件102件，平均审理天数仅为31.5天。最短的从立案到结案仅为14天，最快开庭时间只需要20分钟，较以往适用普通程序的平均审理天数缩短了50%以上。[2]简易程序的设置有效地缓解了法院行政审判案多人少的压力，节约了诉讼资源，提高了司法效率。

司法效率和司法公正是司法审判活动的两个核心价值目标，但是，二者之间有时也会发生冲突。实现司法效率和司法公正这两大目标甚至平衡这两大目标之间的冲突，都只能体现在诉讼程序的设置上，那就是根据案件的性质和繁简程度分别设立对应的审判处理机制，2014年新修订的行政诉讼法增加的"简易程序"这一环节，正是平衡司法效率与司法公正冲突的有效举措。

三、简易程序的适用范围

依照我国《行政诉讼法》第七章第三节第82、83、84条的规定，简易程序的适用范围包括以下两个方面：

（一）适用简易程序的人民法院

行政诉讼的第一审法院可以适用简易程序审理案件。这里的第一审法院

---

[1] 马生安："行政诉讼简易程序论"，载《行政法学研究》2003年第1期。

[2] "南通法院推行行政诉讼简易程序审理102件'民告官'案件平均审限仅为31.5天"，载《人民法院报》2016年7月20日。

到底是仅指基层人民法院还是包括中级人民法院，在立法上还存在着不同看法。2010 年最高人民法院发布的《关于开展行政诉讼简易程序试点工作的通知》中强调适用简易程序的人民法院仅限于基层人民法院。但是，行政诉讼法并没有延续这种思路做出明确的规定。因此，从行政诉讼法增设简易程序的立法本意来看，适用简易程序的人民法院既可以是基层人民法院，也可以是审理第一审行政案件的中级人民法院、高级人民法院，甚至是最高人民法院。比如，当事人申请县级以上人民政府的政府信息公开案件，按照管辖权的规定应该属于中级人民法院管辖，但依据《行政诉讼法》第 82 条的规定，就属于可以适用简易程序的案件范围，因此，中级人民法院作为第一审法院审理此类案件可以适用简易程序。再比如，发生当事人双方都同意适用简易程序的情形，也就是说一方申请，另一方也同意申请适用简易程序，同样依据《行政诉讼法》第 82 条的规定，审理此案的第一审法院虽然是中级人民法院，却也可以适用简易程序。因为《行政诉讼法》第 82 条的规定隐含着这样的法理：在诉讼活动中，当事人都享有处分权，法院不仅要尊重当事人的实体处分权，也应该尊重当事人的程序选择权。此外，还需指出的是，基层人民法院虽然可以适用简易程序审理第一审行政案件。但是，基层人民法院的派出法庭不能适用，主要原因是被告主体身份的特殊性。值得强调的是，当下很多地方正在试行行政案件一审异地集中审理，目的是去地方化，排除行政诉讼的地方干扰。这里负责一审案件审理的法院在性质上仍属于基层人民法院，当然，其也可以适用简易程序审理案件。

（二）适用简易程序的行政案件

行政诉讼法对适用简易程序的行政案件采用实质标准、案件标准、意定标准和排除标准等四个标准予以确定。

1. 实质标准。所谓实质标准就是适用简易程序审理的案件应属于事实清楚、权利义务关系明确、争议不大的行政案件。案件事实清楚是指双方当事人对行政争议的事实陈述基本一致，证据完全可以证明案件事实，法院也可以根据已有证据判清案件事实，分清是非标准。权利义务关系明确是指被诉的行政法律关系中的权力主体、权利主体、义务主体和责任主体非常明确，无需通过其他事实予以认定。所谓争议不大，主要是指争议的标的额不大、责任不大且原、被告双方无较大分歧。

2. 案件标准。所谓案件标准，就是《行政诉讼法》第 82 条所列举的三类案件：被诉行政行为是依法当场作出的；案件涉及款额 2000 元以下的；属于政府信息公开案件的。

3. 意定标准。所谓意定标准，就是指除上述三类案件以外的第一审行政案件，当事人各方同意适用简易程序的，也可以适用简易程序。就法条的文义来看，无论案件事实是否清楚、权利义务关系是否明确，以及争议是大是小，只要当事人同意适用，人民法院审查后就可决定适用简易程序。[1]

4. 排除标准。所谓排除标准，就是指发回重审、按照审判监督程序再审的案件不适用简易程序。

就这四种标准而言，是相互辅助、相互支撑的。具体而言，实质标准和案件标准是相互辅助关系，在法律上同时加以规定，有利于法律的实施。当然，二者还是有差别的，因为实质标准是内在标准，案件标准是外在标准，内在标准是不变的，外在标准却是可变的，案件标准可以根据实践变化的需要予以增加。实质标准、案件标准与意定标准相比，意定标准虽然突破了实质标准和案件标准的要求，但其作为当事人意思自治的产物，也具有可行性，是对实质标准和案件标准的有效补充，是行政诉讼中当事人行使处分权的表现。排除标准是法定标准，具有强制性，是对实质标准、案件标准、意定标准的限制。

四、简易程序适用的特点

（一）开庭审理前准备程序简便

根据《最高人民法院关于开展行政诉讼简易程序试点工作的通知》的规定，适用简易程序审理的案件，被告应当在收到起诉状副本或者口头起诉笔录副本之日起 10 日内提交答辩状，并提供作出行政行为时的证据、依据。被告在期限届满前提交上述材料的，人民法院可以提前安排开庭日期。在传唤方式上，人民法院可以采取电话、传真、电子邮件、委托他人转达等简便方式传唤当事人。

（二）开庭审理程序高效快捷

1. 适用简易程序审理的行政案件，由审判员一人独任审理。这不同于普

---

[1] 葛先园："我国行政诉讼简易程序检视——以新《行政诉讼法》第 82 条为中心"，载《法律科学》2016 年第 2 期。

通程序中合议庭审理的规定。

2. 经人民法院合法传唤，原告无正当理由拒不到庭的，视为撤诉；被告无正当理由拒不到庭的，可以缺席审判。当然，没有证据证明或者未经当事人确认已经收到传唤内容的，不得按撤诉处理或者缺席审判。

3. 适用简易程序审理的案件，一般应当一次开庭并当庭宣判。法庭调查和辩论可以围绕主要争议问题进行，庭审环节可以适当简化或者合并。

4. 适用简易程序审理的行政案件，人民法院应当在立案之日起 45 日内审结。

（三）简易程序具有可变性

《行政诉讼法》第 84 条规定，人民法院在审理过程中，发现案件不宜适用简易程序的，裁定转为普通程序。因此，简易程序不是一成不变的，如果人民法院在适用简易程序审理案件的过程中，发现案情复杂，法院可以裁定转为普通程序继续审理案件。此时，法院应该及时通知双方当事人，审理期限从立案次日起计算。当然，一旦案件由简易程序转为普通程序，即使案件变得简单了，也不能再转适用简易程序，仍需按照普通程序继续审理。

第三节　第二审程序

行政诉讼第二审程序，又称上诉审程序，是指当事人不服尚未生效的一审人民法院作出的裁定或判决，在法定期限内向一审人民法院的上一级人民法院提起上诉，上一级人民法院依照法律规定，对一审裁定或判决重新进行审理所适用的程序。在我国，人民法院审理行政案件实行的是两审终审制度，除了最高人民法院所作的第一审判决、裁定是终审判决、裁定外，当事人不服地方各级人民法院所作的第一审判决、裁定，均有权依法向上一级人民法院提起上诉，从而启动第二审程序。

一、第二审程序的特点

（一）第二审程序由当事人上诉而引起

第二审程序是一种独立的审判程序，但并非是每一个行政诉讼案件都必须经过的程序。只有当事人不服一审判决、裁定，在法定期间内，以合法的形式提出上诉的案件，才经过第二审程序。无论是作为原告的公民、法人或者其他组织，还是作为被告的行政机关均可引起第二审程序；而且，一审程序中作为与被诉行政行为有直接利害关系的第三人，也可以上诉从而引起第二审程序。第二审程序的基础是行政诉讼法律关系中当事人的上诉权，这与第一审程序不同，第一审程序是基于公民、法人或者其他组织合法的起诉而发生，因而只有作为行政相对人以及其他与行政行为有利害关系的公民、法人或者其他组织的起诉行为才可能引起第一审程序，而作为管理者的行政主体不能引起一审程序的发生。此外，上诉必须是针对尚未发生法律效力的第一审判决、裁定，如果第一审判决、裁定已经生效，则当事人无权上诉，即使上诉也不会引起第二审程序的发生。

（二）第二审程序由第一审人民法院的上一级人民法院适用

对上诉案件适用第二审程序进行审理的，只能是第一审人民法院的上一级人民法院。上一级人民法院适用第二审程序审理上诉案件，是上级人民法院对下级人民法院行使监督权的具体表现。与第一审不同的是，适用第一审程序的审判机关是对第一审行政案件具有管辖权的人民法院，人民法院适用第一审程序审理行政案件，是各级人民法院对行政案件行使管辖权的具体体现。

（三）适用第二审程序所作的判决、裁定，是终审判决、裁定，不得再提起上诉

第二审人民法院适用二审程序所作的判决、裁定，是终审判决、裁定，一经作出，即发生法律效力，当事人即应履行，否则将可能导致人民法院的强制执行。对二审判决与裁定尽管可以提起申诉，但申诉期间不停止执行。

二、第二审程序的具体环节

（一）上诉的提起

《行政诉讼法》第85条规定，当事人不服人民法院第一审判决的，有权在判决书送达之日起15日内向上一级人民法院提起上诉。当事人不服人民法院第一审裁定的，有权在裁定书送达之日起10日内向上一级人民法院提起上诉。逾期不提起上诉的，人民法院的第一审判决或者裁定发生法律效力。当事人均提起上诉的，上诉各方均为上诉人；诉讼当事人中的一部分人提出上

诉，没有提出上诉的对方当事人为被上诉人，其他当事人依原审诉讼地位列明。当事人提出上诉，应当按照其他当事人或者诉讼代表人的人数提出上诉状副本。当事人上诉，可以直接向原审人民法院提出，也可以向第二审人民法院即原审法院的上一级法院提出。直接向二审法院提出的，二审法院应当在5日内将收到的上诉状交原审法院。

（二）上诉的受理和撤回

上诉的受理。二审法院收到上诉状后，通过法定程序对上诉条件进行审查，认为诉讼主体合格、符合上诉条件的，应当予以受理，并在5日内将上诉状副本送达被上诉人，被上诉人应在收到上诉状副本后10日内提出答辩状。

如果通过原审人民法院上诉的，原审人民法院收到上诉状后，应当在5日内将上诉状副本送达其他当事人，对方当事人应当在收到上诉状副本之日起10日内提出答辩状。原审人民法院应当在收到答辩状之日起5日内将答辩状副本送达当事人。原审人民法院收到上诉状、答辩状，应当在5日内连同全部案卷和证据，报送第二审人民法院。已经预收诉讼费用的，一并报送。

上诉的撤回。二审法院自受理上诉案件至作出二审裁判之前，上诉人可以向二审法院申请撤回上诉。撤回上诉应提交撤诉状。撤回上诉是否准许，应由二审法院决定。经审查，法院认为上诉人撤回上诉没有规避法律和损害国家、社会、集体和他人利益，符合撤诉条件的，应当准许撤诉。

不准许撤回上诉的情形有：①发现行政机关对上诉人有胁迫的情况或者行政机关为了息事宁人，对上诉人做了违法让步的；②第二审程序中，行政机关改变原行政行为，上诉人因行政机关改变原行政行为而申请撤回上诉的；③双方当事人都提出上诉，而只有一方当事人提出撤回上诉的；④原审人民法院的裁判确有错误，应予以纠正或发回重审的。

（三）上诉的审理方式

《行政诉讼法》第86条规定，人民法院对上诉案件，应当组成合议庭，开庭审理。经过阅卷、调查和询问当事人，对没有提出新的事实、证据或者理由，合议庭认为不需要开庭审理的，也可以不开庭审理。这是对二审审理方式的规定，体现了以开庭审理为原则，以不开庭审理为例外的特点。旧行政诉讼法对二审案件虽然规定了"事实清楚的"可以实行书面审理的前提条件，但由于没有明确规定开庭审理，以至于在实践中，存在着普遍任意扩大书面审理适用范围的现象。大多数二审法院审理上诉行政案件基本上是书面审理，很少开庭，形成了二审的行政诉讼以书面审理为主、开庭审理为例外的局面。所谓书面审理，是指人民法院在受理上诉案件后，不进行实地调查，也不传唤当事人和诉讼参与人，不当面听取各方当事人的陈述和辩论，只对当事人提出的上诉状、答辩状、原审法院的案卷以及其他书面材料及证据进行审查，不开庭进行审理和裁判的一种特殊方式。[1]此外，由于法律没有明确书面审查的决定主体，实践中，多是由案件的承办人员直接决定书面审理。

书面审理时法院仅凭案件材料而很少要求当事人出庭并公开对质，虽然具有简便易行的优点。然而，随着形势的发展，近年来我国行政诉讼案件呈现出案情复杂化、种类多样化以及新问题、新矛盾突出等特点，书面审理的弊端也逐渐显现出来。一是剥夺了当事人依法享有的庭审中申请回避、当庭质证、辩论、发问以及其他充分发表意见的权利，特别是有第三人的案件，往往第三人不能真正加入到二审程序中并充分发表自己的意见，不利于对其权益的保护；二是由于当事人无法当庭展开面对面举证、质证、辩论，不利于法院详细、准确地把握案情，致使对一些事实问题难以查清，影响了办案效率和质量；三是使当事人易产生猜疑和顾虑，形成当事人与法院之间的误解；四是书面审导致审理不公开，给暗箱操作提供了可能，容易滋生司法腐败。而二审开庭审理对于行政诉讼而言，更有其独特的价值。对于一审中，可能因为地方政府的干预而难以得到公正审理的情形，二审恰好是矫正器，可以有效抵御来自各方的干预，达到公正审理目的。

行政诉讼法对此进行了完善。一是明确规定，二审法院对上诉案件要组成合议庭，开庭审理。这就明确了以开庭审理为主、不开庭审理为例外的原则。这里的合议庭必须由审判员组成，与一审的合议庭在组成上有一定区别。[2]行政案件开庭审理，给当事人充分发表意见的机会，对当事人各方提交的证据、主张进行充分的质证和辩论，在此基础上由法院作出是非曲直的判断，适应了新形势的需要，增强了案件审理的透明度，增强了司法公信力，确保公平公正，在很大程度上避免了腐败的产生。二是行政诉讼法将"书面审理"改为"不开庭审理"。"书面审理"意味着只是看书面材料，而无需任何调

---

[1] 胡建淼：《行政诉讼法学》，复旦大学出版社2003年版，第214页。
[2] 一审合议庭可以由审判员组成，也可以由审判员与陪审员组成，而二审只能由审判员组成。

查、询问。而"不开庭审理"只是表明不需要开庭那样的程序,但在看书面材料的同时,必要的调查、对相关人员的询问还是应该有的,更准确表述了第二审程序的实际情形。三是将"事实清楚"改为了更为具体的条件。由于"事实清楚"的含义过于模糊,不利于实践中把握和操作。而通过具体条件的列举,可以对"不开庭审理"作出更为明确的限制,即只有经过阅卷、调查和询问当事人,在没有新的事实、证据或理由的情况下,且合议庭认为无需开庭审理,才不开庭审理。这里不开庭审理的条件涉及程序性要求,即必须经过阅卷、调查和询问当事人;涉及实体性条件,即没有新的事实、证据或理由;涉及作出的主体,即对符合条件的书面审理,明确规定是由合议庭决定,而不是由案件承办人决定。这些都体现了对不开庭审理条件的严格把握,并加强了对不开庭审理形式的操作规范性。值得注意的是,即使符合了不开庭审理的条件,也不是一定就不开庭审理。为此,该条使用了"可以"的表述,表明即使满足了不开庭审理的条件,法院仍可以开庭审理。

这里需注意的是,"开庭审理"与"公开审理"不是一回事。开庭审理包括公开开庭审理与不公开开庭审理。也就是说,开庭审理不一定就是公开审理。是否开庭审理主要与案件的事实、证据或理由是否清楚有关,而是否公开审理主要涉及国家秘密、个人隐私或商业秘密问题。

(四)上诉的审查范围

《行政诉讼法》第87条规定,人民法院审理上诉案件,应当对原审人民法院的判决、裁定和被诉行政行为进行全面审查。

二审的审查范围是什么,这是理论界和实务界都有争议的问题,争议的原因是旧行政诉讼法没有作出明确规定。《2000年若干解释》第67条曾规定,第二审人民法院审理上诉案件,应当对原审人民法院的裁判和被诉行政行为是否合法进行全面审查,但毕竟不是行政诉讼法的明文规定。而新修订的行政诉讼法对此作了明确,即对"原审人民法院的判决、裁定"以及"被诉行政行为"进行全面审查。"全面"是指法院应当全面审查一审法院的判决或裁定认定的事实是否清楚,适用法律是否正确,诉讼程序是否合法;另外对被诉行政行为的合法性作全面审查,不受上诉人在上诉状中列举范围和上诉内容的限制。[1]即不仅要对原审法院的裁判是否合法进行审查,还要对被

---

[1] 杨临宏:《行政诉讼法:原理与制度》,云南大学出版社2011年版,第262页。

诉行政行为的合法性进行审查；不仅要对上诉范围内的事项进行审查，还要对上诉范围外的相关事项进行审查。

从有利的方面讲，全面审有利于发挥法院对行政行为和一审裁判的纠错功能，有利于法院履行对行政权行使的监督功能，也可以防止原、被告串通来损害国家利益、社会公共利益和其他人的合法权益等。但这种全面审是否违反司法本身的特质？首先，司法具有中立性特点，"没有司法中立，便没有法治"，[1]司法中立"不仅体现了一个古老的法律精神，更是现代法治国家普遍遵循的一项基本法律原则"。[2]其次，司法具有被动性特点。被动性表现为不告不理原则。司法的中立性和被动性要求，法院不能对任何一方有偏颇，不应主动干预诉讼当事人的事务。对二审诉讼，应以当事人上诉的范围为基础进行审查，对没有上诉的请求，一方面说明没有争议，另一方面不应主动介入。尽管行政诉讼有监督的功能，但此功能的发挥也是在不违背司法特性的基础上的，而不是超越司法特性的监督。如果需要通过跨越司法特性去监督行政权，那何不让法院在发现行政机关违法行政行为时可以在没有原告起诉的情况下就主动立案审理呢？显然是不行的。

中国共产党十八届四中全会通过的《关于全面推进依法治国若干重大问题的决定》中，提出"完善审级制度，一审重在解决事实认定和法律适用，二审重在解决事实法律争议、实现二审终审，再审重在解决依法纠错、维护裁判权威"，这里的"二审重在解决事实法律争议"也意味着一审与二审各有各的分工，二审不应该是所谓的"全面审"，而是对有"争议"的"事实法律"的审查。

（五）上诉的审限

审限，是指人民法院审理各类案件的法定期限，具体是指从立案到结案的时间限制。对审限作出明确规定，有利于诉讼的快捷、有序运行，有利于及时、有效地保护当事人的合法权益。《行政诉讼法》第88条规定，人民法院审理上诉案件，应当在收到上诉状之日起3个月内作出终审判决。有特殊情况需要延长的，由高级人民法院批准，高级人民法院审理上诉案件需要延长的，由最高人民法院批准。旧行政诉讼法中规定的二审审限是2个月，即

---

[1] 齐延平："论司法中立的基础"，载《法律科学》1999年第3期。

[2] 张智辉、武小凤："二审全面审查制度应当废除"，载《现代法学》2006年第3期。

从收到上诉状起的 2 个月内做出终审裁判，而新修订的行政诉讼法却延长至 3 个月。这种延长是否有必要，值得探讨。因为在当今节奏加快的现实下，行政诉讼审限的延长只会加大当事人尤其是原告的时间成本，拖累当事人，不利于原告的权利保护。因为行政行为已经做出了，作为被告，是否诉讼以及诉讼的时间长短，对其都不会有太大影响，倒是对急于希望受损权利救济的原告而言，尽快救济是其所迫切希望的。如果有少数复杂行政案件确实需要延长审理期限的，法律已经对特殊情况规定了可以延长，即"有特殊情况需要延长的，由高级人民法院批准，高级人民法院审理上诉案件需要延长的，由最高人民法院批准"，完全可以满足少数案件的需要，无需对一般案件规定更长的审理期限。实际上，审限的延长，一定程度上挫伤了原告的等待期望，会因为时间成本而让原告望诉讼兴叹，减少了原告利用行政诉讼救济的可能。

二审法院作出的裁判是终审裁判，当事人不得上诉。如果法院对已发生法律效力的裁判依法再次提起审理要求的，则属于审判监督程序。

第四节 审判监督程序

审判监督程序，又称为再审程序，是指人民法院认为已发生法律效力的行政案件裁判确有错误，依法进行再次审理的程序。由于行政诉讼实行的是二审终审制度，因而审判监督程序并不是每个行政诉讼案件的必经程序，只是对已经发生法律效力的违反法律、法规的裁判确实需要再审时所适用的一种特殊行政诉讼程序。设立审判监督程序的目的是保证人民法院作出的裁判公正、正确。

一、审判监督程序与二审程序的关系

两者共同点在于都是以人民法院已经作出的裁判为基础，都是对人民法院的审判工作进行监督、保证办案质量的程序。两者的区别在于：

（一）提起的主体不同

提起审判监督程序的主体必须是法律明文规定的各类主体，包括各级人民法院院长与该院审判委员会、上级人民法院、最高人民法院、上级人民检察院等，当事人也可以申请再审。而提起上诉的主体，则是享有上诉权的当

事人,并且当事人的上诉必然引起第二审程序的发生。

(二) 提起的法定理由不同

提起审判监督程序必须具有法定理由,即人民法院已经发生法律效力的判决、裁定存在着行政诉讼法规定的特定情形,有关主体才能提起审判监督程序,且提起不受期限的限制。当然,当事人申请再审是有期限要求的。行政诉讼法对不同主体提起再审的事由有不同的规定。而提起二审程序的法定理由是当事人不服地方各级人民法院所作的第一审判决、裁定。只要是当事人不服一审人民法院的判决、裁定,即可在法定期限内提起上诉,它并不以一审判决、裁定违反法律、法规为前提。

(三) 审理的对象不同

审判监督程序审理的对象是已经生效的判决、裁定。特定情况下,行政赔偿调解书也可以成为提起审判监督程序的对象。《行政诉讼法》第92条规定,各级人民法院院长发现调解违反自愿原则或者调解书内容违法,认为需要再审的,应当提交审判委员会讨论决定;最高人民法院对地方各级人民法院发现调解违反自愿原则或者调解书内容违法的,有权提审或者指令下级人民法院再审等。而第二审程序审理的对象则是尚未生效的第一审判决、裁定。

(四) 审理的主体不同

适用审判监督程序审理的行政案件,既可以由原审人民法院审理,也可以由原审人民法院的上级人民法院审理。而适用第二审程序审理的行政案件,只能由第一审人民法院的上一级人民法院审理。

二、当事人的申请再审

(一) 申请再审的提起

《行政诉讼法》第90条规定,当事人对已经发生法律效力的判决、裁定,认为确有错误的,可以向上一级人民法院申请再审,但判决、裁定不停止执行。值得注意的是,

与旧法相比,行政诉讼法有两处改动。

1. 申请再审替代了"申诉"。旧法中规定,当事人对生效的裁判即使认为"确有错误"的,也只能提出"申诉",而与旧法不同的是,《行政诉讼法》中当事人则可以提出再审申请。"申诉"和申请再审有着显著的不同。

"申诉"属于政治权利、民主权利的范畴,而不是一个准确的法律概念,正因为如此,申诉后并不与司法程序有必然的联系。而申请再审则是一个诉讼程序,更能准确地体现诉讼法的特点,而且赋予当事人启动再审程序的权利,与旧法只给予当事人申诉权利、只能作为再审材料来源相比,行政诉讼法更充分考虑了当事人的主体地位和合法权利的保护。

2. 申请再审仅限于向上一级法院提供。旧法中规定既可以向原审法院也可以向上一级法院申诉,实践中导致当事人既向原审法院申诉也向上一级法院申诉的多头申诉、重复申诉、重复审查现象。而且让原审法院对自己作出的裁定、判决进行自我纠错,较为困难,也在客观上造成了"申诉难",造成了当事人对原审人民法院能否公正处理的不信任。此外,原审法院与上一级法院都有管辖权,也在客观上导致原审法院不愿再介入而将当事人推向上一级法院的现象,同时出现上一级法院希望原审法院自我纠错而将案件再审转交给原审法院这样来回推诿扯皮、不能使再审案件得到及时处理的现象。实际上,案件再审启动本身表明了当事人对原审法院的裁判异常不信任,而让上一级法院再审,更能解开当事人的心结。为此,行政诉讼法中删除了当事人向原审人民法院申请再审的规定,规定再审申请的法院是上一级法院,体现了对原审法院的监督,这也是对民事诉讼法内容的借鉴。

人民法院接到当事人的再审申请后,经审查,符合再审条件的,应当立案并及时通知各方当事人;不符合再审条件的,予以驳回。

(二) 申请再审事由

关于法院能够再审的事由,旧法中只是规定了"确有错误",但何为"确有错误",则语焉不详,未做明确的规定,造成实践中当事人和法院均对申诉再审的案件是否符合再审条件难以把握,从而使某些确有理由的申诉难以进入再审过程,又造成一些案件无限申诉、无限再审而浪费司法资源的现象。而行政诉讼法具体规定了当事人申请再审的条件,增强可操作性,减少随意性。一方面,避免对应当再审的案件不予再审现象,疏通当事人申请再审的渠道,切实保障当事人申请再审的权利;另一方面,避免不应再审而予以再审的现象,减少缠讼现象,防止权利滥用和司法资源浪费,为当事人申请再审权利的行使提供平等、公开、高效的程序保障。根据《行政诉讼法》第91条的规定,符合以下条件其一的,法院应当再审:(1) 不予受理或者驳回起诉确有错误的;(2) 有新的证据,足以推翻原判决、裁定的;(3) 原判决、裁定认定事实的主要证据不足、未经质证或者系伪造的；（4）原判决、裁定适用法律、法规确有错误的；（5）违反法律规定的诉讼程序，可能影响公正审判的；（6）原判决、裁定遗漏诉讼请求的；（7）据以作出原判决、裁定的法律文书被撤销或者变更的；（8）审判人员在审理该案件时有贪污受贿，徇私舞弊，枉法裁判行为的。只要符合行政诉讼法规定的再审条件，接受再审申请的法院就有义务再审。提起再审的事由明确，有利于当事人正确行使诉权，又便于法院审查决定是否对案件进行再审，同时也有利于阻止不符合法定事由的申请进入再审，从而维护生效裁判的稳定性。[1]

三、法院提起再审程序

是指法院在没有当事人申请或检察机关抗诉的情况下，发现生效裁判存在着法律规定的再审情形而依法启动再审程序。根据《行政诉讼法》第92条规定，各级人民法院院长对本院已经发生法律效力的判决、裁定，发现有本法第91条规定情形之一，或者发现调解违反自愿原则或者调解书内容违法，认为需要再审的，应当提交审判委员会讨论决定。最高人民法院对地方各级人民法院已经发生法律效力的判决、裁定，上级人民法院对下级人民法院已经发生法律效力的判决、裁定，发现有本法第91条规定情形之一，或者发现调解违反自愿原则或者调解书内容违法的，有权提审或者指令下级人民法院再审。与旧法相比，行政诉讼法对法院的再审程序予以以下修改：

1. 法院再审事由有了变化。旧法中把判决、裁定"违反法律、法规规定"作为法院启动再审的标准，行政诉讼法则做了具体规定，即有"有本法第九十一条规定情形之一"或"发现调解违反自愿原则或者调解书内容违法"，使法院启动再审的标准更为明确。对行政案件的调解，根据《行政诉讼法》第60条的规定，法院可以对行政赔偿、补偿以及行政机关行使法律、法规规定的自由裁量权的案件进行调解，但"调解应当遵循自愿、合法原则，不得损害国家利益、社会公共利益和他人合法权益"。因此，自愿与合法是行政诉讼调解的两个重要原则，不得违背当事人自愿而强迫调解，防止以判压调、以拖促调。

不过有一点疑惑，与法院启动再审相比，当事人申请再审的标准中没有

---

[1] 张传毅："行政再审制度之完善"，载《人民司法》2014年第15期。

将"调解违反自愿原则或者调解书内容违法"放入其中。难道这种情形当事人就不能申请再审吗？如果调解是在威胁、利诱等情况下进行的，或在调解书中有违法的内容且对一方当事人很不利的，当事人不能以此为由申请再审，而只有法院才能启动再审？如果这样，显然对当事人不公平。《2000年若干解释》第73条曾规定："当事人对已经发生法律效力的行政赔偿调解书，提出证据证明调解违反自愿原则或者调解协议的内容违反法律规定的，可以在2年内申请再审。"而行政诉讼法却剥夺了当事人的这些权利，显然是不适应现实要求的，是立法的一种退步。

2. 对依职权启动的主体进行了完善。依职权启动的主体可分为：各级法院院长与其审判委员会合起来作为一个主体；最高人民法院；上级人民法院。行政诉讼法在原来的基础上增加了"最高人民法院对地方各级人民法院已经发生法律效力的判决、裁定"的监督和启动再审程序，使依职权启动的主体在表述上更完整。

四、检察机关提起再审程序

检察机关提起再审程序主要是通过抗诉方式来进行的。《行政诉讼法》第93条规定："最高人民检察院对各级人民法院已经发生法律效力的判决、裁定，上级人民检察院对下级人民法院已经发生法律效力的判决、裁定，发现有本法第九十一条规定情形之一，或者发现调解书损害国家利益、社会公共利益的，应当提出抗诉。地方各级人民检察院对同级人民法院已经发生法律效力的判决、裁定，发现有本法第九十一条规定情形之一，或者发现调解书损害国家利益、社会公共利益的，可以向同级人民法院提出检察建议，并报上级人民检察院备案；也可以提请上级人民检察院向同级人民法院提出抗诉。各级人民检察院对审判监督程序以外的其他审判程序中审判人员的违法行为，有权向同级人民法院提出检察建议。"与旧法相比，行政诉讼法有以下几个方面的变化：

1. 对检察机关启动再审的事由进行了规定。旧法对检察机关启动再审的标准是"发现违反法律、法规规定"，行政诉讼法则进行了具体化。值得注意的是，检察机关启动再审的事由与当事人申请再审事由不完全相同，与法院启动再审事由也有差异。法院启动再审的事由是"有本法第九十一条规定情形之一,或者发现调解违反自愿原则或者调解书内容违法的",检察机关启动再审标准除了"有本法第九十一条规定情形之一"之外,还使用了"调解书损害国家利益、社会公共利益"的表述,与法院的"调解违反自愿原则或者调解书内容违法"的情形不同。立法者的用意是清楚的,即检察机关要注重国家利益、社会公共利益的维护,但难道法院发现了"调解书损害国家利益、社会公共利益"的情形就不能启动再审了?同样,检察机关发现"调解违反自愿原则或者调解书内容违法"的情形就不能提起抗诉了?在逻辑上显然不通。尤其是检察机关作为法律实施的监督者,除了对损害国家利益和公共利益的行为进行监督外,对明显违反调解自愿原则和调解书内容违法情形的,也不能置若罔闻。同样,对于检察机关抗诉中的"调解书损害国家利益、社会公共利益的"的情形,法院能否启动再审,当事人能否以此为由申请再审。[1]可见,从行政诉讼法对再审事由规定上看,"调解违反自愿原则或者调解书内容违法"的情形专属于法院启动再审事由,当事人和检察机关不能使用;而"调解书损害国家利益、社会公共利益的"的情形专属于检察机关启动再审事由,法院与当事人不能使用。这显然有悖基本法理。

再审程序是法院对生效裁判进行重新审视的一个特殊程序,其对象是裁判中存在的问题,其目的是及时纠正其中有严重错误的地方。因此,对不同的启动主体不能区别对待,不能实行不同的标准,应该实行统一的再审事由。

2. 明确了抗诉与被抗诉机关间的级别。抗诉权(除最高检对最高院可以同级抗诉外)发生在上级检察院和下级人民法院之间,属于"上级抗诉",即是上一级的检察院对下一级的法院进行抗诉,且抗诉权的行使,只能针对已生效的裁判。具体为:"最高人民检察院对各级人民法院已经发生法律效力的判决、裁定,上级人民检察院对下级人民法院已经发生法律效力的判决、裁定。"而旧法中没有明确抗诉时检察机关与法院间的级别问题,只是笼统地表述为检察院对法院的抗诉。

3. 对于同级之间,行政诉讼法引进了检察建议或提请上级检察院抗诉的方式,而不是直接抗诉。检察建议权的行使发生在"同级"检察院和法院之间,是"同级"检察院对同级法院行使的,目的是督促法院依法启动审判监

---

[1] 一般而言,从自身利益的角度,当事人不会主动以损害国家利益、社会公共利益之名来申请再审,但当调解违反了一方当事人自愿,而当事人以此为由申请再审时,往往会有举证上的困难。若以损害国家利益、社会公共利益为由,更具有直观性,更容易使再审程序得到启动。

督程序。

4. 增加了检察建议这种更为便捷的监督形式。旧法中只有抗诉这一种监督形式，而行政诉讼法还有检察建议这种便捷的监督形式。关于检察建议的含义，2009年11月最高人民检察院颁布的《人民检察院检察建议工作规定（试行）》中规定：检察建议是"人民检察院为促进法律正确实施、促进社会和谐稳定，在履行法律监督职能过程中，结合执法办案，建议有关单位完善制度，加强内部制约、监督，正确实施法律法规，完善社会管理、服务，预防和减少违法犯罪的一种方式"。检察建议虽非一项法定的法律监督职权或检察职权，但由于其柔性、灵活、简便，在检察业务部门得以广泛适用。[1]"检察建议作为一种柔性的、程序性的权力，能够及时便捷的运行，发挥提示督促的作用而不越权作出实体决定，恪守国家权力边界，更易为被监督者接受落实，具有更强的适应性和效率性，实现检察机关权力监督与监管机关专业判断之间的平衡。"[2]而且，检察建议具有多种作用。既可对生效的裁判启动再审程序，也可针对审判人员的违法行为启动人民法院内部的问责机制。具体而言，第一是建议同级法院再审。当然，这需要报上级检察机关备案。第二是对审判监督程序以外其他审判程序中审判人员违法行为的检察建议。我国各类国家机关都有自己的规章制度，以规范其工作人员的职务行为。当人民检察院发现审判监督程序以外的其他审判程序中审判人员有违法行为时，有权要求法院对审判人员的违法行为予以内部惩戒，启动人民法院内部问责机制。

五、再审案件的审理程序

行政诉讼法没有对再审程序作出明确规定，根据司法实践，再审案件的审理应当遵循如下程序：

（一）人民法院审理再审案件，应当另行组成合议庭

按照审判监督程序决定再审的案件，应当裁定中止原判决的执行；裁定由院长署名，加盖人民法院印章。上级人民法院决定提审或者指令下级人民

---

[1] 周彬彬："检察建议简论"，载《人民检察》2013年第13期。
[2] 郭林将："论检察建议对环境监管权的监督——基于浙江省环境检察建议的梳理与研究"，载《云南大学学报（法学版）》2013年第3期。

法院再审的，应当作出裁定，裁定应当写明中止原判决的执行；情况紧急的，可以将中止执行的裁定口头通知负责执行的人民法院或者作出生效判决、裁定的人民法院，但应当在口头通知后10日内发出裁定书。

（二）人民法院应根据不同案件分别适用不同的程序予以审理

人民法院按照审判监督程序再审的案件，发生法律效力的判决、裁定是由第一审人民法院作出的，按照第一审程序审理，所作的判决、裁定，当事人可以上诉；发生法律效力的判决、裁定是由第二审人民法院作出的，按照第二审程序审理，所作的判决、裁定是发生法律效力的终审判决、裁定；上级人民法院按照审判监督程序提审的，按照第二审程序审理，所作的判决、裁定是发生法律效力的终审判决、裁定。根据法律规定，凡原审人民法院审理再审案件，必须另行组成合议庭。

六、对再审事由的反思

《行政诉讼法》第91条规定了八种再审事由，仔细分析就会发现，这些再审事由规定得过于概括、宽泛、笼统，主观性较强，特别是像有新证据"足以推翻"原裁判、违反法定程序、"可能影响公正审判"、裁判认定的"主要证据不足"等，都有着很强的主观性，缺乏明确性、具体性、客观性要求，实践中难以把握。

1. 对于"不予立案或者驳回起诉确有错误的"再审事由

关于立案问题。按照行政诉讼法的规定，法院对当事人起诉采取立案登记制度。根据立案登记的通常含义，法院不再对当事人起诉进行实质性审查，而仅仅进行形式上的审查，主要审查起诉状的格式、是否属于本人起诉等外在形式条件，这样，基本上就不存在不予立案的情况了。而且，行政诉讼法还规定了立案时的法院释明和指导制度，"起诉状内容欠缺或者有其他错误的，应当给予指导和释明，并一次性告知当事人需要补正的内容"，[1]以及对少数情况起诉有困难的相对人允许口头起诉并由法院记录在案。[2]在这种情况下，立案已经不是问题了，如果还将此种情况作为再审事由，显然不合

---

[1]《行政诉讼法》第51条第3款的规定。
[2]《行政诉讼法》第50条第2款规定："书写起诉状确有困难的，可以口头起诉，由人民法院记入笔录，出具注明日期的书面凭证，并告知对方当事人。"

时宜。

关于驳回起诉问题。由于实行了登记立案,不存在驳回起诉的问题,而且按照行政诉讼法的裁判形式,只有驳回诉讼请求的形式[1]而没有驳回起诉的裁判形式。既然连驳回起诉的裁判形式都没有了,哪来的申请再审呢?显然,这一条再审事由要么不合时宜,要么与行政诉讼法的其他条款规定有出入。

2. 对于"有新的证据,足以推翻原判决、裁定的"再审事由

关于新证据是否可以作为再审的事由。新的证据是在原审程序没有提出的证据,一般包括三种情况:当事人在原审程序中没有发现该证据;当事人知道存在该证据,但因无法收集而没有提出;当事人持有该证据,但因各种原因而没有提出。[2]然而,这三种类型的新证据,并不是每一种类型都适合作为再审事由。特别是,行政诉讼有其特殊的举证规则,被告承担主要举证责任,举证实行限期制度,行政机关应当按照举证时限的要求及时地、全部地向法院提交其作出行政行为的证据和依据,若在法定时限内不提交证据的视为举证不能,要承担不利的后果。显然,允许行政机关在其后发现新证据而申请再审是不合理的。[3]尤其是在行政诉讼中一方当事人是相对强势的行政机关,对自己败诉的案件试图通过再审推翻的情况时常发生。而且,规定了有新证据作为再审的事由,与举证的时限要求相矛盾,并进而对举证时限制度否定,因为"不管在什么时候,只要发现原判认定的事实可以被推翻的新的证据,法院都可以启动再审程序,依据新的证据重新作出裁判。由于新的证据的出现没有数量和时间上的保障,在任何一个裁判之后,都有可能发现新的证据。因此,在任何时候都有可能出现新的裁判,这种对客观事实的追求没有时间和其他条件的限制"。[4]如此下去,行政裁判再审程序将无休无止。

关于"足以推翻原判决、裁定"的表述。是否达到"足以"的程度,属

---

[1] 《行政诉讼法》第69条规定:"行政行为证据确凿,适用法律、法规正确,符合法定程序的,或者原告申请被告履行法定职责或者给付义务理由不成立的,人民法院判决驳回原告的诉讼请求。"

[2] 参见张卫平:"民事再审事由研究",载《法学研究》2000年第5期。

[3] 正因为如此,所以,境外不少国家或地区启动再审程序的事由通常是法律上的问题,不允许用新的事实、证据以及原判决、裁定事实不清、证据不足为摧坏判决的既判力。

[4] 马怀德:《行政诉讼原理》,法律出版社2003年版,第407页。

于见仁见智的问题，带有很大的主观性，缺乏一致的标准，这种事由不符合再审事由的明晰性、具体性要求。而且什么样的程度达到"足以"的程度，属于法院审理过程中的判断，而不是再审程序启动时的判断。

3. 关于"原判决、裁定认定事实的主要证据不足、未经质证或者系伪造的"事由

对于"未经质证或者系伪造的"事由尚可以从形式或外观上直接作出判断，而"主要证据不足"的问题，则显得非常复杂。首先，何为主要证据，本身就有争议。从理论上来讲，主要证据应当是对裁判的作出起着主要影响的基本证据，是相对于次要证据而言的，但实践中操作起来还是有许多裁量空间，非常富有争议。其次，何为足与不足，又是一个难以判断的问题。一般而言，证据是否充足，可能有几种状态，一是拥有全部主要证据，足以作出裁判；二是拥有大部分主要证据，可以作出裁判；三是有了部分主要证据但还不能完全使裁判令人信服；四是没有任何主要证据。前两种状态是不存在的，而主要的是第二、三两种状态。然而，诉讼行为不可能像数学那样提前预设一个全集，然后根据集合中元素的多少来计算出充足程度。对是否充足不同的人往往看法各异，缺乏具体明确的衡量标准，特别是对证明标准与证明力往往难以量化，当事人与法院会出现不同认识，不仅给启动再审的主体留有空间，更给生效裁判留下了不稳定因素。值得注意的是，在民事诉讼法修改之前，也将"原判决、裁定认定事实的主要证据不足"作为，而司法实践表明，70%以上的申请再审案件，当事人均引用了该事由作为再审事由。但从各地调研的情况看，"原判决、裁定认定事实的主要证据不足"是再审事由中最难把握的再审事由，在实际运用中也最为混乱。[1]后来，民事诉讼法将此项做了修改，使之更明晰化、客观化，增加了可操作性的内容。而行政诉讼法不但没有从民事诉讼的实践中汲取教训，反而重蹈覆辙，不能不说是个遗憾。此外，这里的"主要证据不足"与第二项的"新证据"可能还存在着逻辑上的重合问题，因为"未经质证"的证据实际上也算是一种新证据。

4. 关于"原判决、裁定适用法律、法规确有错误"的再审事由

对法律适用中的问题作为再审事由是可以理解的，但关键是什么样的法

---

[1] 孙祥壮："再审事由之'原判决、裁定认定的基本事实缺乏证据证明'的初步解读"，载《法律适用》2009年第9期。

律适用问题才可以作为再审事由。该项规定是"确有错误",不仅带有浓烈的主观色彩,更是规定得过于笼统,实践中难以把握,不宜操作。其结果就会产生随意性问题,稍有不同看法便以法律法规适用"确有错误"为由启动再审,必然损害了生效裁判的既判力,浪费了司法资源,更影响裁判的终局性和权威性。实际上,"从严格的意义而言,司法错误并不能等同于司法不公,人们不应将一切司法错误皆归于司法不公之列,现代各国的再审程序制度意在维护司法公正,而非纠正一切司法错误"。[1]在适用法律是否错误的问题上,要分不同的情况进行列明,也不应将所有的法律法规适用错误都作为再审事由。如果法官对法律法规相关条款理解上出现了错误,裁判适用法律法规违反了法律下位法服从上位法、特别法优于一般法、旧法与新法的适用问题等属于明显的法律法规适用问题的,可以作为本项再审事由;但如果适用此法与彼法都没有错,或适用此条款与彼条款都没有错的,则不可以作为再审的事由。对此,要通过法律解释进行界定,而不能笼统地将所有的法律法规适用问题都作为再审事由。

5. 关于"违反法律规定的诉讼程序,可能影响公正审判的"事由

这一再审事由在《2000年若干解释》中就原原本本地出现过,现在只不过是将之写进新修订的行政诉讼法中而已。而当初该事由写入《2000年若干解释》时就存在许多争议。张树义先生曾认为,只要法院的裁判行为违反法定程序,就已经有"可能影响案件的正确裁判",没有必要再以是否影响案件正确裁判为前提了。因此,他建议去掉后面"可能影响案件的正确裁判"的表述。[2]而且,是否"影响公正审判",带有很强的主观性,缺乏科学的参照标准,"在很多情况下,法院审理案件违反法定程序,是否可能影响案件的正确裁判,是很难判断的"。[3]另外,法定程序是一个范围很广的概念,许多问题都是程序问题,且都有法律的规定,也可称之为法定程序,但并非所有的违反法定程序都应作为再审事由。例如,法院管辖问题属于法定程序问题,

---

[1] 虞政平:"再审程序有限性的思考",载《人民法院报》2001年9月20日。
[2] 参见张树义:《寻求行政诉讼制度发展的良性循环》,中国政法大学出版社2000年版,第354页。
[3] 甘文:《行政诉讼法司法解释之评论——理由、观点与问题》,中国法制出版社2000年版,第195页。

但就不应该作为再审事由。[1]要分清具体类型，分清是否是重大程序瑕疵。只有严重违反法定程序的裁判才需要用诉讼成本较高的再审程序来纠正，不能动辄以法定程序违法为由启动再审。因此，应当将有重大瑕疵的程序列入再审事由，并同时对此类法定程序进行明确、具体的列举。例如，在德国，再审事由中的"为判决的法院不是依法律组成""依法不得执行法官职务的法官参与审判""法官因有偏颇之虞应行回避，并且回避申请已经宣告理由，而该法官仍参与裁判""当事人一方在诉讼中未经合法代理"等。又如，在我国台湾地区，行政诉讼再审事由中的"判决法院之组织不合法者""依法律或裁判应回避之法官参与裁判者""当事人于诉讼未经合法代理或代表者"等，都属于此类。当然对作为再审事由进行具体列举时可能会出现遗漏，但便于实践操作，更可防止再审程序启动的泛化。

6. 关于调解书的启动再审事由

行政诉讼法分别对法院、检察院在调解书方面启动再审程序作了不同规定，法院侧重于调解书"违反自愿原则或者调解书内容违法"的情形，检察院侧重于调解书"损害国家利益、社会公共利益的"的情形。其实，无论是哪一种情况，都含义不明确。怎样才算是违反自愿原则？调解书内容违法到什么程度？何为国家利益？社会公共利益的含义与范围包括哪些？损害的程度是多大？都是过于原则性的表述。含义的不明确，给随意启动再审程序提供了空间，也给生效裁判埋下了不稳定种子。

对再审事由的表述要明晰，要求具体、客观、明确、易于操作，是一个普通人从外在形式上就可以作出判断的事由，而对那些主观因素较多、模棱两可、见仁见智、易产生歧义的事由不应作为再审事由。实际上，在境外，一些国家或地区的行政诉讼法中也有对再审事由的规定。例如，法国行政诉讼再审事由包括：原裁判的证据属于伪造；一方当事人发现自己败诉是对方没有透露某项决定性的证据而导致的等。德国行政诉讼再审事由参照其《民

---

[1] 因为管辖制度主要解决一审案件的审判权由哪个法院行使的问题，管辖错误最直接的法律后果是法院和当事人进行诉讼的不方便，但对案件裁判的公正性并没有直接影响，如果允许对"管辖错误"提起再审，与再审的性质和功能不相符。参见潘剑锋："论'管辖错误'不宜作为再审事由"，载《法律适用》2009年第2期。在国外，管辖问题也是不被作为再审事由的，例如，在德国，原审法院违法管辖是不能被声明不服的，不能被控诉、上告，更不能被申请再审，这是因为一审法院的等值原则。参见朱金高："再审事由的深度透析"，载《法律科学》2013年第5期。

事诉讼法》第579条[1]和第580条[2]的规定，分为无效之诉和回复原状之诉，包括"违反关于法官席位组成的各种规定，包括审判组织在审理或者裁判时没有按规定组建、依法应当自行回避的法官的参与、被成功申请回避的法官的参与"。[3]我国台湾地区的"行政诉讼法"第273条对再审事由也做了较为详细的列举。[4]从境外情况看，对行政诉讼再审事由都作了非常明确、具体的规定，有利于当事人和其他机关正确启动再审程序，也有利于在法院纠错的同时维护生效裁判的既判力。而从上述我国行政诉讼再审事由来看，由于规定过于原则、概括以及内容含糊不清，提起再审程序相对容易。其结果是，因生效裁判确定的各种法律关系的稳定性受到威胁，胜诉的不放心、败诉的不甘心，法律关系处于悬置状态，使法院裁判的既判力受到严重影响，并进而损害了法律的严肃性和权威性。而且，使两审终审形同虚设，终审不终，耗费了法院大量人力、物力和精力，浪费了有限的司法资源，也使当事人陷入讼累。

为此，我国行政诉讼的再审事由应当剔除其模糊性、不确定性的表述，对再审事由作出明晰的可操作性的列举。以维护法院裁判的既判力为前提，坚持裁判书中"错误"的严重性标准、明确性标准、范围的有限性与特定性

---

[1]《德国民事诉讼法》第579条的取消之诉规定了下列事由：（1）为判决的法院不是依法律组成的；（2）依法不得执行法官职务的法官参与审判，但主张此种回避原因而提出回避申请或上诉，未经准许的除外；（3）法官因有偏颇之虞应行回避，并且回避申请已经宣告理由，而该法官仍参与裁判；（4）当事人一方在诉讼中未经合法代理，但当事人对于诉讼进行已明示或默示地承认的除外。

[2]《德国民事诉讼法》第580条的回复原状之诉规定了下列事由：（1）对方当事人宣誓作证，判决即以其证言为基础，而该当事人关于此项证言犯有故意或过失违反宣誓义务的罪行；（2）作为判决基础的证书是伪造或变造的；（3）判决系以证言或鉴定为基础，而证人或鉴定人犯有违反其真实义务的罪行；（4）当事人的代理人或对方当事人或其代理人犯有与诉讼事件有关的罪行，而判决是基于这种行为作出的；（5）参与判决的法官犯有与诉讼事件有关的、不利于当事人的违反其职务上义务的罪行；（6）判决是以某一普通法院或原特别法院或某一行政法院的判决为基础，而这些判决已由另一确定判决所撤销；（7）当事人发现以前就同一事件所作的确定判决，或者发现另一证书，或者自己能使用这种判决或证书，这种判决和证书可以使自己得到有利的裁判。

[3][德]罗森贝克、施瓦布、戈特瓦尔德：《德国民事诉讼法》（下），李大雪译，中国法制出版社2007年版，第1212页。

[4] 我国台湾地区的"行政诉讼法"第273条规定的再审事由包括："判决法院之组织不合法者""依法律或裁判应回避之法官参与裁判者""当事人于诉讼未经合法代理或代表者""参与裁判之法官关于该诉讼违背职务，犯刑事上之罪者""为判决基础之证物系伪造或变造者""证人、鉴定人或通译就为判决基础之证言、鉴定或通译为虚伪陈述者""为判决基础之民事或刑事判决及其它裁判或行政处分，依其后之确定裁判或行政处分已变更者"等。参见中国宪政网：http://www.calaw.cn/article/default.asp?id=3120。

标准。目前，可以对行政诉讼法中再审事由的模糊之处作出立法或司法解释，使其模糊、主观性内容进一步得到技术性的细化。

结合行政诉讼法关于再审事由的八个事由规定，笔者认为，一部分再审事由可以保留，大部分再审事由可以进行解释性改造。具体而言，对于"不予立案或者驳回起诉确有错误"的事由，由于行政诉讼法修改后基本上不存在此类情形，对此项再审事由可搁置不用。对"有新的证据，足以推翻原判决、裁定"的事由可以进行解释性改造，改造为特殊情况下对原告有利的表述，例如，某一重要证据对原告有利但为行政机关所掌握，而行政机关在举证时却不予拿出、致使原告败诉的，而裁判生效后，新证据出现了，应允许原告以此作为申请再审的事由。对"原判决、裁定认定事实的主要证据不足、未经质证或者系伪造"的事由，可删除"不足"的情形，保留"原判决、裁定认定事实的主要证据未经质证或者系伪造"，这就易于判断，具有较强的操作性。对"原判决、裁定适用法律、法规确有错误"的事由，可做出进一步的具体明确，将之解释为以下三种情形：引用法律条文错误或者适用失效、尚未生效法律的；违反法律关于溯及力规定的；违反立法法适用规则的。[1] 关于"违反法律规定的诉讼程序，可能影响公正审判"的事由，可解释为回避与代理的内容，即"依法应回避而没有回避的裁判参与人参与裁判者"；"诉讼代理人无权代理或超越代理权而没有经追认的"。

第五节　对妨碍行政诉讼行为的强制措施

妨害行政诉讼行为是指当事人、其他诉讼参与人或案外人在诉讼过程中故意实施的扰乱行政诉讼秩序、阻挠行政诉讼进程的行为。对妨害行政诉讼的行为实行强制措施，是法院为了保障行政诉讼活动顺利进行，对实施妨害行为的人或单位依法进行处理的行为。通过处理，意在对当事人起到督促、威慑作用，有效维护正常的诉讼秩序和法律尊严，保障人民法院正常行使审判权，保障当事人、其他诉讼参与人充分行使行政诉讼权利。

---

〔1〕 即立法法中所规定的上位法与下位法、新法与旧法、特别法与一般法等适用及冲突解决的规定。

一、妨害行政诉讼行为的构成

妨害行政诉讼行为,其构成要件主要有:

(一) 已经实施并在客观上妨害了行政诉讼的行为

这是构成妨害行政诉讼行为的客观要件。如果只是行为人主观上的一种打算而没有实际实施,或者尽管实施了但不足以妨害行政诉讼,都不是妨害行政诉讼的行为。妨害行政诉讼的行为,可以是作为,也可以是不作为。前者如伪造、隐藏、毁灭证据或者提供虚假证明材料等,后者如有义务协助调查、执行的人,无故推拖、拒绝或者妨碍调查、执行等。如果行为人实施的妨害行政诉讼行为十分严重,构成了犯罪,就应当按照刑法的规定处以刑罚。

(二) 在诉讼过程中实施的行为

这是构成妨害行政诉讼行为的时间要件。妨害行政诉讼的行为以扰乱、阻碍行政诉讼的正常进行为目的,因此,妨害行政诉讼行为也必须是在行政诉讼过程中实施的行为。这里行政诉讼过程不仅包括审判过程,而且包括执行过程。也就是说,只要是行为人在立案之后、执行结束之前实施了妨害行政诉讼的行为,不管该行为是在法庭上实施的,还是在法庭外实施的,都构成妨害行政诉讼的行为。

(三) 行为人主观上出于故意

这是妨害行政诉讼行为的主观要件。如果某一行为的实施不是出于行为人的故意,而是出于过失,即使这一行为在客观上可能给行政诉讼的正常进行造成一定程度的不便,也不能认定为妨害行政诉讼的行为。此处所谓"故意",是指行为人明知自己实施的行为会妨害行政诉讼程序,而且希望或者放任这种情形的发生。

二、妨碍行政诉讼行为的情形

《行政诉讼法》第59条第1款规定了七种妨碍行政诉讼的情形,与旧法相比,不仅在数量上增加了,而且在内容上也进一步完善了。

(一) 有义务协助调查、执行的人,对人民法院的协助调查决定、协助执行通知书,无故推拖、拒绝或者妨碍调查、执行的情形

在《行政诉讼法》第59条第1款第1项中,增加了对妨碍法院调查行为

的处理。旧法中规定诉讼参与人或者其他人有义务"协助执行"而无故推拖、拒绝或者妨碍的，要受到处罚。只就执行问题对当事人作出了限制，却未对有关调查方面的问题作出限制。而《行政诉讼法》在第59条第1款第1项中增加了"协助调查"的内容，是对原法条的完善。"协助调查"目的是搞清相关问题，既可能是在调取证据阶段，也可能是在执行阶段，是诉讼中法院一项重要的诉讼活动。由于法院具有在一定条件下依职权调取证据的权力，但在司法实践中，特别是在庭审中，双方当事人举证完毕后，法院对有关当事人提出证据的真实性难以认定，当需要进行调查时，往往因一些单位或个人对法院的调查不予配合，致使审判工作出现延期审理甚至无法继续审理的尴尬情形。行政诉讼法中增加了协助调查的规定，并将之归入到妨碍行政诉讼行为的范围，对其进行应有的惩戒，以减少现实中此类现象的发生。妨碍法院调查行为一般包括无故拖延行为、明确拒绝行为和采取措施阻碍的行为。

（二）伪造、隐藏、毁灭证据或者提供虚假证明材料，妨碍人民法院审理案件的情形

《行政诉讼法》第59条第1款第2项内容，在旧法"伪造、隐藏、毁灭证据"表述的基础上，增加了"提供虚假证明材料，妨碍人民法院审理案件"的情形。证明材料是由有关单位出具的，对有关公民、法人、组织的资格、身份、权限予以证明的具有公信力的文件。证明材料对案件事实的认定，对判明双方权利义务极为重要，一律不得伪造。所谓提供虚假证明材料应当是指属于最高人民法院《证据规定》第57条中规定的"不具有合法性和真实性的其他证据材料"，提供虚假的证明材料具有与提供虚假证据同样恶劣的性质。行政诉讼法如此规定，既体现了我国行政诉讼立法技术的不断提高，也是对我国政府、事业单位公信力的有力维护。此外，还将上述行为与"妨碍人民法院审理案件"相联系，"妨碍人民法院审理案件"是上述行为的最终行为结果。"提供虚假证明材料"使审判人员对案件的事实和证据的判断产生偏差或错误，影响了法院对行政案件情节的认定，可认定为"妨碍人民法院审理案件"的情形。即只有达到妨碍人民法院审理案件的程度，才可以对其采取强制措施，体现了上述行为与案件审理的关联性，也是对民事诉讼法[1]等

---

〔1〕《民事诉讼法》第111条规定："诉讼参与人或者其他人有下列行为之一的，人民法院可以根据情节轻重予以罚款、拘留；构成犯罪的，依法追究刑事责任：（一）伪造、毁灭重要证据，妨碍人民法院审理案件的；……"

表述的有益借鉴。

（三）指使、贿买、胁迫他人作伪证或者威胁、阻止证人作证的情形

该情形在旧法中已经有了规定。

（四）隐藏、转移、变卖、毁损已被查封、扣押、冻结的财产的情形

该情形在旧法中也有了规定。

（五）以欺骗、胁迫等非法手段使原告撤诉的情形

《行政诉讼法》第59条第1款在旧法的基础上增加了第5项"以欺骗、胁迫等非法手段使原告撤诉"的情形。这些现象在现实中较为普遍，行政机关为了达到让原告撤诉的目的，往往采取软硬兼施的手段，通常表现为：基于其自身所处的优势地位，或者给予原告人以空头许诺，以促使其申请撤销案件；或者利用其地位，对原告人威逼利诱，促使其信心动摇，最终达到原告撤诉的有利情形。这都是违背法治精神、损害当事人合法权益、损害法治权威的做法。该项只是简单地列举了"欺骗、胁迫"的非法手段，但"等"字后面意味着只要是非法手段，并且以让原告撤诉为目的的，都应归为该项之中，体现了对行政机关干扰行政诉讼的治理态度。当然，在行政诉讼中，如果被告主动改变其行政行为，并在自愿的基础上原告主动申请撤诉的，则不在此列。

（六）以暴力、威胁或者其他方法阻碍人民法院工作人员执行职务，或者以哄闹、冲击法庭等方法扰乱人民法院工作秩序的情形

对于妨碍法院工作秩序的行为，《行政诉讼法》第59条第1款第6项在旧法规定的基础上，增加了扰乱人民法院工作秩序的"以哄闹、冲击法庭"等方法。该项包括两种情形，一是阻碍执行职务的行为，二是扰乱法院工作秩序的行为。行政诉讼法增加的是扰乱法院工作秩序的行为。现实中扰乱法院工作执行的现象较为普遍，当事人对法院的裁判结果一时难以接受，便采取各种方法来干扰法院秩序，其中哄闹、冲击法庭的行为最为普遍。近年以来，以哄闹、冲击法庭等方法干扰正常审判活动、藐视法庭权威的事件屡有发生。例如，2014年10月29日，温州鹿城区人民法院开庭审理670余名业主诉某开发公司商品房预售合同纠纷过程中，多人违反法庭规则情节严重、阻碍司法工作人员执行职务。[1] 又如，2009年7月2日上午8时40分左右，

---

[1] 鹿轩："排'人龙'企图干预庭审 4人哄闹法院被司法拘留"，载《温州日报》2014年10月30日。

广东梅县人民法院开庭前,蓬下村140多名群众以旁听为由突然来到法院,9时30分左右,在宣判过程中,到庭旁听的蓬下村几十名群众开始聚众哄闹,冲击法庭,有人还殴打了在场的司法人员,破坏法庭的护栏设施等,导致宣判一度被迫中断。[1]为此,在行政诉讼法中明确增加以哄闹、冲击法庭等方法的规定可对以后的行政审判实践起到未雨绸缪的作用。

行政诉讼法对扰乱法院工作秩序的行为规定除了列举了哄闹、冲击法庭方法外,后面用了"等"字,意味着并不止于这两种情形。

(七)对人民法院审判人员或者其他工作人员、诉讼参与人、协助调查和执行人恐吓、侮辱、诽谤、诬陷、殴打、围攻或者打击报复的情形

在《行政诉讼法》第59条第1款第7项中,一是将旧法中的"法院工作人员"改为"法院审判人员或者其他工作人员",[2]这主要是为了适应法院人员分类管理的需要。按照目前法院人员的分类管理,法院人员划分为法官、审判辅助人员和司法行政人员。[3]法官属于审判人员,而其他人可以统称为工作人员,旧法中的"工作人员"难以准确反映法院人员的特性。二是除了保留旧法中的"协助执行人"外,还增加了"协助调查人",体现了对此类人员的保护。三是对人民法院审判人员或者其他工作人员、诉讼参与人、协助执行人的妨碍行为,除了原有侮辱、诽谤、诬陷、殴打、打击报复等行为外,又增加了"恐吓""围攻"等现实中常见的现象,加大了对司法人员的人身保护。恐吓行为是以加害他人权益或公共利益等事项威胁司法人员,使司法人员感到畏惧恐慌的行为。围攻即众多人恶意聚集共同对司法人员施以暴力的行为。恐吓、围攻等情节作为在近年新出现的阻碍司法活动正常进行的手段,因其主观恶性大、参与人数多等特点,很容易在社会上引起轰动,其造成的影响恶劣,使正常的审判活动无法进行,正常的法庭秩序和执法程序无法维持,是对我国司法权威的蔑视。2014年5月8日,广东省中山市杜某因交通事故致人死亡,法院判决其赔偿后其拒不执行,在法院执行人员强制

---

[1] 详见"法院庭审时遭数十名旁听者哄闹冲击",载 http://www.chinanews.com/sh/news/2009/07-03/1760332.shtml。

[2] 但在第6项中,仍然使用"法院工作人员",不知是另有含义还是修改中的疏漏。

[3] 其中,审判辅助人员包括法官助理、书记员、司法警察等,明确各类人员不同的工作职责,按照工作性质和岗位特点,对各类人员实行不同的管理。

执行时，男子竟威胁、围攻执法人员。[1]在行政诉讼法中列明恐吓和围攻的违法行为，体现了国家对此两种特殊行为的打击力度。

三、行政诉讼法对妨碍行政诉讼行为强制措施的完善

根据《行政诉讼法》第 59 条的规定，诉讼参与人或者其他人有妨碍行政诉讼行为的，人民法院可以根据情节轻重，予以训诫、责令具结悔过或者处 1 万元以下的罚款、15 日以下的拘留；构成犯罪的，依法追究刑事责任。是单位的，可以对其主要负责人或者直接责任人员依照规定予以罚款、拘留；构成犯罪的，依法追究刑事责任。

与旧法相比，行政诉讼法加大了对妨碍诉讼行为的处罚力度。

（一）在罚款数量上

在当初旧行政诉讼法制定时，根据当时社会经济发展水平，将罚款数额定为 1000 元符合当时情形且具有适度的超前性，而且在相当长的时间里也确实适应了我国处理行政案件的需求。而经过二十多年后形势变化的今天，旧法仅是 1000 元以下的罚款，在当今物价较高的情况下已不能很好地督促当事人履行义务，难以达到对违法者惩戒的目的，处罚措施的督促性已有所降低，所以处罚数额的修改迫在眉睫。为此，行政诉讼法由以前的 1000 元以下改为 10 000 元以下，提升了罚款额度。这与当今的经济发展水平有关，更与对妨碍诉讼的处罚力度加大有关，对妨碍行政诉讼的行为将起到惩罚和威慑作用。

值得注意的是，由于行政案件有其自身的特殊性，不同于民事案件、刑事案件，所以行政诉讼法并没有照搬民事诉讼法中将处罚数额规定为个人 10 万元以下，单位 5 万以上 100 万以下的做法，是值得肯定的。

（二）在处罚形式上

除了罚款外，对妨碍诉讼的行为，还有可能处司法拘留，甚至追究刑事责任。对妨碍行政诉讼行为的处罚形式体现在《行政诉讼法》第 59 条第 1 款的第 1 段和第 2 款的规定中。第 1 款第 1 段规定的处罚形式主要针对个人，处罚形式有：罚款、拘留、刑事责任。值得注意的是，《行政诉讼法》第 59 条第 2 款规定，对单位有妨碍诉讼行为的，还可以对其主要负责人或者直接责

---

[1] 李世寅、刘峰："威胁围攻执行人员 老赖获刑一年"，载 http://paper.nandu.com/nis/201405/08/212836.html.

任人员处以罚款、拘留；构成犯罪的，还要追究刑事责任。这里的单位主要负责人应当是单位的第一把手，可能是正职，也可能是主持工作的副职，但无论如何，都不应该是单位的分管领导。而直接责任人是指直接实施妨碍行政诉讼活动的行政机关工作人员。让直接责任人员承担责任是理所当然的事情，而让单位主要负责人承担责任，就成了行政诉讼法的一大亮点。旧法中只涉及单位，而没有涉及对单位负责人的法律责任问题，现实中效果不佳。行政诉讼法该条第2款的增加，目的是想通过对单位负责人苛以责任促使其约束单位其他人的行为，可以收到很好的威慑效果。同时，通过给单位负责人戴上法律的"紧箍咒"，促使其平时注意约束单位工作人员的不良行为，对其错误行为及时予以纠正，而其下属基于严格的上下级从属关系，在做出不良行为时也会顾及上级的利益。这样将上下级之间的权利义务相绑，可有效降低单位人员群体干扰司法活动的情形发生，做到防患于未然。这种措施的规定，对于行政诉讼更有价值，特别是对具有强势地位的行政机关具有威慑力，体现了诉讼过程的严肃性和权威性。当然，让单位主要负责人承担责任，实践中可能存在着如何执行的问题。

值得注意的是，行政诉讼法还规定了对妨碍行政诉讼行为采取强制措施后的救济。对罚款、拘留、追究刑事责任处罚不服的，旧法也规定了复议的救济途径，但没有明确向谁提出、提起的次数以及复议期间是否停止执行等问题。而《行政诉讼法》第59条第3款对此作了明确规定。即被采取强制措施的人可以向上级法院申请行政复议，这与先予执行不服的向作出裁定的法院申请复议有所区别；复议次数只有一次，平息了现实中是否可以多次申请复议的争议；而且明确规定了复议期间不停止强制措施的执行。

第七章 行政诉讼的法律适用

第一节 行政诉讼法律适用概述

一、行政诉讼法律适用的概念

行政诉讼的法律适用是指人民法院审理行政案件,依据法律、法规,参照规章,对行政行为的合法性进行审查、评价和作出裁判的活动。

行政诉讼法律适用主要解决人民法院对被诉行政行为合法性进行审查的法律依据问题。我国没有统一的行政实体法,这就给行政审判法律适用带来了诸多困难,加之行政法律规范的制定主体呈现多元化趋势,行政法律规范等级和效力不一样。所以,这些行政法律规范是否都属于人民法院行政诉讼法律适用对象,它们对人民法院行政审判的约束力和效力如何认定等,都是行政诉讼过程中应当首先解决的问题。

二、行政诉讼法律适用的特征

与刑事诉讼、民事诉讼和行政主体在行政执法活动中的法律适用相比,行政诉讼法律适用具有以下几个特点:

(一)行政诉讼法律适用的主体只能是享有行政审判职权的人民法院

在行政诉讼中,人民法院依据法律、法规对行政案件作出裁判,法律适用的主体是人民法院;而行政主体在行政执法活动中,根据管理需要,具体运用行政法规范对行政管理事务作出处理,行政主体是法律适用的主体。在行政诉讼中,法律适用的主体只能是享有行政案件审判权的人民法院,而在民事诉讼、刑事诉讼中，法律适用的主体既可以是普通人民法院，也可以是专门人民法院。

(二) 行政诉讼法律适用是人民法院对行政案件的第二次法律适用

人民法院适用有关法律规范对行政行为的合法性进行审查，其实质是对行政机关适用法律、法规的情况进行监督。而民事诉讼和刑事诉讼的法律适用则不具有上述特点，人民法院直接适用民事法律规范或者刑事法律规范对当事人争议事项作出裁决。

(三) 行政诉讼法律适用具有多样性

根据我国行政诉讼法的相关规定，行政诉讼法律适用有"依据"和"参照"两种形式。关于"依据"，行政诉讼法规定，人民法院审理行政案件，以法律、行政法规、地方性法规、自治条例和单行条例为依据；关于"参照"，《行政诉讼法》第63条规定，人民法院审理行政案件，参照行政规章；根据《行政诉讼法》第101条规定，人民法院审理行政案件，关于期间、送达、财产保全、开庭审理、调解、中止诉讼、终结诉讼、简易程序、执行等，以及人民检察院对行政案件受理、审理、裁判、执行的监督，行政诉讼法中没有规定的，则适用民事诉讼法的相关规定。

(四) 是对法律规范的最终适用，具有最终的法律效力

根据司法最终解决的原则，行政诉讼法律适用是对法律规范的最终适用，具有最终的法律效力。行政诉讼法律适用的效力不仅高于行政主体在行政执法中的法律适用，而且也高于行政复议机关在审理行政复议案件中的法律适用，所以行政诉讼法律适用的效力体现了司法审判最终解决行政争议的精神。

第二节 行政诉讼法律适用规则

按照行政诉讼法的规定，我国行政诉讼法律适用的依据是法律、法规，并参照规章。

一、法律、法规及自治条例、单行条例是行政审判的依据

行政审判的依据是人民法院审理行政案件，对行政行为合法性进行审查和裁判的标准和尺度。对于作为审理依据的规范，人民法院审理行政案件时

"必须遵循",即"必须直接适用",人民法院无权拒绝适用。如果人民法院认为"待适用的审理依据"不合法,则只能送请有权机关作出解释或者确认,而无权自行判断该依据的合法性。[1]《行政诉讼法》第 63 条第 1、2 款规定:"人民法院审理行政案件,以法律和行政法规、地方性法规为依据。地方性法规适用于本行政区域内发生的行政案件。人民法院审理民族自治地方的行政案件,并以该民族自治地方的自治条例和单行条例为依据。"因此,我国行政审判的依据是法律、法规,其中,法规包括行政法规、地方性法规;而自治条例、单行条例以及经济特区法规实际上也是一种特殊的地方性法规,都属于行政诉讼的审理依据。

人民法院审理行政案件必须以法律、法规为依据,这是由法律、法规的制定机关在我国国家机构体系中的地位决定的。除行政法规由国务院制定外,法律和其他法规都是由相应的人民代表大会或其常务委员会制定的。根据人民代表大会制度,国家审判机关由人民代表大会产生,对它负责,受它监督。因此,作为国家审判机关的人民法院不能自行否定由人民代表大会制定或者由其常委会制定的法律、法规的效力。既然人民法院不能自行否定地方性法规的效力,自然也不能自行否定效力高于地方性法规的行政法规。

二、司法解释的直接适用

最高人民法院所作的解释,即审判解释,是指最高人民法院根据法律和有关立法精神,结合审判工作实际需要,对于人民法院在审判过程中如何具体应用法律的问题所进行的具力普遍约束力的解释,它是对法律的具体化。最高人民法院的审判解释权,是根据 1981 年《全国人民代表大会常务委员会关于加强法律解释工作的决议》《人民法院组织法》第 33 条获得的。2015 年新修订的《立法法》第 104 条进一步明确规定:"最高人民法院、最高人民检察院作出的属于审判、检察工作中具体应用法律的解释,应当主要针对具体的法律条文,并符合立法的目的、原则和原意。"司法解释是我国法律规范体系的重要组成部分,在当前调整社会关系、指导我国各级人民法院审判工作中,对我国法律具体条文的补充与扩展,加强社会主义法制建设有着非常重要的作用。在法律存在漏洞或模糊不清的情况下,司法解释具有填补漏洞和

---

[1] 季宏:《行政法与行政诉讼法学》,知识产权出版社 2010 年版,第 249 页。

使模糊条文更加明确化的作用。作为法律授予最高人民法院的一项权力，司法解释虽然不属于创制性立法，但具有执行性立法的性质，自然成了各级人民法院行政审判的法律依据。人民法院审理行政案件，适用最高人民法院司法解释的，应当在裁判文书中援引。

三、规章的参照适用

《行政诉讼法》第63条第3款规定，人民法院审理行政案件，参照规章。作为审理参照的规范，人民法院并非无条件适用，而是有条件地适用。人民法院的审理参照的是行政规章，包括部门规章和地方政府规章。部门规章，除国务院部委规章外，还包括国务院其他部门根据法律和国务院的行政法规、决定、命令制定、发布的规章；地方政府规章包括省、自治区、直辖市和设区的市、自治州的人民政府制定的规章。

这里的"参照"与"依据"有着明显的不同：依据是指人民法院审理行政案件时，必须适用的规范，不能拒绝适用；参照则是指在某些情况下可以适用，在某些情况下也可以不予适用。如果规章的相关内容不符合法律、法规的规定，人民法院就可以不适用该规章。

规章不能作为审判依据而只能作为参照的原因：第一，行政机关制定规章并且执行规章，如果人民法院又将其作为行政审判法律适用的依据，实际上是人民法院在行政审判中以行政机关的抽象行政行为去判断其具体行政行为是否合法，结果导致行政机关为自己的行为制定人民法院进行司法审查的标准。这样，行政机关既是"裁判员"，又是"运动员"，违背了自然公正的法治精神。第二，制定规章主体的多层次性，必然导致规章质量的参差不齐。如果允许规章作为人民法院审理行政案件法律适用的依据，将不利于人民法院对行政案件作出公正合理的处理。

但另一方面，行政审判还要对规章进行"参照"，离开了对规章的参照，行政审判往往难以进行。原因在于：目前规章数量众多，在我国行政管理中起着非常重要的作用，不少行政管理行为依据规章的规定作出，规章适用频率很高，尤其是在法律、法规对某一行政管理事项没有明确规定时，规章更是许多行政行为作出的主要依据。因此，离开了对规章的参照，人民法院是很难对行政行为的合法性作出审查的。而且，规章毕竟是法定国家行政机关依法制定的,是我国法律体系的组成部分,所以,行政审判对符合法律、法规规定的规章赋予"参照"地位是适宜的。

值得注意的是,行政诉讼法对"参照规章"的条款表述更为经济。旧法第53条详细地列出了法院审理行政案件时,参照的各类规章的名称,即"人民法院审理行政案件,参照国务院部、委根据法律和国务院的行政法规、决定、命令制定、发布的规章以及省、自治区、直辖市和省、自治区的人民政府所在地的市和经国务院批准的较大的市的人民政府根据法律和国务院的行政法规制定、发布的规章"。而《行政诉讼法》将旧法第53条改为其第63条的第3款,只是简洁地表述为"参照规章"。因为规章的范围已经为人公知,而且,立法法已经对规章作出明确的规定和解释,行政诉讼法就没有必要一一列出,体现了立法的节约性,体现了对理论研究成果和实务经验的吸纳。

四、其他规范性文件的参考适用

其他规范性文件是指规章以下的具有普遍约束力的行政决定、命令的总称。其他规范性文件不属于法的范畴,因此对法院没有强制约束力。但在实践中,很多规范性文件成了行政机关进行行政管理的重要依据,行政机关的大量行政行为是依照其他规范性文件作出的。因此,要审理这些行政行为的合法性,就必须以这些其他规范性文件为依据。所以,人民法院审理行政案件,可以在裁判文书中引用合法有效的规章及其他规范性文件。同时,《行政诉讼法》第64条还规定,人民法院在审理行政案件时,经审查认为规范性文件不合法的,不但不能作为认定行政行为合法的依据,还要向制定机关提出处理建议。

第三节 行政诉讼法律适用冲突的适用规则

行政诉讼法律适用冲突是人民法院在审理行政案件的过程中,发现对同一法律事实或关系,有两个或两个以上的法律规范作出了并不相同的规定,法院适用不同的法律规范就会产生不同的裁判结果。在我国,引起法律适用冲突的主要原因是法律规范形式多样、立法主体多层次、法律规范效力多样以及行政行为所针对的事项较为复杂等。

一、行政诉讼法律适用冲突的主要冲突形式

（一）一般法与特别法的冲突

一般法与特别法之间的冲突，既包括一般性法律规定与特别性法律规定的冲突，也包括同一法律文件中一般性法律规范与特别性法律规范之间的冲突。如对港、澳、台同胞出入境管理的特别规定不同于对一般公民的普通规定。

（二）不同层级法律规范的冲突

层级冲突是指不同效力等级的法律规范就同一法律事项的规定不一致而产生的法律适用冲突现象，具体包括：法律与宪法的冲突；行政法规与宪法、法律的冲突；地方性法规与法律的冲突；自治条例、单行条例与法律的冲突；地方性法规与行政法规的冲突；规章与法律、行政法规、地方性法规的冲突；不同层级地方性法规之间的冲突；不同层级规章之间的冲突等。

（三）效力等级相同的不同法律规范的冲突

平级冲突是效力等级相同的法律规范就同一事项规定不一致而产生的法律适用的冲突。具体包括：部门规章之间的冲突；部门规章与地方政府规章的冲突；同一层级地方政府规章之间的冲突；同一层级地方性法规之间的冲突；行政法规之间的冲突；法律之间的冲突等。

（四）新法与旧法的冲突

新、旧法冲突是指新的法律规范与旧的法规规范对同一法律事项的规定不一致而产生的是适用新法还是适用旧法的法律适用冲突。新、旧法律规范冲突常常发生在某一旧的法律规范被修订后的一段时间内。

（五）区际法律规范的冲突

区际法律规范的冲突是指不同行政区域的法律规范对同一法律事项有不同的规定而产生的法律适用冲突。区际冲突有两种情况：一是我国大陆地区法律规范与港、澳、台地区法律规范的适用冲突，这类冲突是由历史的特殊性形成的。二是不同行政区域的法律适用冲突，如省与直辖市之间法律规范的适用冲突等。

二、冲突解决规则

按照相关法律的规定，选择法律适用一般应遵循下列原则：

(一) 区际法律规范的冲突适用"属地管辖"原则

当我国不同行政区域的法律规范发生适用冲突时，适用"属地管辖"原则。即发生在我国港、澳、台地区的行政案件，适用在港、澳、台地区施行的法律规范；发生在大陆地区的行政案件，则适用当地施行的法律规范。此外，此类法律适用冲突还可以通过双方协议来解决。

(二) 高层级法律文件的规范优于低层级法律文件的规范

即在低层级法律文件的规范与高层级法律文件的规范发生冲突的情况下，人民法院一般优先适用高层级法律文件的法律规范。即除了宪法之外（宪法规范很少在行政诉讼案件中直接适用），依次采如此的适用顺序：法律、行政法规、地方性法规、地方政府规章等。

(三) 新的法律规范优于旧的法律规范

在新、旧法规范并存，新法与旧法规定不一致时，人民法院一般优先适用新法的法律规范。但如果特定事项发生在新法生效之前，原则上适用旧法。当然，新法明确规定有溯及力的除外。

(四) 特别法的规范优于一般法的规范

在特别法律规范与一般法律规范发生冲突时，人民法院适用法律的一般原则是特别法优于一般法，即优先适用特别法的法律规范。应当注意的是，冲突的特别法与一般法必须处于同一效力层级，如果特别法效力层级低于一般法，而特别法的特别规定又不是经高层级法授权的，这种情况下人民法院应适用一般法。

值得注意的是，行政诉讼法中删除了对规章之间冲突处理的规定。因为对于规章之间的冲突，旧行政诉讼法所规定的处理方式存在缺陷。旧行政诉讼法中曾规定，地方规章与部门规章不一致、部门规章之间不一致时，由最高人民法院送请国务院"解释"或"裁决"。显然，使用"解释"一词不合适，因为对规章的解释通常由制定机关而不是由其上级机关国务院来作出，而裁决更为合适。但由于地方规章呈现出多层次性，如果设区的市的规章与部门规章规定不一致，也需要裁决吗？显然，应当优先适用部门规章。可见，旧行政诉讼法的表述存在缺陷。而在行政诉讼法修改稿一稿中，曾将其修改为法院"认为规章之间不一致的，由最高人民法院送请国务院作出裁决"。删除"解释"，保留"裁决"，是正确的，但规定得不够明确；而且如果同一机关制定的规章之间规定不一致或下级政府的规章与上级政府的规章规定不一致时，要国务院裁决显然是不正确的。行政诉讼法对该内容的删除，不仅是因为旧《行政诉讼法》第53条第2款现在看来是错误的规定，而且属于重复规定的情形，因为《立法法》第95条第1款第3项规定"部门规章之间、部门规章与地方政府规章之间对同一事项的规定不一致时，由国务院裁决"，是"裁决"而不是"解释"。而且既然已有《立法法》等基础性法律作出了规定，在行政诉讼法中再次规定显得多此一举。

第八章 行政诉讼的裁判与执行

行政诉讼的裁判是行政诉讼裁定与行政诉讼判决的简称。行政诉讼的裁定是指人民法院在审理行政案件过程中就行政程序问题所作出的判定。行政诉讼判决是指人民法院对当事人之间行政争议的实体问题所作的决定,是人民法院行使国家审判权,对行政行为进行监督的集中体现,也是人民法院处理、解决行政争议的基本手段,更是人民法院审理行政案件和当事人参加行政诉讼的结果的表现方式。行政裁定与行政判决相比,两者的区别在于:(1)裁定是人民法院解决程序问题的行为,是对程序问题作出的判定。所谓程序问题有两方面的内容:一是在人民法院主持下,人民法院指挥当事人和其他诉讼参与人按照法定程序进行诉讼活动中发生的问题;二是人民法院依照法定程序审理行政案件中发生的问题。而判决是人民法院审理案件终结时,就实体问题所作出的判定。(2)裁定在行政诉讼进行中的任何阶段都可以作出;而判决只能在案件审理终结时才能作出。(3)裁定所适用的法律依据是程序性规范,而判决所适用的法律依据主要是实体性规范。(4)裁定是一种不要式的审判行为,裁定在形式上既可以是书面的,也可以是记入笔录的口头形式;而判决则必须是符合特定格式的书面形式。(5)裁定作出后,当事人如果不服,除了对法律规定的不予受理、驳回起诉、管辖异议等少数一审裁定可以上诉,一般不享有上诉权;而一审判决作出后,当事人如果不服,除了最高人民法院的一审判决外,一般都享有上诉权。

除了裁定、判决外,行政诉讼中还存在一种叫作"决定"的裁判形式。行政诉讼决定是指人民法院为了保证行政诉讼的顺利进行,依法对行政诉讼中发生的某些特殊事项所作的处理,一般适用于指定管辖、管辖权的转移、是否回避、确定第三人、指定法定代理人、确定不公开审理、处理妨碍诉讼行为、案件的移送、强制执行生效的判决和裁定等事项。与行政判决和行政裁定相比，行政诉讼决定具有以下特点：（1）行政诉讼决定解决的是发生在行政诉讼中的某些特殊问题，这些事项往往具有紧迫性。它不同于行政判决所解决的是双方当事人争议的实体问题，也不同于行政裁定所解决的是诉讼过程中发生的程序问题。（2）行政诉讼决定的作用是保证案件的正常审理和诉讼程序的正常进行，或者为案件审理和诉讼活动的正常进行创造必要的条件，而不是对案件的实体问题作最终的结论和处理。（3）行政诉讼决定不是对案件的审判行为，不能依上诉程序提起上诉，当事人对决定不服，只能申请复议。

第一节 一审判决形式

旧法中关于判决的形式有四种，分别是维持判决、撤销并可重作判决、判决履行、变更判决。行政诉讼法根据司法实践的情况，增加了判决的形式，并对原有判决进行了完善。而且，旧法中只用一个条款来规定判决形式，而行政诉讼法则用八个条款来规定，反映了对判决形式的高度重视。

一、驳回诉讼请求判决

行政诉讼法将维持判决改为驳回诉讼请求的判决。《行政诉讼法》第69条规定："行政行为证据确凿，适用法律、法规正确，符合法定程序的，或者原告申请被告履行法定职责或者给付义务理由不成立的，人民法院判决驳回原告的诉讼请求。"

首先，这是对维持判决这种形式反思后作出的修正。所谓维持判决指的是法院经审查，确认被告行政行为合法并维持其效力的一种判决形式。学术界对维持判决的诟病由来已久，主要理由是维持判决混淆了行政诉讼是对行政行为进行监督的主旨，未能适应司法被动性的要求，超越了当事人诉讼请求的范围等。[1]特别是维持判决制度与原告诉讼请求相冲突，不符合诉讼法

---

[1] 刘峰："论行政诉讼判决形式的重构——从司法权与行政权关系的角度分析"，载《行政法学研究》2007年第4期。

的一般原理。法院判决是对原告诉讼请求肯定或否定的回应,这是法院解决纠纷的题中之意,更是司法权被动性特征的内在要求。法院之所以成为法院,其特征之一便是处理纠纷方式的被动性,被动性特征要求法院的裁判只能在当事人诉求的范围内作出。〔1〕而且根据行政法的一般原理,有效的行政行为一经作出,在被有权机关撤销或者变更之前,应当一直视为有效而有约束力。既然如此,法院判决再维持一个有效的具有约束力的行政行为实属没有必要。特别是行政诉讼法在立法宗旨中已经删除了对行政权行使的"维护"功能,对相应条款的修改也势在必行。此外,维持判决实际上限制了行政机关根据条件的变化和行政管理的需要作出应变的主动性,使法院和行政机关处于尴尬的境地,容易导致法院裁判反复无常。正是由于维持判决存在的不合理性,大陆法系国家都没有设定维持判决。〔2〕可见,将维持判决改为驳回判决,符合行政审判的实际需要,有利于行政诉讼功能的发挥,是学界多年研究和实践的成果结晶,具有较高的科学性。

其次,驳回判决更适合行政诉讼法规定的情形。行政诉讼法在旧法维持判决的"证据确凿,适用法律、法规正确,符合法定程序"理由的基础上,又增加了"原告要求被告履行职责或者给付义务理由不成立"的情形,扩大了驳回诉讼请求的适用范围,此时,适用驳回判决也更为合适。驳回判决是对原告诉讼请求的判断与回应,进一步讲,就是对原告诉讼请求的否定,尽管对行政行为有不同程度的间接肯定,但不是对被诉行政行为的直接判断。这里的"原告要求被告履行职责或者给付义务理由不成立"主要是针对《行政诉讼法》第 12 条受案范围中相关内容的,涉及该条第 3 项的"申请行政许可,行政机关拒绝或者在法定期限内不予答复,或者对行政机关作出的有关行政许可的其他决定不服的";第 6 项的"申请行政机关履行保护人身权、财产权等合法权益的法定职责,行政机关拒绝履行或者不予答复的";第 10 项的"认为行政机关没有依法支付抚恤金、最低生活保障待遇或者社会保险待遇的"。当然,驳回了原告的诉讼请求并不意味着被告的行政行为就一定正确。比如,因法律、法规的变更或废止,被诉行政行为虽然合法,但行政机关也要自行纠正;又如,行政行为合法但不合理的情形,法院虽然驳回了原

---

〔1〕 张旭勇:"行政诉讼维持判决制度之检讨",载《法学》2004 年第 1 期。
〔2〕 马怀德:《行政诉讼原理》,法律出版社 2003 年版,第 431 页。

告的诉讼请求,但行政机关也要适时对不合理的部分进行修正,而不能想当然地认为行政行为合法而一味地坚持。

最后,驳回诉讼请求不同于驳回起诉。"驳回诉讼请求"是法院依照实体法的规定,在案件审理中认为原告的实体请求无正当理由或无法律依据而对当事人实体请求权的一种否定。而"驳回起诉"是法院在案件审理过程中发现原告不符合法定的起诉条件而对其起诉行为予以拒绝,它所要解决的是具有程序性质的原告诉权问题。而且,驳回诉讼请求是一种判决形式,而驳回起诉是一种裁定形式。

二、撤销及重作判决

旧法中本来就有撤销及重作判决的规定,行政诉讼法只是在其基础上进行适当的完善。根据《行政诉讼法》第70条的规定,对于行政行为有"主要证据不足""适用法律、法规错误""违反法定程序""超越职权""滥用职权""明显不当"的情形,人民法院判决撤销或者部分撤销。

撤销及重作判决指的是人民法院经审查认为被诉行政行为全部或部分违法,并责令被告重新作出行政行为的一种判决方式。撤销及重作判决是对行政行为的全部或部分效力的否定,一般针对具有可撤销内容的作为的行政行为,不适用于没有撤销内容或不作为的行政行为。对撤销并可重作判决的情形,除了保留旧法中"主要证据不足的""适用法律、法规错误""超越职权""滥用职权"的情形外,行政诉讼法进行了进一步完善,增加了一种情形,即"明显不当的"。"明显不当"的行为一般发生在行政机关实行自由裁量权的情形。通常情况下,行政诉讼只针对行政行为合法性进行审查,不审查其合理性,这是行政权与司法权的分工所致。但如果行政行为明显违反了合理性原则,行政机关对相对人同样或类似的行为,却作出了差别非常明显的处理结果。此时,就不再是单纯的合理性问题,而是一种合法性问题。为此,行政诉讼法增加了该项内容,将明显不当作为撤销判决的一种情况,有利于防止行政机关滥用行政权,并促进行政行为的公平、合理。当然,对"明显不当"行为的具体表现,可能需要在今后的立法或司法中作出解释。值得注意的是,我国《行政复议法》第28条第1款第3项第5目规定,在"具体行政行为明显不当的"情形下,复议机关可以撤销该行政行为并可责令行政机关在一定期限内重新作出行政行为。由此可见,将行政行为明显不当纳入撤销范畴内,与行政复议法的规定相衔接,也符合我国审判的实际需要,有利于保护公民的合法权益,同时对规范行政行为有一定的警示作用。

根据《行政诉讼法》第71条的规定,人民法院判决被告重新作出行政行为的,被告不得以同一的事实和理由作出与原行政行为基本相同的行政行为。

值得注意的是,在《行政诉讼法》修改案二稿中,在"违反法定程序的"情形后面,曾增加了"不能补正"的后果。言下之意,虽然违反法定程序但如果可以补正的,就无需作出撤销判决。允许被告补正,可能在一定程度上加剧被告对行政程序的漠视。但行政诉讼法最终将"不能补正"的表述删除了,因为既然违反了法定程序,就不存在补正的问题,就是要撤销。

不过,该条中几种情形之间还是存在着含义交叉甚至重叠的现象。比如,"明显不当"往往是"滥用职权"的后果。而且,前5项都是动宾结构,而"明显不当"的情形即与它们在结构上不对称。

三、履行判决

履行判决是指人民法院对被告不履行法定职责的行为作出责令其在一定期限内履行的判决。《行政诉讼法》第72条规定,人民法院经过审理,查明被告不履行法定职责的,判决被告在一定期限内履行。适用履行判决必须具备以下条件:被告对行政相对人负有履行法定职责的义务;行政相对人向负有法定职责的行政机关提出了合法的申请;被告具有不履行法定职责的客观事实。

该判决形式是旧法中已经有的,行政诉讼法对其进行了完善。旧法第54条第3项规定,被告不履行或者拖延履行法定职责的,判决其在一定期限内履行。行政诉讼法将该条单独写成第72条。第72条针对行政监管中的行政不作为行为,基本上保留了旧法中的内容,只是在表述上完善了一下,增加了"人民法院经过审理,查明",将"其"改为"被告"。值得注意的是,行政诉讼法在保留被告"不履行"情形的同时,去掉了"拖延履行"的情形。因为法律对行政机关履行法定职责都规定了一个期限,如果超过了法定期限的"拖延"行为,就应当认定为"不履行";如果"拖延"后又履行,相对人接受了这样的"履行",即使拖延,相对人也无法再提起诉讼。实际上,不履行包括拒绝履行、怠于履行、不予答复等各种情形，是一种行政不作为。目前的行政法学界，将"不履行法定职责"解释为行政不作为的违法行政行为是一种比较公认的观点。[1]因此，"拖延履行"没有必要再作为一种情形列入其中，"不履行"的情形已经将其包括在其中了。

四、给付判决

这是行政诉讼法中新增加的一种判决形式。根据《行政诉讼法》第73条的规定，被告对原告负有给付义务的，法院将"判决被告履行给付义务"。这个条款的规定具有较大的现实意义。行政给付是行政机关赋予某些特殊群体或个人以一定物质权益或与物质有关的权益，可使相对人获得一定数额的金钱或实物，或为相对人提供与财物有关的其他利益等，所适用的对象是特定的公民或组织，如丧失劳动能力、无生活来源、难以维持正常生活的公民。此条的增加，解决了现实中给付现象存在而行政诉讼法中缺乏相应依据的困境，也符合审判活动的现实需要。以往对涉及行政给付的案件，有的法院先将此类案件认定为违法，然后在此基础上产生违法的行政赔偿案件，再通过行政赔偿案件的执行予以兑现，浪费了司法资源。给付判决的确立有利于相对人顺利启动执行程序获得国家补偿权，有利于节约诉讼成本，使行政诉讼的司法保障功能得以实现。

但有一个问题是，将给付判决与上述履行判决分开成两种判决形式是否合适？从理论上讲，行政不作为应该包括行政给付的不作为，行政机关是国家政务活动和财务管理的主体，依法具有及时、足额给付的职责，不按时或足额给付，就是一种行政不作为，没有必要单列出来，让人产生属于两种判决的误解。履行判决与给付判决，尽管要求行政机关履行的内容不同，但都是要求行政机关履行法定义务，应当划归同一类型。为此，笔者认为，可以将履行判决适用情况分为两类。一是要求行政机关作出行政处理的判决。它适用于相对人请求行政机关作出行政处理而行政机关不履行的情形。二是行政给付的判决，即要求行政机关作出金钱给付的情形，如要求行政机关发放抚恤金、低保金、社会保障金等。将两种判决形式合二为一，同时将行政诉

---

[1] 吴振宇："行政诉讼履行判决研究"，载章剑生主编：《行政诉讼判决研究》，浙江大学出版社2010年版，第246页。

讼法中这两个条款也写成一条即可。

五、确认违法判决

这是行政诉讼法中增加的一条。对此,《行政诉讼法》在第74条中进行了规定。在行政行为具有的违法情形方面,确认违法判决与撤销判决、履行判决具有相似性,甚至事由都是相同的,但因具备某种特定情况,法院对该行政行为不判决撤销或不判决履行,改用违法判决的方式对被诉行政行为进行判断和评价。换言之,如果能作出履行判决或撤销判决的,应当首先使用这两种判决,只有在出现应该用而无法用的情形时,才使用确认违法判决。可见,确认违法判决是撤销判决、履行判决的补充。但另一方面,确认违法判决的情形除了具有撤销判决、履行判决所具有的情形外,还具有其他情形需要用确认违法判决的形式,例如,"行政行为程序轻微违法,但对原告权利不产生实际影响"等。

《行政诉讼法》第74条规定了五种可以确认行政行为违法的判决,又可以分为两种类型,一类是法定的不撤销的确认违法情形,另一类是不需要撤销或判决履行的情形。

1. 法定的不撤销又分为两种情况

(1) 行政行为应当依法被判决撤销,但撤销该行政行为会给国家利益、社会公共利益造成重大损害的。这种行政行为具有了《行政诉讼法》第70条所具有的情形之一,即"主要证据不足""适用法律、法规错误""违反法定程序""超越职权""滥用职权""明显不当",属于应该撤销的行政行为,但考虑到维护国家利益、社会公共利益,法院对其不作出撤销判决,而是采取认定其违法但又继续使该行政行为有效的一种方式。当然,这里必须以撤销后可能给国家利益、社会公共利益带来"重大"损害为前提,而不是一般利益。这一内容在《2000年若干解释》第58条中曾有类似的规定。[1]正如学者们早就指出的,该违法判决在承认行政行为违法性的同时,仍使"该行政

---

[1]《2000年若干解释》第58条规定,被诉具体行政行为违法,但撤销该具体行政行为将会给国家利益或者公共利益造成重大损失的,人民法院应当作出确认被诉具体行政行为违法的判决,并责令被诉行政机关采取相应的补救措施;造成损害的,依法判决承担赔偿责任。

行为的效力可以存续",从而使违法行政行为的法律效果得以保留。[1]然而,无论是公益,还是国家利益、公共利益,其内涵模糊,伸缩性大,实践中法院拥有很大的自由裁量权,也使该判决存在较大的不确定性,需要进一步作出解释。特别是,这种违法与有效共存的状态,会使连续性行政行为陷入确认违法的法治困境。[2]

(2) 行政行为程序轻微违法,但对原告权利不产生实际影响的。行政诉讼法对程序违法情形有两种表述方式:一是违反"法定程序",将之列为可撤销的判决;另一是"程序轻微违法",将之列入确认违法判决之中。相对而言,确认违法而继续保留原行政行为效力的判决,比撤销判决并要求其重新作出行政行为要轻一点,这也与不同违法程度相对应。当然,该"轻微违法"在后果上还必须不对原告的权利产生实际影响,体现了形式和内容的统一。值得注意的是,在《行政诉讼法》修改稿一稿中曾表述为,"行政行为程序违法,但未对原告权利产生实际影响的",二稿中使用了"行政行为程序轻微瑕疵,能够补正的",而行政诉讼法基本上回到一稿中的表述,即"行政行为程序违法,对原告权利不产生实际影响的"。可见,立法者在这个问题上是有纠结的,反反复复。"对原告权利不产生实际影响"体现了对权利的关注,而"能够补正的"更多的是从行政机关角度着想,体现不同的价值取向。不过,这里需要立法机关或最高院对"轻微违法"与"不产生实际影响"两个概念的含义作出进一步解释。

2. 不需要撤销或判决履行的情形有

(1) 行政行为违法,但不具有可撤销内容的。违法的行政行为一般应该被撤销以恢复原状,倘若被诉行政行为违法,但又不宜或不能撤销的,只能适用确认违法判决。撤销判决与此种情况的确认违法判决区别之一就是,前者具有可撤销的内容,而后者却没有。一般适用于行政事实行为,所谓行政事实行为是指行政主体在实施行政管理、履行服务职能过程中作出的不以设定、变更或消灭行政法律关系为目的的行为。[3]行政事实行为虽没有行政主

---

[1] 江必新:《中国行政诉讼制度之发展——行政诉讼司法解释解读》,金城出版社2001年版,第54页。

[2] 郑春燕:"论'基于公益考量'的确认违法判决——以行政拆迁为例",载《法商研究》2010年第4期。

[3] 闫尔宝:"行政事实行为之再阐释",载《公法研究》2005年第1期。

体的意思表示，但在客观上却给相对人权益造成影响；虽然是违法的，但却不具有可撤销的内容。通过确认其违法，为行政赔偿提供前提性条件。可见，撤销判决否定的是被诉行政行为的效力，违法判决否定的是被诉行政行为的合法性却维持了被诉行政行为的效力。[1]当然，为了使"不具有可撤销内容"的含义更加明确，需要在今后对其作进一步解释。

（2）被告撤销或者变更原违法行政行为，原告不撤诉，仍要求对原行政行为的违法性作出确认的。此时，原行政行为虽然违法，但已经不存在了，无法变更，更无法撤销。在原告不撤诉的情况下，法院只能作出确认违法的判决。

（3）被告不履行或者拖延履行法定职责应当判决履行，但判决履行已没有意义的。原告向行政机关提出保护其合法权利的请求往往具有时效性，在行政机关不履行或者拖延履行情况下，由于时过境迁或损害已发生，再责令被告履行法定职责已不具有任何意义。例如，公民财产遭到抢劫时请求行政机关保护，行政机关没有及时采取保护措施致使公民财产受到损失，公民起诉时，法院只能采用确认违法判决形式，而无法要求行政机关再履行义务。此时的确认违法判决，可为原告进一步提出赔偿请求奠定基础。

值得注意的是，行政诉讼法对确认违法判决规定的五种情形与《2000年若干解释》第57条第2款[2]和第58条[3]的三种情形的内容是基本相同的，是对实践经验的总结并将之上升为法律。

六、确认无效判决

《行政诉讼法》第75条规定："行政行为有实施主体不具有行政主体资格或者没有依据等重大且明显违法情形，原告申请确认行政行为无效的，人民

---

[1] 参见叶平："不可撤销具体行政行为研究——确认违法判决适用情形之局限及补正"，载《行政法学研究》2005年第3期。

[2] 《2000若干解释》第57条第2款规定："有下列情形之一的，人民法院应当作出确认被诉具体行政行为违法或者无效的判决：（一）被告不履行法定职责，但判决责令其履行法定职责已无实际意义的；（二）被诉具体行政行为违法，但不具有可撤销内容的；（三）被诉具体行政行为依法不成立或者无效的。"

[3] 《2000年若干解释》第58规定："被诉具体行政行为违法，但撤销该具体行政行为将会给国家利益或者公共利益造成重大损失的，人民法院应当作出确认被诉具体行政行为违法的判决，并责令被诉行政机关采取相应的补救措施；造成损害的，依法判决承担赔偿责任。"

法院判决确认无效。"

确认无效判决与撤销判决有相似之处，通过判决，都可以使该行为自始无效。但不同的是，撤销判决在判决前，该行政行为是存在的，被撤销后才自始失去法律效力；[1]而确认无效判决，针对的行为是自始就无效、不存在的。关于无效判决，旧法中没有作出规定，《行政诉讼法》第75条对此作了规定。适用无效判决有两个条件：

第一个条件是，行政行为有重大且明显违法情形。这里的"重大且明显违法"的具体情形，一是实施主体不具有行政主体资格。这是对行为主体资格所作的要求，即实施主体必须具有行政主体资格。行政主体是指享有国家行政权，能以自己的名义行使行政权，并能独立地承担因此产生的相应法律责任的组织。没有法律、法规或规章明确授权的，任何组织和个人都无权行使行政职权，当然不能成为行政主体，其实施的任何行政行为自然是无效的。这里"不具有行政主体资格"是指完全没有资格的情形，不包括超越职权、滥用职权等情形。二是行政行为没有依据。法谚"法无禁止即可为，法无授权即禁"准确地指明了行政主体与公民活动依据上的不同。对公民而言，只要法律没有禁止，就可以从事一切活动，而无需法律的明确授权；但"对于行政主体而言，只有法律有授权规定时才能为之。行政主体的各项活动都必须有明确的法律依据，依据法律规定而为之，凡法律没有规定的，行政主体都不得为之"。[2]因此，即使实施主体是行政主体，但如果其在实施某个行政行为时该行政行为本身缺乏法律依据，该行政行为是无效的，法院可作无效判决。而这两种情形后面的"等"字，表明不止这两种情形，为今后的解释留下空间。根据行政法理论，无效行政行为还包括：可能给人民生命财产造成重大的无法挽回损失的行为，限制公民寻求救济的行为，对其实施将可能导致犯罪的行为，客观上不具有实施可能的行为，受行政相对人胁迫或欺骗作出的行为，实施主体不明或明显超越职权的行为。当然，对无效的情形，需要以法律法规的形式进行明确，而不能依靠理论上的解释。

第二个条件是，原告有确认无效的申请。确认无效判决，必须以原告的申请为前提。与履行判决、撤销判决、确认违法判决不同的是，确认无效判

---

[1] 但根据社会公共利益的需要或行政相对人是否存在过错等情况，撤销也可仅使行政行为自撤销之日起向后失去效力。

[2] 周佑勇：《行政法原论》，中国方正出版社2000年版，第34页。

决的申请不受行政诉讼时效期限的限制,对于无效行政行为,行政相对人可以在任何时候请求包括法院在内的有权国家机关宣布该行为无效。实际上,对于无效行政行为,行政相对人可以不受该行为拘束,可以不履行该行为所确定的任何义务,并且不履行该行为所确定的义务也不会引起任何法律责任。但提起确认无效判决的申请,往往与损害赔偿有关。行政行为被宣布无效后,行政相对人因无效行政行为受到的一切损害均应予以恢复。

七、采取补救措施或赔偿补偿判决

尽管行政诉讼法将此类判决分为两个条款,即第 76 条和第 78 条,但由于这两条内容都涉及责令被告采取补救措施或赔偿补偿判决,尽管所针对的原因有所区别,但判决形式几乎是相同的。为此,笔者认为,可以将这两条合并来理解,都归于"采取补救措施或赔偿补偿判决"。

这种判决适用于以下情形:

第一,行政行为被法院判决违法或无效时。按照《行政诉讼法》第 76 条的规定,人民法院判决确认违法或者无效的,可以同时判决责令被告采取补救措施;给原告造成损失的,依法判决被告承担赔偿责任。对于被确认违法或无效后,是否责令被告采取补救措施,行政诉讼法使用了"可以"的表达方式,表明法院拥有裁量权,但何为"补救措施",则表述模糊,需要今后作出进一步解释,以便司法实践操作。对是否要让被告承担赔偿责任,必须以有损害事实为基础,且一旦有损害事实,法院就必须责令被告承担赔偿责任。赔偿的标准按照国家赔偿法的规定来判决。

第二,针对行政协议履行、变更和解除的情形。按照《行政诉讼法》第 78 条的规定,政府特许经营协议、土地房屋征收补偿协议等,行政机关必须认真履行,如果行政机关有不依法履行、未按照约定履行或者违法变更、解除等情形的,法院可判决作为被告的行政机关继续履行、采取补救措施或者赔偿损失等。而如果被告对上述协议的变更、解除是合法的行为,但给原告造成损失且未依法给予补充的,法院也要作出补偿判决。有几个问题需注意:首先,这里是针对《行政诉讼法》第 12 条第 1 款第 11 项的协议。该项列举的协议有政府特许经营协议、土地房屋征收补偿协议,但后面的"等"字应理解为不止这些协议。实际上,只要具有行政合同性质的协议,不管其名称如何，都可以采取这种判决形式。其次，《行政诉讼法》第78条第1款针对的是违法情形，包括不依法履行、未按照约定履行、违法变更、违法解除等四种违法情形，法院要根据具体情况，判决被告的法律责任形式为继续履行、采取补救措施或赔偿损失。当然，这里的"补救措施"仍然有待细化。最后，《行政诉讼法》第78条第2款针对合法性，即被告变更、解除上述协议的行为是基于公共利益，基于情势变更、法律变更等合法原因对行政协议进行变革或解除的，在被告没有给予补偿的情况下，法院应作出补偿判决。

八、变更判决

变更判决是指人民法院对于被告作出的明显不合理的行政行为，运用国家审判权直接予以改变的判决。其前提条件是，该行政行为已经存在，只是在合理性方面存在问题；相反，如果该行政行为本身不存在，法院不能通过变更的方式代行政机关作出某一行政行为。为此，《行政诉讼法》第77条规定："行政处罚明显不当，或者其他行政行为涉及对款额的确定、认定确有错误的，人民法院可以判决变更。人民法院判决变更，不得加重原告的义务或者减损原告的权益。但利害关系人同为原告，且诉讼请求相反的除外。"与旧法的变更判决相比，《行政诉讼法》第77条有两个方面的变化：

第一，增加了可以作出变更判决的行政行为。旧法中只有行政处罚行为"显失公正"的情形，《行政诉讼法》第77条第1款中，除了将"显失公正"改为似乎更为准确的"明显不当"外，还增加了"其他行政行为涉及对款额的确定或者认定确有错误的"情形。"明显不当"与"显失公正"基本含义相同，一般是指行政机关的行政行为与相对人的违法行为明显不相称，[1]具体表现为行政决定畸轻畸重、处罚方式混用、不考虑法定的从轻从重减轻情节致明显过轻过重、相同情况不同处罚、不同情况相同处罚、不同情况责罚倒置等。虽然行政机关在主观上没有违背法律宗旨和目的，只是在处罚幅度上理解不够准确，或者由于客观原因的限制，诸如未能全面掌握案情等，但其结果是造成行政处罚明显不当，即使普通人都能发现其明显不当的问题，严重违背了法律的目的和法治精神，其性质已经改变了，已不再是不合理的

---

[1] 李燕："中国行政判决种类制度的评价与检讨原因分析与制度考察"，载 http://www.iolaw.org.cn/showNews.asp? id=18884.

问题，而是违法行为。

至于"其他行政行为涉及对款额的确定、认定确有错误的"规定，其严重性虽然没有达到"明显不当"的程度，通常情况下法院可以不予考虑，但基于节约行政纠纷解决成本的考虑，法院也可以对之作出变更判决，这样做可有效减少程序运作成本，符合经济诉讼的原则。可见，旧法的变更判决仅仅适用于行政处罚的情形，而行政诉讼法对变更判决适用的范围更为广泛。

这里的"可以"实际上赋予了法院裁量权，其既可以作出"变更"，也可以作出撤销并责令行政机关重新作出行政行为。但出于节约时间成本和程序成本的目的，法院一般倾向于作出变更判决。

第二，对变更判决作出了原则性限制。由于"变更"本身既可能减轻也可能加重，为此，该条第2款明确规定，法院在作出对相关款额变更的决定时"不得加重原告的义务或者减少原告的利益"，从立法上明确变更不加重原则，这是值得肯定的，是对原告合法利益的保护。因为此条款的创设目的是保护原告合法利益，如果因为变更而导致原告利益受损，将违背立法的初衷。同时，变更不加重原则也打消了相对人提起行政诉讼的顾虑，促进他们拿起法律武器维护自身的合法权益。

当然，如果利害关系人"同为原告，且诉讼请求相反的除外"，这是为了在不同原告利益之间寻求一种平衡。"利害关系人同为原告"的情形包括：一是受害人与被处罚人同时起诉。被处罚人认为行政机关的处罚决定过重，受害人则认为行政机关所作的处罚过轻，均向人民法院提起行政诉讼。由于受害人的起诉，法院可以变更行政机关的处罚决定，加重对被处罚人的处罚。二是共同行为人同时起诉。例如，甲、乙二人共同殴打丙，公安机关对甲和乙分别作出治安管理处罚决定，对甲处以7日行政拘留，对乙处以15日行政拘留。甲、乙二人不服上述处罚决定，均向人民法院提起行政诉讼。法院经审查认为，公安机关把相对人的违法事实认定反了，可以判决变更处罚，判决拘留甲15天，拘留乙7天。[1]

值得注意的是，《2000年若干解释》第55条第2款曾规定，"人民法院审理行政案件不得对行政机关未予处罚的人直接给予行政处罚"，这是为了防

---

[1] 甘文：《行政诉讼法司法解释之评论——理由、观点与问题》，中国法制出版社2000年版，第155页。

止法院在作出变更判决的过程中超越司法机关居中裁判的角色，僭越行政机关的权力，法院只能对行政机关已经作出的行政行为作出判断，而对于行政机关并未处罚的行政相对人，法院则无权代替行政机关作出处罚决定。[1]而行政诉讼法中却没有对这种情况进行规定，不知出于何种考虑。

第二节 二审裁判形式

在旧法中，对上诉案件，法院可以根据不同情况分别作出驳回上诉、维持原判，依法改判，撤销原判、发回重审等裁判。而行政诉讼法将旧法中只对判决形式进行的规定扩展为包括对裁定形式的规定，除了对原有的裁判形式作了完善外，还增加了变更的形式。根据《行政诉讼法》第89条规定，人民法院审上诉案件，按照下列情形，分别处理：（1）原判决、裁定认定事实清楚，适用法律、法规正确的，判决或者裁定驳回上诉，维持原判决、裁定；（2）原判决、裁定认定事实错误或者适用法律、法规错误的，依法改判、撤销或者变更；（3）原判决认定基本事实不清、证据不足的，发回原审人民法院重审，或者查清事实后改判；（4）原判决遗漏当事人或者违法缺席判决等严重违反法定程序的，裁定撤销原判决，发回原审人民法院重审。原审人民法院对发回重审的案件作出判决后，当事人提起上诉的，第二审人民法院不得再次发回重审。人民法院审理上诉案件，需要改变原审判决的，应当同时对被诉行政行为作出判决。可以将行政诉讼法规定的二审裁判形式归纳为以下几种情形：

一、驳回上诉、维持原裁判

该规定基本上沿袭了旧法的规定。即《行政诉讼法》第89条第1款第1项的规定，一审裁判认定事实清楚，适用法律、法规正确，而提起上诉理由不当的，应当依法驳回上诉，维持原裁判。这是对原审人民法院裁判正确性和合法性的肯定，是对上诉人所提的上诉理由的否定。这里，认定事实清楚，主要是指案件的证据，证据足够、有说服力、没有相互矛盾，足以支持对事实的认定。适用法律、法规正确，是指一审法院在法律规范的适用上，符合

---

[1] 姜明安：《行政诉讼法教程》，中国法制出版社2011年版，第224页。

《行政诉讼法》第 63 条关于审判依据和参照的规定；符合法律适用规则和冲突解决规则的要求；裁判文书符合最高院对法律、法规等引用的规范性要求。[1] 值得注意的是，旧法中只提到"判决"，而没有包括"裁定"，难以满足一审中对裁定上诉情形的处理，而新法对此作了完善。

二、依法改判

依法改判是二审法院直接改变原审法院对争议的行政行为合法性的判定，既意味着上级法院对下级法院裁判的全部否定，也意味着对争议的行政行为合法性的重新判定。改判着重对一审裁判结论的改正。《行政诉讼法》第 89 条第 1 款第 2、3 项中都有关于改判的情形，为此，将其抽出，放在一起叙述。改判的适用有如下情形：判决、裁定认定事实错误或者适用法律、法规错误的；原判决认定基本事实不清、证据不足的。只要是符合上述情形之一的，都可以改判。对于后一种情形中的"基本事实"主要是指当事人主体资格、行政法律关系的性质、法律责任等问题。改判意味着对事实重新进行认定，使之正确；用正确的法律、法规替代错误的法律、法规的适用；对事实不清、证据不足的，要在查清事实的基础上进行改判。值得注意的是，该条第 3 款规定，法院在审理上诉案件时，如果需改变原审判决的，应同时对被诉行政行为作出判决。

三、撤销的裁判

撤销的裁判是指二审法院撤销一审的裁定、判决，使其所作的判断归于无效的一种裁判形式。《行政诉讼法》第 89 条第 1 款第 2、4 项作了规定，适用的情形是：原判决、裁定认定事实错误或者适用法律、法规错误的；原判决遗漏当事人或者违法缺席判决等严重违反法定程序的。对于前一种情况，既适合裁定，也适合判决，一般是针对一审裁判结论虽然正确，但事实认定或法律法规适用其中之一是有错误的，或事实认定和法律法规适用都有错误的情形；而后一种情况只适合对一审判决，并使用裁定的方式予以撤销，一般是针对一审的法定程序违法且可能影响案件公正判决的情形。值得注意的

---

[1] 最高人民法院于 2009 年 11 月 4 日起施行的《关于裁判文书引用法律、法规等规范性法律文件的规定》，对裁判文书引用法律、法规等规范性法律文件的要求作了较为详细的规定。

是，在《2000年若干解释》第68条中，撤销仅适用于裁定，而不适用于判决，且与发回重审一起使用。[1]而行政诉讼法规定撤销既可以适用于判决，也可以适用于裁定；而且既可以与发回重审合并使用，也可以单独使用。

四、变更的裁判

《行政诉讼法》第89条第1款第2项中的"主要适用于原判决、裁定认定事实错误或者适用法律、法规错误"的情形，可以作为变更裁判的情形。值得注意的是，这些情形也同样可以使用改判或撤销的裁判形式。对同样的情形，到底何时适用改判，何时适用撤销，何时适用变更的裁判，法院有裁判权，法院将根据案件的具体情况作出判断。另外，改判是对一审裁判的直接改正，变更也是对一审裁判的改变，因此，"改判"与"变更"之间的区别何在？"改判"是对一审结论的改变，而"变更"往往是对结论正确而某些事实认定或某些法律、法规引用上的错误，或裁判文书中存在文字错误等。当然，这需要作出进一步解释，以指引实践中的适用。

五、发回重审的裁判

发回重审裁判的规定分布于《行政诉讼法》第89条第1款的第3、4项中，适用的情况是：原判决认定基本事实不清、证据不足的；原判决遗漏当事人或者违法缺席判决等严重违反法定程序的。对于后一种情形，遗漏的当事人主要是指原告、被告或第三人。违法缺席判决是指违法了行政诉讼法对缺席判决适用的情形。即"被告无正当理由拒不到庭，或者未经法庭许可中途退庭的"情形；此外，还包括违反回避的要求、违反公开审理的规定等其他严重违反法定程序的情形。与旧法相比，行政诉讼法发回重审裁判适用的情形增加了，规定得也更细致，但也有些繁琐和混乱。另外，《2000年若干解释》第69条曾规定，发回重审的行政案件，原审法院应当另行组成合议庭进行审理。理论上讲，应当由原审法院另行组成合议庭重新审理，但行政诉讼法中却没有类似的规定，显然是个缺憾。值得肯定的是，《行政诉讼法》第

---

[1]《2000年若干解释》第68条规定，第二审人民法院经审理认为原审人民法院不予受理或者驳回起诉的裁定确有错误，且起诉符合法定条件的，应当裁定撤销原审人民法院的裁定，指令原审人民法院依法立案受理或者继续审理。

89条第2款对发回重审案件的发回次数作了限制,即对发回重审的案件,当事人可以上诉,但法院不得以任何理由再次发回,意味着二审法院只能发回一次,之后再上诉的,二审法院应当依法作出裁判。对发回重审次数的限制,可以有效防止诉讼周期过长、当事人陷入反复诉讼的诉累现象。同时,也表明该案件不适合一审再次审理或一审无能力再次审理,由二审作出裁判更为合适。

需要注意的是,行政诉讼法对于相同的裁判,可以适用不同的情形,例如,上述几种裁判形式,都可以对应不同的情形。对于同样的情形,也可以适用不同的裁判。例如,对于原判决、裁定认定事实错误或者适用法律、法规错误的,既可以改判,也可以撤销,还可以变更;对于原判决认定基本事实不清、证据不足的,既可以发回原审法院重审,也可以在查清事实后改判。尽管行政诉讼法对二审裁判进行了完善,但总体上有凌乱之感,不如旧法的规定更具有操作性。

第三节　裁定的其他运用与决定

一、再审程序的裁判形式

行政诉讼法没有对再审程序的裁判形式作出规定。根据司法实践,对再审程序的裁判通常分为以下几种情形:

1. 对事实清楚,适用法律、法规正确的处理。人民法院经过再审审理,认为原审判决认定事实清楚,适用法律、法规正确的,应当裁定撤销原中止执行的裁定,继续执行原判决。

2. 对原审法院受理、不予受理或者驳回起诉错误的处理。第一审人民法院作出实体判决后,第二审人民法院认为不应当受理的,在撤销第一审人民法院判决的同时,可以发回重审,也可以径行驳回起诉;第二审人民法院维持第一审人民法院不予受理裁定错误的,再审法院应当撤销第一审、第二审人民法院裁定,指令第一审人民法院受理;第二审人民法院维持第一审人民法院驳回起诉裁定错误的,再审法院应当撤销第一审、第二审人民法院裁定,指令第一审人民法院审理。

3. 人民法院审理再审案件，发现生效裁判有下列情形之一的，应当裁定发回作出生效判决、裁定的人民法院重新审理：（1）审理本案的审判人员、书记员应当回避而未回避的；（2）依法应当开庭审理而未经开庭即作出判决的；（3）未经合法传唤当事人而缺席判决的；（4）遗漏必须参加诉讼的当事人的；（5）对与本案有关的诉讼请求未予裁判的；（6）其他违反法定程序可能影响案件正确裁判的。

4. 人民法院审理再审案件，认为原生效判决、裁定确有错误，在撤销原生效判决或者裁定的同时，可以对生效判决、裁定的内容作出相应裁判，也可以裁定撤销生效判决或者裁定，发回作出原生效判决、裁定的人民法院重新审理。

二、行政诉讼其他裁定的运用

行政诉讼的裁定，除了在一审、二审和再审结案时使用外，在行政诉讼的其他程序中也有不少运用。根据行政诉讼法的规定，主要有：

1. 不予立案的裁定。根据《行政诉讼法》第51条的规定，人民法院在接到起诉状时对符合规定起诉条件的，应当登记立案。对当场不能判定是否符合规定起诉条件的，应当接收起诉状，出具注明收到日期的书面凭证，并在7日内决定是否立案。不符合起诉条件的，作出不予立案的裁定。裁定书应当载明不予立案的理由。原告对裁定不服的，可以提起上诉。

2. 停止行政行为执行的裁定。《行政诉讼法》第56条规定，诉讼期间，不停止行政行为的执行。但有下列情形之一的，裁定停止执行：（1）被告认为需要停止执行的；（2）原告或者利害关系人申请停止执行，人民法院认为该行政行为的执行会造成难以弥补的损失，并且停止执行不损害国家利益、社会公共利益的；（3）人民法院认为该行政行为的执行会给国家利益、社会公共利益造成重大损害的；（4）法律、法规规定停止执行的。当事人对停止执行或者不停止执行的裁定不服的，可以申请复议一次。

3. 先予执行的裁定。《行政诉讼法》第57条规定，人民法院对起诉行政机关没有依法支付抚恤金、最低生活保障金和工伤、医疗社会保险金的案件，权利义务关系明确、不先予执行将严重影响原告生活的，可以根据原告的申请，裁定先予执行。

4. 中止行政诉讼的裁定。《行政诉讼法》第 61 条规定，在涉及行政许可、登记、征收、征用和行政机关对民事争议所作的裁决的行政诉讼中，当事人申请一并解决相关民事争议的，人民法院可以一并审理。在行政诉讼中，人民法院认为行政案件的审理需以民事诉讼的裁判为依据的，可以裁定中止行政诉讼。

5. 原告撤诉的裁定。《行政诉讼法》第 62 条规定，人民法院对行政案件宣告判决或者裁定前，原告申请撤诉的，或者被告改变其所作的行政行为，原告同意并申请撤诉的，是否准许，由人民法院裁定。

6. 简易程序转为普通程序的裁定。《行政诉讼法》第 84 条规定，人民法院在审理过程中，发现案件不宜适用简易程序的，裁定转为普通程序。

以上是行政诉讼法中对裁定形式的规定，此外，司法实践中还有：（1）管辖异议的裁定。被告有权在接到人民法院应诉通知之日起 10 日内以书面形式向人民法院提出管辖异议，经人民法院审查，认为异议成立的，裁定将案件移送有管辖权的人民法院，异议不成立的，裁定驳回异议。当事人对管辖异议裁定不服，可以向上一级人民法院提出上诉。（2）终结诉讼的裁定。由于终结诉讼都涉及诉讼程序的进程问题，因而要以裁定的形式作出。（3）移送或指定管辖的裁定。对于移送管辖和指定管辖，人民法院均采用裁定的形式作出。（4）财产保全的裁定。财产保全是指人民法院为保障行政诉讼判决得到执行，在诉讼过程中依当事人申请或者依职权采取的限制有关财产处分或者转移的强制措施。财产保全虽然与当事人的实体权益相关，但该行为本身并不是对行政行为合法性的判断，不影响行政诉讼实体问题的解决，因而不使用判决而使用裁定的形式。（5）补正裁判文书中笔误的裁定。裁判书中的笔误，是指裁判书内容中有错写、误算，或者正本与原本个别地方不符合，或者用词不当，致使裁判文书内容与其本意不符等情况，补正裁判文书的笔误是纠正文字上的失误，属于程序问题，适用裁定形式。（6）中止或者终结执行的裁定。中止或终结执行涉及的是执行程序，符合法律规定的中止或者终结执行条件的，人民法院应使用裁定中止执行或终结执行。（7）提审或者指令再审。根据《行政诉讼法》第 92 条第 2 款的规定，最高人民法院对地方各级人民法院已经发生法律效力的判决、裁定，上级人民法院对下级人民法院已经发生法律效力的判决、裁定，发现有《行政诉讼法》第 91 条规定情形之一，或者发现调解违反自愿原则或者调解书内容违法的，有权提审或者指令下级人民法院再审。上级人民法院提审或者指令再审时，应使用裁定等等。

三、行政诉讼决定的运用

根据行政诉讼法的相关规定，决定主要有以下几种：

1. 管辖权转移的决定。《行政诉讼法》第 24 条规定，上级人民法院有权审理下级人民法院管辖的第一审行政案件。下级人民法院对其管辖的第一审行政案件，认为需要由上级人民法院审理或者指定管辖的，可以报请上级人民法院决定。

2. 起诉期限延长的决定。《行政诉讼法》第 48 条规定，公民、法人或者其他组织因不可抗力或者其他不属于自身的原因耽误起诉期限的，被耽误的时间不计算在起诉期限内。公民、法人或者其他组织因前款规定以外的其他特殊情况耽误起诉期限的，在障碍消除后 10 日内，可以申请延长期限，是否准许由人民法院决定。

3. 回避的决定。《行政诉讼法》第 55 条规定，当事人认为审判人员、书记员、翻译人员、鉴定人、勘验人与本案有利害关系或者有其他关系可能影响公正审判，有权申请其回避。审判人员、书记员、翻译人员、鉴定人、勘验人认为自己与本案有利害关系或者有其他关系，应当申请回避。院长担任审判长时的回避，由审判委员会决定；审判人员的回避，由院长决定；其他人员的回避，由审判长决定。人民法院以口头或者书面方式作出是否回避的决定，申请人对决定不服，可以申请人民法院复议一次，但不停止执行。

4. 法院启动再审的决定。《行政诉讼法》第 92 条规定，各级人民法院院长对本院已经发生法律效力的判决、裁定，发现有《行政诉讼法》第 91 条规定情形之一，或者发现调解违反自愿原则或者调解书内容违法，认为需要再审的，应当提交审判委员会讨论决定。

此外，可以就如下事项做出决定：有关采取强制措施的决定；确定第三人的决定；指定法定代理人的决定；对重大、疑难行政案件的处理决定；对律师以外的当事人和其他诉讼代理人查阅庭审材料的决定；强制执行生效判决和裁定的决定；确定诉讼费用承担的决定；确定不公开审理的决定等。

第四节 行政诉讼执行

一、行政诉讼执行含义

行政诉讼执行是指法定有权机关对人民法院已经生效的行政判决、裁定或者调解书的执行。根据《行政诉讼法》第94条的规定，我国行政诉讼执行制度具有如下特征：

（一）行政诉讼执行依据是发生法律效力的人民法院的判决、裁定或者调解书

这里可以从两个方面来理解：一方面，人民法院判决、裁定或调解书以外的有法律效力的决定，不是行政诉讼执行的依据；另一方面，人民法院的判决、裁定或调解书，只有在发生法律效力以后才能成为行政诉讼执行的依据。

（二）行政诉讼执行主体不仅包括人民法院，还包括具有行政强制执行权的相关行政机关

这一点与对未经行政诉讼却具有强制执行力的行政行为的执行相同。根据《行政诉讼法》第95条的规定，公民、法人或者其他组织拒绝履行判决、裁定、调解书的，行政机关或者第三人可以向第一审人民法院申请强制执行，或者由行政机关依法强制执行。

（三）行政诉讼执行对象不仅包括公民、法人和其他组织，还包括行政机关

既然行政诉讼执行是对人民法院行政判决、裁定或调解书的执行，自然就存在判定行政机关败诉或承担责任的情形。这样的行政法律文书生效后，行政机关在规定的期限内不履行判决义务，法院执行机构应对其采取相应的强制执行措施，以促使行政机关履行判决义务。

（四）行政诉讼执行的目的是实现已经生效的行政判决、裁定、调解书所确定的义务

从根本上讲，行政诉讼执行本身就不具有对义务进行重新调整或者重新确定的功能，只不过是实现义务人本来应该自动履行的义务。由此，行政诉

讼执行只能以实现已经生效的行政判决、裁定、调解书所确定的义务为限度，绝不能也不允许超出这个限度。

二、行政诉讼法对行政诉讼执行文书范围的扩大

执行文书，是权利人依照法律规定据以申请执行的凭证，也是执行机关采取执行措施的根据。[1]旧法只规定了执行判决书和裁定书，而行政诉讼法增加了调解书作为执行文书。由于行政诉讼法在坚持行政诉讼不适用调解原则的前提下增加了例外情形，即可以调解，一些行政案件可以采取调解的方式结案。根据《行政诉讼法》第60条规定，法院可以就"行政赔偿、行政机关依法给予补偿以及行政机关行使法律、法规规定的自由裁量权的案件"进行调解，调解成功后制成的调解书也属于行政诉讼执行文书的范围。调解书是行政诉讼当事人解决行政争议所达成的合意，生效的调解书具有以下法律效力：确定当事人间法律关系的效力；结束诉讼的效力；具有强制执行的效力。一般而言，对行政诉讼调解书当事人都会自觉履行，不发生强制执行的问题，但实践中也有少数当事人不履行调解书的现象。将调解书纳入执行文书的范围，可以使调解书内容的执行得到法律保障，维护当事人的合法权益，有利于社会法律秩序的稳定。

三、对公民、法人或其他组织不履行法律文书的执行

根据《行政诉讼法》第95条的规定，公民、法人或者其他组织拒绝履行判决、裁定、调解书的，行政机关或者第三人可以向第一审人民法院申请强制执行，或者由行政机关依法强制执行。

与旧法相比，新法增加了第三人可以向法院申请执行的权利。即原告拒绝履行法律文书的，除了行政机关可以申请法院执行或依法强制执行外，第三人也可以向第一审法院申请强制执行。因为有些法律文书对原告虽然不利，但对第三人可能有利，当原告拒绝履行判决、裁定、调解书时，由于不涉及作为被告的行政机关自身的利益，往往不会申请法院执行或自己依法执行，由此，势必影响、侵犯到第三人的利益。增加第三人可以申请人民法院强制

---

[1] 参见江必新、梁凤云：《行政诉讼法理论与实务》（下卷），北京大学出版社2009年版，第1253页。

执行的规定，为有效保护第三人的合法权益设置了保护机制，并使司法确立的法律关系得到实现。但行政诉讼法没有规定具体的申请期限，这是一个败笔，而《2000年若干解释》第84条中的内容值得借鉴，即申请人是公民的，申请执行的期限为1年，申请人是行政机关、法人或者其他组织的为180日。申请执行的期限从法律文书规定的履行期间最后一日起计算；法律文书中没有规定履行期限的，从该法律文书送达当事人之日起计算。在今后的司法解释中行政诉讼法除了可以吸收《2000年若干解释》的该项规定外，还可进一步解释为："申请人是第三人的，申请执行的期限为1年；申请人是被告的，申请执行的期限为180日。"

四、行政机关不履行法律文书的执行

《行政诉讼法》第96条[1]规定了行政机关拒绝履行判决、裁定、调解书的，人民法院可以采取的执行措施，这也是行政诉讼法的亮点之一。

由于行政诉讼执行涉及多元主体和复杂的社会关系，行政案件执行难问题更为严重。行政机关不执行法院判决是行政诉讼中较为突出的问题，尤其是对作为被告行政机关败诉案件的执行更是如此。[2] 行政诉讼法加大了执行力度，除了原有的措施外，还表现为：

1. 将行政机关不履行的情况予以公告。公告是一种公开，是向社会进行更为广泛的公开。在当今网络发达的背景下，这一招是非常厉害的，可以在社会舆论的压力下促使行政机关履行法院的裁判。对此，胡建淼教授认为："从可操作性来讲，在目前司法公开开展得有声有色的情况下，公告制度具有较强的可行性。虽然看起来这种方式比罚款、拘留等要温和很多，但却切中了要害。一旦法院将行政机关拒绝履行司法裁判的情况向社会公众予以公布，

---

[1]《行政诉讼法》第96条规定："行政机关拒绝履行判决、裁定、调解书的，第一审人民法院可以采取下列措施：（一）对应当归还的罚款或者应当给付的款额，通知银行从该行政机关的账户内划拨；（二）在规定期限内不履行的，从期满之日起，对该行政机关负责人按日处五十元至一百元的罚款；（三）将行政机关拒绝履行的情况予以公告；（四）向监察机关或者该行政机关的上一级行政机关提出司法建议。接受司法建议的机关，根据有关规定进行处理，并将处理情况告知人民法院；（五）拒不履行判决、裁定、调解书，社会影响恶劣的，可以对该行政机关直接负责的主管人员和其他直接责任人员予以拘留；情节严重，构成犯罪的，依法追究刑事责任。"

[2] 王春业："论行政诉讼法修改下的行政检察监督职能的强化"，载《社会科学家》2014年第2期。

行政机关将面临很大的压力。在舆论监督的配合下，上级机关和人事部门也更容易掌握情况，督促行政机关履行裁判。"湛中乐教授也认为："通过公告制度，可以让那些无视司法权威的行政机关及其负责人如'过街老鼠'。这种方式，实质上是将对司法裁判的遵守与执行，与行政机关的政绩口碑紧密结合在一起。"[1]

2. 对行政机关的负责人罚款。这里的罚款是一种执行罚。旧法规定的只是对行政机关予以罚款，罚款对象是行政机关，且每日50元~100元的罚款对行政机关而言基本没有威慑力，也不利于法院法律文书的执行。但换成对负责人的个人罚款就意义非凡了，所罚的款直接来自负责人自己的收入。实际上，法院生效的判决、裁定、调解书之所以没能按期履行，主要责任在于行政机关的负责人，而作为静态的行政机关是没有主观认识的，是不存在所谓过错的。对行政机关负责人的罚款，可谓抓住了执行难的牛鼻子，对解决执行难无疑将会起到极大的推动作用。

3. 对拒不履行的行政机关直接负责的主管人员和其他直接责任人员予以拘留。这一措施非常具有威慑力。因为在大多数情况下对他们处以刑罚的可能性比较小，所以尽管行政诉讼法上有关于"依法追究刑事责任"的规定，但大多数情况下没有实行。而直接拘留，对于国家工作人员来讲，显示了操作的可行性和威慑力。由于涉及对人身自由的限制，因此，必须达到一定的情节才可以使用。为此，行政诉讼法对该项规定了"社会影响恶劣"的情节，而且是针对有直接责任的人，即"直接负责的主管人员和其他直接责任人"，而不是单位负责人。一般表现为对拒不履行法律文书起着决定、授意、指挥或直接参与、起较大作用等情形的人。这里的拘留，其性质是司法拘留，而不是行政拘留、刑事拘留。但由于这一规定在实践中还没有实例，该如何操作，仍有待于探索，而且对于"社会影响恶劣"的标准，也有待于细化。此外，由于行政机关领导的不断更替，还可能遇到前任领导的过错由后任领导承担责任的不公平现象。

其实，对行政机关败诉案件的执行问题，还可以再进一步加强，比如，将不履行法院裁判的情况纳入行政机关信用库记录中，并作为对单位法制考

---

[1] 详见徐隽、杨子强："专家谈政府拒不执行法院判决现象：应拘留责任人"，载 http://news.xinhuanet.com/legal/2014-04/09/c_126368748.htm.

核的重要内容。当然，解决"执行难"问题，关键还必须从根本上解决法院与地方这些人、财、物隶属的关系问题，真正实现中央提出的省以下法院人、财、物统筹管理以及管辖权上提等目标。

五、执行的其他问题

（一）行政诉讼执行管辖

行政诉讼执行管辖所要解决的问题是，已经发生法律效力的行政判决、裁定或调解书，根据法律由何地、何级别、哪个机关来执行。行政诉讼执行管辖与行政诉讼管辖密切相关。在我国，行政诉讼判决、裁定的执行机关，原则上是原行政案件的第一审人民法院。一审人民法院认为情况特殊需要由二审人民法院执行的，可以报请二审人民法院执行。二审人民法院可以决定由其执行，也可以决定由一审人民法院执行。

需要指出的是，由于第一审人民法院与被告行政机关之间的复杂关系，这种以第一审人民法院负责执行为原则的规定就使得行政机关对人民法院执行工作的干预程度加大。因此，应明确第二审人民法院的执行义务，有必要规定在某些情况下行政诉讼执行应当由第二审人民法院来完成。对于应当由第二审人民法院执行的案件，在理论上而言，不能再返回一审人民法院执行，因为由第二审人民法院执行，在权威上和执行能力上都比第一审人民法院强，能更好地保障人民法院裁判的顺利和有效执行。[1]

另外，行政诉讼法以及相关司法解释没有涉及有强制执行权的行政机关来执行法律文书时的管辖问题。实际上，这是个没有必要作出规定的问题。因为公民、法人或者其他组织拒绝履行判决、裁定的，肯定是指原告败诉的情形，此时，有强制执行权的行政机关依法强制执行，而该行政机关就是原行政行为的作出机关。

（二）行政诉讼执行时间

《行政诉讼法》第96条没有明确规定行政诉讼执行时间，仅规定"行政机关拒绝履行判决、裁定的，第一审人民法院可以采取以下措施：……（二）在规定期限内不执行的，从期满之日起，对该行政机关负责人按日处五十元至一百元的罚款"。"规定期限"通常是人民法院在具体行政判决、裁定中确

---

[1] 向忠诚、罗永琳："行政机关与行政诉讼执行"，载《广西社会科学》2006年第10期。

定的期限，且该执行措施仅适用于"行政机关拒绝履行判决、裁定"。《2000年若干解释》第84条曾补充规定指出，申请人是公民的，申请执行生效的行政判决书、行政裁定书、行政赔偿判决书和行政赔偿调解书的期限为1年；申请人是行政机关、法人或者其他组织的，申请执行的期限为180日。这个规定是否适用于新修订的行政诉讼法，则需要进一步予以明确。人民法院在接到执行申请书后，就要对执行申请书和执行根据进行审查，通过审查进一步了解案情，并通知被执行人在指定期限内履行义务。如果被执行人在该期间内仍未履行或拒绝履行义务，则人民法院就要采取执行措施。采取执行措施后，义务人履行义务的，则在内容上不再存在可执行标的，执行程序终结。

（三）非诉执行问题

《行政诉讼法》第97条规定，公民、法人或者其他组织对行政行为在法定期间不提起诉讼又不履行的，行政机关可以申请人民法院强制执行，或者依法强制执行。这是对非诉执行的规定，行政诉讼法沿用了旧法的规定。这种规定，实际上是存在问题的。

对执行制度可分为两种情形：一是行政诉讼执行制度，即人民法院或有权行政机关对人民法院已经生效的法律文书的执行；二是对未经行政诉讼却具有强制执行力的行政行为的执行制度，即人民法院或有权行政机关对公民、法人或者其他组织拒不履行具有强制执行力的行政决定的执行。这是两种性质迥异的执行制度。旧法颁行时，人们对于行政诉讼执行的含义存在一些模糊认识，混淆了两种不同性质的执行尚有情可原。而在行政诉讼法修改时，仍要沿用旧法的规定，就不应该了，对后者应从行政诉讼法中予以删除。非诉执行的规定应放在《行政强制法》《行政处罚法》中。

此外，关于行政诉讼执行的具体程序问题。由于行政诉讼法对此规定得较少，而根据《行政诉讼法》第101条的规定，对执行的内容，行政诉讼法中没有规定的，可以适用民事诉讼法的相关规定。根据民事诉讼法的规定，行政诉讼执行程序的内容，包括执行的申请和移送，执行的异议，执行中止和终结等，可适用民事诉讼法的相关条款。

附一 中华人民共和国行政诉讼法

（1989年4月4日第七届全国人民代表大会第二次会议通过，自1990年10月1日起施行；2014年11月1日第十二届全国人民代表大会常务委员会第十一次会议修正，自2015年5月1日起施行；2017年6月27日第十二届全国人民代表大会常务委员会第二十八次会议第二次修正，自2017年7月1日起施行）

第一章 总 则

第一条 为保证人民法院公正、及时审理行政案件，解决行政争议，保护公民、法人和其他组织的合法权益，监督行政机关依法行使行政职权，根据宪法，制定本法。

第二条 公民、法人或者其他组织认为行政机关和行政机关工作人员的行政行为侵犯其合法权益，有权依照本法向人民法院提起诉讼。

前款所称行政行为，包括法律、法规、规章授权的组织作出的行政行为。

第三条 人民法院应当保障公民、法人和其他组织的起诉权利，对应当受理的行政案件依法受理。

行政机关及其工作人员不得干预、阻碍人民法院受理行政案件。

被诉行政机关负责人应当出庭应诉。不能出庭的，应当委托行政机关相应的工作人员出庭。

第四条 人民法院依法对行政案件独立行使审判权，不受行政机关、社会团体和个人的干涉。

人民法院设行政审判庭，审理行政案件。

第五条 人民法院审理行政案件，以事实为根据，以法律为准绳。

第六条 人民法院审理行政案件，对行政行为是否合法进行审查。

第七条 人民法院审理行政案件，依法实行合议、回避、公开审判和两审终审制度。

第八条 当事人在行政诉讼中的法律地位平等。

第九条 各民族公民都有用本民族语言、文字进行行政诉讼的权利。

在少数民族聚居或者多民族共同居住的地区，人民法院应当用当地民族通用的语言、文字进行审理和发布法律文书。

人民法院应当对不通晓当地民族通用的语言、文字的诉讼参与人提供翻译。

第十条 当事人在行政诉讼中有权进行辩论。

第十一条 人民检察院有权对行政诉讼实行法律监督。

第二章 受案范围

第十二条 人民法院受理公民、法人或者其他组织提起的下列诉讼：

（一）对行政拘留、暂扣或者吊销许可证和执照、责令停产停业、没收违法所得、没收非法财物、罚款、警告等行政处罚不服的；

（二）对限制人身自由或者对财产的查封、扣押、冻结等行政强制措施和行政强制执行不服的；

（三）申请行政许可，行政机关拒绝或者在法定期限内不予答复，或者对行政机关作出的有关行政许可的其他决定不服的；

（四）对行政机关作出的关于确认土地、矿藏、水流、森林、山岭、草原、荒地、滩涂、海域等自然资源的所有权或者使用权的决定不服的；

（五）对征收、征用决定及其补偿决定不服的；

（六）申请行政机关履行保护人身权、财产权等合法权益的法定职责，行政机关拒绝履行或者不予答复的；

（七）认为行政机关侵犯其经营自主权或者农村土地承包经营权、农村土地经营权的；

（八）认为行政机关滥用行政权力排除或者限制竞争的；

（九）认为行政机关违法集资、摊派费用或者违法要求履行其他义务的；

（十）认为行政机关没有依法支付抚恤金、最低生活保障待遇或者社会保险待遇的；

（十一）认为行政机关不依法履行、未按照约定履行或者违法变更、解除政府特许经营协议、土地房屋征收补偿协议等协议的；

（十二）认为行政机关侵犯其他人身权、财产权等合法权益的。

除前款规定外，人民法院受理法律、法规规定可以提起诉讼的其他行政案件。

第十三条 人民法院不受理公民、法人或者其他组织对下列事项提起的诉讼：

（一）国防、外交等国家行为；

（二）行政法规、规章或者行政机关制定、发布的具有普遍约束力的决定、命令；

（三）行政机关对行政机关工作人员的奖惩、任免等决定；

（四）法律规定由行政机关最终裁决的行政行为。

第三章　管　辖

第十四条　基层人民法院管辖第一审行政案件。

第十五条　中级人民法院管辖下列第一审行政案件：

（一）对国务院部门或者县级以上地方人民政府所作的行政行为提起诉讼的案件；

（二）海关处理的案件；

（三）本辖区内重大、复杂的案件；

（四）其他法律规定由中级人民法院管辖的案件。

第十六条　高级人民法院管辖本辖区内重大、复杂的第一审行政案件。

第十七条　最高人民法院管辖全国范围内重大、复杂的第一审行政案件。

第十八条　行政案件由最初作出行政行为的行政机关所在地人民法院管辖。经复议的案件，也可以由复议机关所在地人民法院管辖。

经最高人民法院批准，高级人民法院可以根据审判工作的实际情况，确定若干人民法院跨行政区域管辖行政案件。

第十九条　对限制人身自由的行政强制措施不服提起的诉讼，由被告所在地或者原告所在地人民法院管辖。

第二十条　因不动产提起的行政诉讼，由不动产所在地人民法院管辖。

第二十一条　两个以上人民法院都有管辖权的案件，原告可以选择其中一个人民法院提起诉讼。原告向两个以上有管辖权的人民法院提起诉讼的，由最先立案的人民法院管辖。

第二十二条　人民法院发现受理的案件不属于本院管辖的，应当移送有管辖权的人民法院，受移送的人民法院应当受理。受移送的人民法院认为受移送的案件按照规定不属于本院管辖的，应当报请上级人民法院指定管辖，不得再自行移送。

第二十三条　有管辖权的人民法院由于特殊原因不能行使管辖权的，由上级人民法院指定管辖。

人民法院对管辖权发生争议，由争议双方协商解决。协商不成的，报它们的共同上级人民法院指定管辖。

第二十四条　上级人民法院有权审理下级人民法院管辖的第一审行政案件。

下级人民法院对其管辖的第一审行政案件，认为需要由上级人民法院审理或者指定管辖的，可以报请上级人民法院决定。

第四章　诉讼参加人

第二十五条　行政行为的相对人以及其他与行政行为有利害关系的公民、法人或者其他组织,有权提起诉讼。

有权提起诉讼的公民死亡,其近亲属可以提起诉讼。

有权提起诉讼的法人或者其他组织终止,承受其权利的法人或者其他组织可以提起诉讼。

人民检察院在履行职责中发现生态环境和资源保护、食品药品安全、国有财产保护、国有土地使用权出让等领域负有监督管理职责的行政机关违法行使职权或者不作为,致使国家利益或者社会公共利益受到侵害的,应当向行政机关提出检察建议,督促其依法履行职责。行政机关不依法履行职责的,人民检察院依法向人民法院提起诉讼。

第二十六条 公民、法人或者其他组织直接向人民法院提起诉讼的,作出行政行为的行政机关是被告。

经复议的案件,复议机关决定维持原行政行为的,作出原行政行为的行政机关和复议机关是共同被告;复议机关改变原行政行为的,复议机关是被告。

复议机关在法定期限内未作出复议决定,公民、法人或者其他组织起诉原行政行为的,作出原行政行为的行政机关是被告;起诉复议机关不作为的,复议机关是被告。

两个以上行政机关作出同一行政行为的,共同作出行政行为的行政机关是共同被告。

行政机关委托的组织所作的行政行为,委托的行政机关是被告。

行政机关被撤销或者职权变更的,继续行使其职权的行政机关是被告。

第二十七条 当事人一方或者双方为二人以上,因同一行政行为发生的行政案件,或者因同类行政行为发生的行政案件、人民法院认为可以合并审理并经当事人同意的,为共同诉讼。

第二十八条 当事人一方人数众多的共同诉讼,可以由当事人推选代表人进行诉讼。代表人的诉讼行为对其所代表的当事人发生效力,但代表人变更、放弃诉讼请求或者承认对方当事人的诉讼请求,应当经被代表的当事人同意。

第二十九条 公民、法人或者其他组织同被诉行政行为有利害关系但没有提起诉讼,或者同案件处理结果有利害关系的,可以作为第三人申请参加诉讼,或者由人民法院通知参加诉讼。

人民法院判决第三人承担义务或者减损第三人权益的,第三人有权依法提起上诉。

第三十条 没有诉讼行为能力的公民,由其法定代理人代为诉讼。法定代理人互相推诿代理责任的,由人民法院指定其中一人代为诉讼。

第三十一条 当事人、法定代理人,可以委托一至二人作为诉讼代理人。

下列人员可以被委托为诉讼代理人:

(一)律师、基层法律服务工作者;

(二)当事人的近亲属或者工作人员;

(三)当事人所在社区、单位以及有关社会团体推荐的公民。

第三十二条 代理诉讼的律师，有权按照规定查阅、复制本案有关材料，有权向有关组织和公民调查，收集与本案有关的证据。对涉及国家秘密、商业秘密和个人隐私的材料，应当依照法律规定保密。

当事人和其他诉讼代理人有权按照规定查阅、复制本案庭审材料，但涉及国家秘密、商业秘密和个人隐私的内容除外。

第五章 证 据

第三十三条 证据包括：

（一）书证；

（二）物证；

（三）视听资料；

（四）电子数据；

（五）证人证言；

（六）当事人的陈述；

（七）鉴定意见；

（八）勘验笔录、现场笔录。

以上证据经法庭审查属实，才能作为认定案件事实的根据。

第三十四条 被告对作出的行政行为负有举证责任，应当提供作出该行政行为的证据和所依据的规范性文件。

被告不提供或者无正当理由逾期提供证据，视为没有相应证据。但是，被诉行政行为涉及第三人合法权益，第三人提供证据的除外。

第三十五条 在诉讼过程中，被告及其诉讼代理人不得自行向原告、第三人和证人收集证据。

第三十六条 被告在作出行政行为时已经收集了证据，但因不可抗力等正当事由不能提供的，经人民法院准许，可以延期提供。

原告或者第三人提出了其在行政处理程序中没有提出的理由或者证据的，经人民法院准许，被告可以补充证据。

第三十七条 原告可以提供证明行政行为违法的证据。原告提供的证据不成立的，不免除被告的举证责任。

第三十八条 在起诉被告不履行法定职责的案件中，原告应当提供其向被告提出申请的证据。但有下列情形之一的除外：

（一）被告应当依职权主动履行法定职责的；

（二）原告因正当理由不能提供证据的。

在行政赔偿、补偿的案件中，原告应当对行政行为造成的损害提供证据。因被告的原因导致原告无法举证的，由被告承担举证责任。

第三十九条 人民法院有权要求当事人提供或者补充证据。

第四十条 人民法院有权向有关行政机关以及其他组织、公民调取证据。但是，不得为证明行政行为的合法性调取被告作出行政行为时未收集的证据。

第四十一条 与本案有关的下列证据，原告或者第三人不能自行收集的，可以申请人民法院调取：

（一）由国家机关保存而须由人民法院调取的证据；

（二）涉及国家秘密、商业秘密和个人隐私的证据；

（三）确因客观原因不能自行收集的其他证据。

第四十二条 在证据可能灭失或者以后难以取得的情况下，诉讼参加人可以向人民法院申请保全证据，人民法院也可以主动采取保全措施。

第四十三条 证据应当在法庭上出示，并由当事人互相质证。对涉及国家秘密、商业秘密和个人隐私的证据，不得在公开开庭时出示。

人民法院应当按照法定程序，全面、客观地审查核实证据。对未采纳的证据应当在裁判文书中说明理由。

以非法手段取得的证据，不得作为认定案件事实的根据。

第六章 起诉和受理

第四十四条 对属于人民法院受案范围的行政案件，公民、法人或者其他组织可以先向行政机关申请复议，对复议决定不服的，再向人民法院提起诉讼；也可以直接向人民法院提起诉讼。

法律、法规规定应当先向行政机关申请复议，对复议决定不服再向人民法院提起诉讼的，依照法律、法规的规定。

第四十五条 公民、法人或者其他组织不服复议决定的，可以在收到复议决定书之日起十五日内向人民法院提起诉讼。复议机关逾期不作决定的，申请人可以在复议期满之日起十五日内向人民法院提起诉讼。法律另有规定的除外。

第四十六条 公民、法人或者其他组织直接向人民法院提起诉讼的，应当自知道或者应当知道作出行政行为之日起六个月内提出。法律另有规定的除外。

因不动产提起诉讼的案件自行政行为作出之日起超过二十年，其他案件自行政行为作出之日起超过五年提起诉讼的，人民法院不予受理。

第四十七条 公民、法人或者其他组织申请行政机关履行保护其人身权、财产权等合法权益的法定职责，行政机关在接到申请之日起两个月内不履行的，公民、法人或者其他组织可以向人民法院提起诉讼。法律、法规对行政机关履行职责的期限另有规定的，从其规定。

公民、法人或者其他组织在紧急情况下请求行政机关履行保护其人身权、财产权等合法权益的法定职责，行政机关不履行的，提起诉讼不受前款规定期限的限制。

第四十八条 公民、法人或者其他组织因不可抗力或者其他不属于自身的原因耽误起诉期限的，被耽误的时间不计算在起诉期限内。

公民、法人或者其他组织因前款规定以外的其他特殊情况耽误起诉期限的，在障碍消除后十日内，可以申请延长期限，是否准许由人民法院决定。

第四十九条 提起诉讼应当符合下列条件：

（一）原告是符合本法第二十五条规定的公民、法人或者其他组织；

（二）有明确的被告；

（三）有具体的诉讼请求和事实根据；

（四）属于人民法院受案范围和受诉人民法院管辖。

第五十条 起诉应当向人民法院递交起诉状，并按照被告人数提出副本。

书写起诉状确有困难的，可以口头起诉，由人民法院记入笔录，出具注明日期的书面凭证，并告知对方当事人。

第五十一条 人民法院在接到起诉状时对符合本法规定的起诉条件的，应当登记立案。

对当场不能判定是否符合本法规定的起诉条件的，应当接收起诉状，出具注明收到日期的书面凭证，并在七日内决定是否立案。不符合起诉条件的，作出不予立案的裁定。裁定书应当载明不予立案的理由。原告对裁定不服的，可以提起上诉。

起诉状内容欠缺或者有其他错误的，应当给予指导和释明，并一次性告知当事人需要补正的内容。不得未经指导和释明即以起诉不符合条件为由不接收起诉状。

对于不接收起诉状、接收起诉状后不出具书面凭证，以及不一次性告知当事人需要补正的起诉状内容的，当事人可以向上级人民法院投诉，上级人民法院应当责令改正，并对直接负责的主管人员和其他直接责任人员依法给予处分。

第五十二条 人民法院既不立案，又不作出不予立案裁定的，当事人可以向上一级人民法院起诉。上一级人民法院认为符合起诉条件的，应当立案、审理，也可以指定其他下级人民法院立案、审理。

第五十三条 公民、法人或者其他组织认为行政行为所依据的国务院部门和地方人民政府及其部门制定的规范性文件不合法，在对行政行为提起诉讼时，可以一并请求对该规范性文件进行审查。

前款规定的规范性文件不含规章。

第七章 审理和判决

第一节 一般规定

第五十四条 人民法院公开审理行政案件,但涉及国家秘密、个人隐私和法律另有规定的除外。

涉及商业秘密的案件,当事人申请不公开审理的,可以不公开审理。

第五十五条 当事人认为审判人员与本案有利害关系或者有其他关系可能影响公正审判,有权申请审判人员回避。

审判人员认为自己与本案有利害关系或者有其他关系,应当申请回避。

前两款规定,适用于书记员、翻译人员、鉴定人、勘验人。

院长担任审判长时的回避,由审判委员会决定;审判人员的回避,由院长决定;其他人员的回避,由审判长决定。当事人对决定不服的,可以申请复议一次。

第五十六条 诉讼期间,不停止行政行为的执行。但有下列情形之一的,裁定停止执行:

(一)被告认为需要停止执行的;

(二)原告或者利害关系人申请停止执行,人民法院认为该行政行为的执行会造成难以弥补的损失,并且停止执行不损害国家利益、社会公共利益的;

(三)人民法院认为该行政行为的执行会给国家利益、社会公共利益造成重大损害的;

(四)法律、法规规定停止执行的。

当事人对停止执行或者不停止执行的裁定不服的,可以申请复议一次。

第五十七条 人民法院对起诉行政机关没有依法支付抚恤金、最低生活保障金和工伤、医疗社会保险金的案件,权利义务关系明确、不先予执行将严重影响原告生活的,可以根据原告的申请,裁定先予执行。

当事人对先予执行裁定不服的,可以申请复议一次。复议期间不停止裁定的执行。

第五十八条 经人民法院传票传唤,原告无正当理由拒不到庭,或者未经法庭许可中途退庭的,可以按照撤诉处理;被告无正当理由拒不到庭,或者未经法庭许可中途退庭的,可以缺席判决。

第五十九条 诉讼参与人或者其他人有下列行为之一的,人民法院可以根据情节轻重,予以训诫、责令具结悔过或者处一万元以下的罚款、十五日以下的拘留;构成犯罪的,依法追究刑事责任:

(一)有义务协助调查、执行的人,对人民法院的协助调查决定、协助执行通知书,无故推拖、拒绝或者妨碍调查、执行的;

(二)伪造、隐藏、毁灭证据或者提供虚假证明材料,妨碍人民法院审理案件的;

（三）指使、贿买、胁迫他人作伪证或者威胁、阻止证人作证的；

（四）隐藏、转移、变卖、毁损已被查封、扣押、冻结的财产的；

（五）以欺骗、胁迫等非法手段使原告撤诉的；

（六）以暴力、威胁或者其他方法阻碍人民法院工作人员执行职务，或者以哄闹、冲击法庭等方法扰乱人民法院工作秩序的；

（七）对人民法院审判人员或者其他工作人员、诉讼参与人、协助调查和执行的人员恐吓、侮辱、诽谤、诬陷、殴打、围攻或者打击报复的。

人民法院对有前款规定的行为之一的单位，可以对其主要负责人或者直接责任人员依照前款规定予以罚款、拘留；构成犯罪的，依法追究刑事责任。

罚款、拘留须经人民法院院长批准。当事人不服的，可以向上一级人民法院申请复议一次。复议期间不停止执行。

第六十条 人民法院审理行政案件，不适用调解。但是，行政赔偿、补偿以及行政机关行使法律、法规规定的自由裁量权的案件可以调解。

调解应当遵循自愿、合法原则，不得损害国家利益、社会公共利益和他人合法权益。

第六十一条 在涉及行政许可、登记、征收、征用和行政机关对民事争议所作的裁决的行政诉讼中，当事人申请一并解决相关民事争议的，人民法院可以一并审理。

在行政诉讼中，人民法院认为行政案件的审理需以民事诉讼的裁判为依据的，可以裁定中止行政诉讼。

第六十二条 人民法院对行政案件宣告判决或者裁定前，原告申请撤诉的，或者被告改变其所作的行政行为，原告同意并申请撤诉的，是否准许，由人民法院裁定。

第六十三条 人民法院审理行政案件，以法律和行政法规、地方性法规为依据。地方性法规适用于本行政区域内发生的行政案件。

人民法院审理民族自治地方的行政案件，并以该民族自治地方的自治条例和单行条例为依据。

人民法院审理行政案件，参照规章。

第六十四条 人民法院在审理行政案件中，经审查认为本法第五十三条规定的规范性文件不合法的，不作为认定行政行为合法的依据，并向制定机关提出处理建议。

第六十五条 人民法院应当公开发生法律效力的判决书、裁定书，供公众查阅，但涉及国家秘密、商业秘密和个人隐私的内容除外。

第六十六条 人民法院在审理行政案件中，认为行政机关的主管人员、直接责任人员违法违纪的，应当将有关材料移送监察机关、该行政机关或者其上一级行政机关；认为有犯罪行为的，应当将有关材料移送公安、检察机关。

人民法院对被告经传票传唤无正当理由拒不到庭，或者未经法庭许可中途退庭的，可以将被告拒不到庭或者中途退庭的情况予以公告，并可以向监察机关或者被告的上一级行政机关提出依法给予其主要负责人或者直接责任人员处分的司法建议。

第二节 第一审普通程序

第六十七条 人民法院应当在立案之日起五日内，将起诉状副本发送被告。被告应当在收到起诉状副本之日起十五日内向人民法院提交作出行政行为的证据和所依据的规范性文件，并提出答辩状。人民法院应当在收到答辩状之日起五日内，将答辩状副本发送原告。

被告不提出答辩状的，不影响人民法院审理。

第六十八条 人民法院审理行政案件，由审判员组成合议庭，或者由审判员、陪审员组成合议庭。合议庭的成员，应当是三人以上的单数。

第六十九条 行政行为证据确凿，适用法律、法规正确，符合法定程序的，或者原告申请被告履行法定职责或者给付义务理由不成立的，人民法院判决驳回原告的诉讼请求。

第七十条 行政行为有下列情形之一的，人民法院判决撤销或者部分撤销，并可以判决被告重新作出行政行为：

（一）主要证据不足的；

（二）适用法律、法规错误的；

（三）违反法定程序的；

（四）超越职权的；

（五）滥用职权的；

（六）明显不当的。

第七十一条 人民法院判决被告重新作出行政行为的，被告不得以同一的事实和理由作出与原行政行为基本相同的行政行为。

第七十二条 人民法院经过审理，查明被告不履行法定职责的，判决被告在一定期限内履行。

第七十三条 人民法院经过审理，查明被告依法负有给付义务的，判决被告履行给付义务。

第七十四条 行政行为有下列情形之一的，人民法院判决确认违法，但不撤销行政行为：

（一）行政行为依法应当撤销，但撤销会给国家利益、社会公共利益造成重大损害的；

（二）行政行为程序轻微违法，但对原告权利不产生实际影响的。

行政行为有下列情形之一，不需要撤销或者判决履行的，人民法院判决确认违法：

（一）行政行为违法，但不具有可撤销内容的；

（二）被告改变原违法行政行为，原告仍要求确认原行政行为违法的；

（三）被告不履行或者拖延履行法定职责，判决履行没有意义的。

第七十五条　行政行为有实施主体不具有行政主体资格或者没有依据等重大且明显违法情形，原告申请确认行政行为无效的，人民法院判决确认无效。

第七十六条　人民法院判决确认违法或者无效的，可以同时判决责令被告采取补救措施；给原告造成损失的，依法判决被告承担赔偿责任。

第七十七条　行政处罚明显不当，或者其他行政行为涉及对款额的确定、认定确有错误的，人民法院可以判决变更。

人民法院判决变更，不得加重原告的义务或者减损原告的权益。但利害关系人同为原告，且诉讼请求相反的除外。

第七十八条　被告不依法履行、未按照约定履行或者违法变更、解除本法第十二条第一款第十一项规定的协议的，人民法院判决被告承担继续履行、采取补救措施或者赔偿损失等责任。

被告变更、解除本法第十二条第一款第十一项规定的协议合法，但未依法给予补偿的，人民法院判决给予补偿。

第七十九条　复议机关与作出原行政行为的行政机关为共同被告的案件，人民法院应当对复议决定和原行政行为一并作出裁判。

第八十条　人民法院对公开审理和不公开审理的案件，一律公开宣告判决。

当庭宣判的，应当在十日内发送判决书；定期宣判的，宣判后立即发给判决书。

宣告判决时，必须告知当事人上诉权利、上诉期限和上诉的人民法院。

第八十一条　人民法院应当在立案之日起六个月内作出第一审判决。有特殊情况需要延长的，由高级人民法院批准，高级人民法院审理第一审案件需要延长的，由最高人民法院批准。

第三节　简易程序

第八十二条　人民法院审理下列第一审行政案件，认为事实清楚、权利义务关系明确、争议不大的，可以适用简易程序：

（一）被诉行政行为是依法当场作出的；

（二）案件涉及款额二千元以下的；

（三）属于政府信息公开案件的。

除前款规定以外的第一审行政案件，当事人各方同意适用简易程序的，可以适用简易程序。

发回重审、按照审判监督程序再审的案件不适用简易程序。

第八十三条　适用简易程序审理的行政案件，由审判员一人独任审理，并应当在立案之日起四十五日内审结。

第八十四条　人民法院在审理过程中，发现案件不宜适用简易程序的，裁定转为普通程序。

第四节 第二审程序

第八十五条 当事人不服人民法院第一审判决的，有权在判决书送达之日起十五日内向上一级人民法院提起上诉。当事人不服人民法院第一审裁定的，有权在裁定书送达之日起十日内向上一级人民法院提起上诉。逾期不提起上诉的，人民法院的第一审判决或者裁定发生法律效力。

第八十六条 人民法院对上诉案件，应当组成合议庭，开庭审理。经过阅卷、调查和询问当事人，对没有提出新的事实、证据或者理由，合议庭认为不需要开庭审理的，也可以不开庭审理。

第八十七条 人民法院审理上诉案件，应当对原审人民法院的判决、裁定和被诉行政行为进行全面审查。

第八十八条 人民法院审理上诉案件，应当在收到上诉状之日起三个月内作出终审判决。有特殊情况需要延长的，由高级人民法院批准，高级人民法院审理上诉案件需要延长的，由最高人民法院批准。

第八十九条 人民法院审上诉案件，按照下列情形，分别处理：

（一）原判决、裁定认定事实清楚，适用法律、法规正确的，判决或者裁定驳回上诉，维持原判决、裁定；

（二）原判决、裁定认定事实错误或者适用法律、法规错误的，依法改判、撤销或者变更；

（三）原判决认定基本事实不清、证据不足的，发回原审人民法院重审，或者查清事实后改判。

（四）原判决遗漏当事人或者违法缺席判决等严重违反法定程序的，裁定撤销原判决，发回原审人民法院重审。

原审人民法院对发回重审的案件作出判决后，当事人提起上诉的，第二审人民法院不得再次发回重审。

人民法院审理上诉案件，需要改变原审判决的，应当同时对被诉行政行为作出判决。

第五节 审判监督程序

第九十条 当事人对已经发生法律效力的判决、裁定，认为确有错误的，可以向上一级人民法院申请再审，但判决、裁定不停止执行。

第九十一条 当事人的申请符合下列情形之一的，人民法院应当再审：

（一）不予立案或者驳回起诉确有错误的；

（二）有新的证据，足以推翻原判决、裁定的；

（三）原判决、裁定认定事实的主要证据不足、未经质证或者系伪造的；

（四）原判决、裁定适用法律、法规确有错误的；

（五）违反法律规定的诉讼程序，可能影响公正审判的；

（六）原判决、裁定遗漏诉讼请求的；

（七）据以作出原判决、裁定的法律文书被撤销或者变更的；

（八）审判人员在审理该案件时有贪污受贿、徇私舞弊、枉法裁判行为的。

第九十二条 各级人民法院院长对本院已经发生法律效力的判决、裁定，发现有本法第九十一条规定情形之一，或者发现调解违反自愿原则或者调解书内容违法，认为需要再审的，应当提交审判委员会讨论决定。

最高人民法院对地方各级人民法院已经发生法律效力的判决、裁定，上级人民法院对下级人民法院已经发生法律效力的判决、裁定，发现有本法第九十一条规定情形之一，或者发现调解违反自愿原则或者调解书内容违法的，有权提审或者指令下级人民法院再审。

第九十三条 最高人民检察院对各级人民法院已经发生法律效力的判决、裁定，上级人民检察院对人民法院已经发生法律效力的判决、裁定，发现有本法第九十一条规定情形之一，或者发现调解书损害国家利益、社会公共利益的，应当提出抗诉。

地方各级人民检察院对同级人民法院已经发生法律效力的判决、裁定，发现有本法第九十一条规定情形之一，或者发现调解书损害国家利益、社会公共利益的，可以向同级人民法院提出检察建议，并报上级人民检察院备案；也可以提请上级人民检察院向同级人民法院提出抗诉。

各级人民检察院对审判监督程序以外的其他审判程序中审判人员的违法行为，有权向同级人民法院提出检察建议。

第八章 执 行

第九十四条 当事人必须履行人民法院发生法律效力的判决、裁定、调解书。

第九十五条 公民、法人或者其他组织拒绝履行判决、裁定、调解书的，行政机关或者第三人可以向第一审人民法院申请强制执行，或者由行政机关依法强制执行。

第九十六条 行政机关拒绝履行判决、裁定、调解书的，第一审人民法院可以采取下列措施：

（一）对应当归还的罚款或者应当给付的款额，通知银行从该行政机关的账户内划拨；

（二）在规定期限内不履行的，从期满之日起，对该行政机关负责人按日处五十元至一百元的罚款；

（三）将行政机关拒绝履行的情况予以公告；

（四）向监察机关或者该行政机关的上一级行政机关提出司法建议。接受司法建议的机关，根据有关规定进行处理，并将处理情况告知人民法院；

（五）拒不履行判决、裁定、调解书，社会影响恶劣的，可以对该行政机关直接负责的主管人员和其他直接责任人员予以拘留;情节严重,构成犯罪的,依法追究刑事责任。

第九十七条 公民、法人或者其他组织对行政行为在法定期间不提起诉讼又不履行的,行政机关可以申请人民法院强制执行,或者依法强制执行。

第九章 涉外行政诉讼

第九十八条 外国人、无国籍人、外国组织在中华人民共和国进行行政诉讼,适用本法。法律另有规定的除外。

第九十九条 外国人、无国籍人、外国组织在中华人民共和国进行行政诉讼,同中华人民共和国公民、组织有同等的诉讼权利和义务。

外国法院对中华人民共和国公民、组织的行政诉讼权利加以限制的,人民法院对该国公民、组织的行政诉讼权利,实行对等原则。

第一百条 外国人、无国籍人、外国组织在中华人民共和国进行行政诉讼,委托律师代理诉讼的,应当委托中华人民共和国律师机构的律师。

第十章 附 则

第一百零一条 人民法院审理行政案件,关于期间、送达、财产保全、开庭审理、调解、中止诉讼、终结诉讼、简易程序、执行等,以及人民检察院对行政案件受理、审理、裁判、执行的监督,本法没有规定的,适用《中华人民共和国民事诉讼法》的相关规定。

第一百零二条 人民法院审理行政案件,应当收取诉讼费用。诉讼费用由败诉方承担,双方都有责任的由双方分担。收取诉讼费用的具体办法另行规定。

第一百零三条 本法自1990年10月1日起施行。

附二 最高人民法院关于适用《中华人民共和国行政诉讼法》若干问题的解释

（2015年4月20日最高人民法院审判委员会第1648次会议通过，自2015年5月1日起施行。）

为正确适用第十二届全国人民代表大会常务委员会第十一次会议决定修改的《中华人民共和国行政诉讼法》，结合人民法院行政审判工作实际，现就有关条款的适用问题解释如下：

第一条 人民法院对符合起诉条件的案件应当立案，依法保障当事人行使诉讼权利。

对当事人依法提起的诉讼，人民法院应当根据行政诉讼法第五十一条的规定，一律接收起诉状。能够判断符合起诉条件的，应当当场登记立案；当场不能判断是否符合起诉条件的，应当在接收起诉状后七日内决定是否立案；七日内仍不能作出判断的，应当先予立案。

起诉状内容或者材料欠缺的，人民法院应当一次性全面告知当事人需要补正的内容、补充的材料及期限。在指定期限内补正并符合起诉条件的，应当登记立案。当事人拒绝补正或者经补正仍不符合起诉条件的，裁定不予立案，并载明不予立案的理由。

当事人对不予立案裁定不服的，可以提起上诉。

第二条 行政诉讼法第四十九条第三项规定的"有具体的诉讼请求"是指：

（一）请求判决撤销或者变更行政行为；

（二）请求判决行政机关履行法定职责或者给付义务；

（三）请求判决确认行政行为违法；

（四）请求判决确认行政行为无效；

（五）请求判决行政机关予以赔偿或者补偿；

（六）请求解决行政协议争议；

（七）请求一并审查规章以下规范性文件；
（八）请求一并解决相关民事争议；
（九）其他诉讼请求。
当事人未能正确表达诉讼请求的，人民法院应当予以释明。

第三条 有下列情形之一，已经立案的，应当裁定驳回起诉：
（一）不符合行政诉讼法第四十九条规定的；
（二）超过法定起诉期限且无正当理由的；
（三）错列被告且拒绝变更的；
（四）未按照法律规定由法定代理人、指定代理人、代表人为诉讼行为的；
（五）未按照法律、法规规定先向行政机关申请复议的；
（六）重复起诉的；
（七）撤回起诉后无正当理由再行起诉的；
（八）行政行为对其合法权益明显不产生实际影响的；
（九）诉讼标的已为生效裁判所羁束的；
（十）不符合其他法定起诉条件的。

人民法院经过阅卷、调查和询问当事人，认为不需要开庭审理的，可以径行裁定驳回起诉。

第四条 公民、法人或者其他组织依照行政诉讼法第四十七条第一款的规定，对行政机关不履行法定职责提起诉讼的，应当在行政机关履行法定职责期限届满之日起六个月内提出。

第五条 行政诉讼法第三条第三款规定的"行政机关负责人"，包括行政机关的正职和副职负责人。行政机关负责人出庭应诉的，可以另行委托一至二名诉讼代理人。

第六条 行政诉讼法第二十六条第二款规定的"复议机关决定维持原行政行为"，包括复议机关驳回复议申请或者复议请求的情形，但以复议申请不符合受理条件为由驳回的除外。

行政诉讼法第二十六条第二款规定的"复议机关改变原行政行为"，是指复议机关改变原行政行为的处理结果。

第七条 复议机关决定维持原行政行为的，作出原行政行为的行政机关和复议机关是共同被告。原告只起诉作出原行政行为的行政机关或者复议机关的，人民法院应当告知原告追加被告。原告不同意追加的，人民法院应当将另一机关列为共同被告。

第八条 作出原行政行为的行政机关和复议机关为共同被告的，以作出原行政行为的行政机关确定案件的级别管辖。

第九条 复议机关决定维持原行政行为的，人民法院应当在审查原行政行为合法性的同时，一并审查复议程序的合法性。

附二 最高人民法院关于适用《中华人民共和国行政诉讼法》若干问题的解释

作出原行政行为的行政机关和复议机关对原行政行为合法性共同承担举证责任,可以由其中一个机关实施举证行为。复议机关对复议程序的合法性承担举证责任。

第十条 人民法院对原行政行为作出判决的同时,应当对复议决定一并作出相应判决。

人民法院判决撤销原行政行为和复议决定的,可以判决作出原行政行为的行政机关重新作出行政行为。

人民法院判决作出原行政行为的行政机关履行法定职责或者给付义务的,应当同时判决撤销复议决定。

原行政行为合法、复议决定违反法定程序的,应当判决确认复议决定违法,同时判决驳回原告针对原行政行为的诉讼请求。

原行政行为被撤销、确认违法或者无效,给原告造成损失的,应当由作出原行政行为的行政机关承担赔偿责任;因复议程序违法给原告造成损失的,由复议机关承担赔偿责任。

第十一条 行政机关为实现公共利益或者行政管理目标,在法定职责范围内,与公民、法人或者其他组织协商订立的具有行政法上权利义务内容的协议,属于行政诉讼法第十二条第一款第十一项规定的行政协议。

公民、法人或者其他组织就下列行政协议提起行政诉讼的,人民法院应当依法受理:

(一)政府特许经营协议;

(二)土地、房屋等征收征用补偿协议;

(三)其他行政协议。

第十二条 公民、法人或者其他组织对行政机关不依法履行、未按照约定履行协议提起诉讼的,参照民事法律规范关于诉讼时效的规定;对行政机关单方变更、解除协议等行为提起诉讼的,适用行政诉讼法及其司法解释关于起诉期限的规定。

第十三条 对行政协议提起诉讼的案件,适用行政诉讼法及其司法解释的规定确定管辖法院。

第十四条 人民法院审查行政机关是否依法履行、按照约定履行协议或者单方变更、解除协议是否合法,在适用行政法律规范的同时,可以适用不违反行政法和行政诉讼法强制性规定的民事法律规范。

第十五条 原告主张被告不依法履行、未按照约定履行协议或者单方变更、解除协议违法,理由成立的,人民法院可以根据原告的诉讼请求判决确认协议有效、判决被告继续履行协议,并明确继续履行的具体内容;被告无法继续履行或者继续履行已无实际意义的,判决被告采取相应的补救措施;给原告造成损失的,判决被告予以赔偿。

原告请求解除协议或者确认协议无效,理由成立的,判决解除协议或者确认协议无效,并根据合同法等相关法律规定作出处理。

被告因公共利益需要或者其他法定理由单方变更、解除协议，给原告造成损失的，判决被告予以补偿。

第十六条 对行政机关不依法履行、未按照约定履行协议提起诉讼的，诉讼费用准用民事案件交纳标准；对行政机关单方变更、解除协议等行为提起诉讼的，诉讼费用适用行政案件交纳标准。

第十七条 公民、法人或者其他组织请求一并审理行政诉讼法第六十一条规定的相关民事争议，应当在第一审开庭审理前提出；有正当理由的，也可以在法庭调查中提出。

有下列情形之一的，人民法院应当作出不予准许一并审理民事争议的决定，并告知当事人可以依法通过其他渠道主张权利：

（一）法律规定应当由行政机关先行处理的；

（二）违反民事诉讼法专属管辖规定或者协议管辖约定的；

（三）已经申请仲裁或者提起民事诉讼的；

（四）其他不宜一并审理的民事争议。

对不予准许的决定可以申请复议一次。

第十八条 人民法院在行政诉讼中一并审理相关民事争议的，民事争议应当单独立案，由同一审判组织审理。

审理行政机关对民事争议所作裁决的案件，一并审理民事争议的，不另行立案。

第十九条 人民法院一并审理相关民事争议，适用民事法律规范的相关规定，法律另有规定的除外。

当事人在调解中对民事权益的处分，不能作为审查被诉行政行为合法性的根据。

行政争议和民事争议应当分别裁判。当事人仅对行政裁判或者民事裁判提出上诉的，未上诉的裁判在上诉期满后即发生法律效力。第一审人民法院应当将全部案卷一并移送第二审人民法院，由行政审判庭审理。第二审人民法院发现未上诉的生效裁判确有错误的，应当按照审判监督程序再审。

第二十条 公民、法人或者其他组织请求人民法院一并审查行政诉讼法第五十三条规定的规范性文件，应当在第一审开庭审理前提出；有正当理由的，也可以在法庭调查中提出。

第二十一条 规范性文件不合法的，人民法院不作为认定行政行为合法的依据，并在裁判理由中予以阐明。作出生效裁判的人民法院应当向规范性文件的制定机关提出处理建议，并可以抄送制定机关的同级人民政府或者上一级行政机关。

第二十二条 原告请求被告履行法定职责的理由成立，被告违法拒绝履行或者无正当理由逾期不予答复的，人民法院可以根据行政诉讼法第七十二条的规定，判决被告在一定期限内依法履行原告请求的法定职责；尚需被告调查或者裁量的，应当判决被告针对原告的请求重新作出处理。

附二　最高人民法院关于适用《中华人民共和国行政诉讼法》若干问题的解释

第二十三条　原告申请被告依法履行支付抚恤金、最低生活保障待遇或者社会保险待遇等给付义务的理由成立，被告依法负有给付义务而拒绝或者拖延履行义务且无正当理由的，人民法院可以根据行政诉讼法第七十三条的规定，判决被告在一定期限内履行相应的给付义务。

第二十四条　当事人向上一级人民法院申请再审，应当在判决、裁定或者调解书发生法律效力后六个月内提出。有下列情形之一的，自知道或者应当知道之日起六个月内提出：

（一）有新的证据，足以推翻原判决、裁定的；

（二）原判决、裁定认定事实的主要证据是伪造的；

（三）据以作出原判决、裁定的法律文书被撤销或者变更的；

（四）审判人员审理该案件时有贪污受贿、徇私舞弊、枉法裁判行为的。

第二十五条　有下列情形之一的，当事人可以向人民检察院申请抗诉或者检察建议：

（一）人民法院驳回再审申请的；

（二）人民法院逾期未对再审申请作出裁定的；

（三）再审判决、裁定有明显错误的。

人民法院基于抗诉或者检察建议作出再审判决、裁定后，当事人申请再审的，人民法院不予立案。

第二十六条　2015 年 5 月 1 日前起诉期限尚未届满的，适用修改后的行政诉讼法关于起诉期限的规定。

2015 年 5 月 1 日前尚未审结案件的审理期限，适用修改前的行政诉讼法关于审理期限的规定。依照修改前的行政诉讼法已经完成的程序事项，仍然有效。

对 2015 年 5 月 1 日前发生法律效力的判决、裁定或者行政赔偿调解书不服申请再审，或者人民法院依照审判监督程序再审的，程序性规定适用修改后的行政诉讼法的规定。

第二十七条　最高人民法院以前发布的司法解释与本解释不一致的，以本解释为准。

Reference 参考书目

一、著作类

1. ［英］L. 赖维乐·布朗、约翰·S. 贝尔：《法国行政法》（第5版），高秦伟、王锴译，中国人民大学出版社2006年版。
2. ［日］盐野宏：《行政法》，杨建顺译，法律出版社1999年版。
3. ［英］麦克斯·斯基德摩、马歇尔·卡里普：《美国政府简介》，张帆等译，中国经济出版社1998年版。
4. 蔡志方：《行政救济法新论》，元照出版公司2000年版。
5. 甘文：《行政诉讼法司法解释之评论——理由、观点与问题》，中国法制出版社2000年版。
6. 葛立朝、邢造宇：《知识产权法》，浙江大学出版社2008年版。
7. 胡建淼：《行政诉讼法学》，复旦大学出版社2003年版。
8. 季宏：《行政法与行政诉讼法学》，知识产权出版社2010年版。
9. 江必新、梁凤云：《行政诉讼法理论与实务》（下卷），北京大学出版社2009年版。
10. 江必新、邵长茂：《新行政诉讼法修改条文理解与适用》，中国法制出版社2014年版。
11. 姜明安：《行政法与行政诉讼法》，北京大学出版社2011年版。
12. 姜明安：《行政诉讼法教程》，中国法制出版社2011年版。
13. 姜明安：《外国行政法教程》，法律出版社1998年版。
14. 孔祥俊：《最高人民法院〈关于行政诉讼证据若干问题的规定〉的理解与适用》，中国人民公安大学出版社2002年版。
15. 李中和：《人民法院立案审判工作理论与实务》，人民法院出版社2006年版。
16. 刘飞：《德国公法权利救济制度》，北京大学出版社2009年版。
17. 马怀德：《行政诉讼原理》，法律出版社2003年版。

18. 孙彩虹：《证据法学》，中国政法大学出版社 2008 年版。
19. 王春业：《行政法与行政诉讼法》，中国政法大学出版社 2014 年版。
20. 王名扬：《比较行政法》，北京大学出版社 2006 年版。
21. 王名扬：《法国行政法》，中国政法大学出版社 1988 年版。
22. 王名扬：《美国行政法》，中国政法大学出版社 1995 年版。
23. 翁岳生：《行政法》，中国法制出版社 2002 年版。
24. 章剑生：《行政诉讼判决研究》，浙江大学出版社 2010 年版。
25. 薛刚凌：《行政诉权研究》，华文出版社 1999 年版。
26. 杨海坤、章志远：《中国行政法基本理论研究》，北京大学出版社 2004 年版。
27. 杨解君等：《行政法与行政诉讼法》，清华大学出版社 2009 年版。
28. 杨临宏：《行政诉讼法：原理与制度》，云南大学出版社 2011 年版。
29. 应松年：《行政法与行政诉讼法》，法律出版社 2009 年版。
30. 张树义：《行政法与行政诉讼法》，高等教育出版社 2007 年版。
31. 张树义：《寻求行政诉讼制度发展的良性循环》，中国政法大学出版社 2000 年版。
32. 张卫平：《司法改革：分析与展开》，法律出版社 2003 年版。
33. 张文显：《法理学》（第 3 版），高等教育出版社、北京大学出版社 2007 年版。
34. 张越：《英国行政法》，中国政法大学出版社 2004 年版。
35. 周佑勇：《行政法原论》，中国方正出版社 2000 年版。
36. 朱维究、王成栋：《一般行政法原理》，高等教育出版社 2005 年版。

二、论文类

37. 龚柏华："'法无禁止即可为'的法理与上海自贸区'负面清单'模式"，载《东方法学》2013 年第 6 期。
38. 郝明金："行政诉讼范围的反思与重构"，载《行政法学研究》2003 年第 1 期。
39. 何文燕、姜霞："行政诉讼附带民事诉讼质疑"，载《河南省政法管理干部学院学报》2002 年第 2 期。
40. 姜明安："行政诉讼法修改的若干问题"，载《法学》2014 年第 3 期。
41. 孔繁华："英美行政法上的案卷制度及其对我国的借鉴意义"，载《法学评论》2005 年第 2 期。
42. 李红枫："行政诉讼管辖制度现状及对策分析"，载《行政法学研究》2003 年第 1 期。
43. 刘峰："论行政诉讼判决形式的重构——从司法权与行政权关系的角度分析"，载《行政法学研究》2007 年第 4 期。
44. 卢超："产权变迁、行政诉讼与科层监控以'侵犯企业经营自主权'诉讼为切入"，载

《中外法学》2013 年第 4 期。

45. 齐延平："论司法中立的基础"，载《法律科学》1999 年第 3 期。
46. 沈福俊："行政诉讼视角下法院与行政机关关系的法律规制——以行政诉讼管辖制度的变革为分析起点"，载《法学》2010 年第 4 期。
47. 沈福俊："基层法院行政诉讼管辖制度改革论析——《行政诉讼法修正案（草案）》相关内容分析"，载《东方法学》2014 年第 2 期。
48. 谭世贵："诉讼效率视角下《刑事诉讼法》的修改与进一步完善"，载《浙江社会科学》2012 年第 11 期。
49. 王保礼、刘德生："行政诉讼附带民事诉讼问题探讨"，载《法商研究》1996 年第 6 期。
50. 王春业："行政诉讼受案范围引入负面清单模式的思考"，载《重庆大学学报（社会科学版）》2016 年第 3 期。
51. 王春业："论行政诉讼对民事诉讼法相关条款之适用——兼评新行政诉讼法第 101 条的规定"，载《上海交通大学学报（哲社版）》2015 年第 6 期。
52. 王春业："论行政诉讼的登记立案制度——兼评新行政诉讼法相关条款"，载《北京社会科学》2015 年第 11 期。
53. 王春业："论复议机关作被告的困境与解决"，载《南京社会科学》2015 年第 7 期。
54. 王春业："政府信息公开案件适用简易程序质疑"，载《河南财经政法大学学报》2015 年第 3 期。
55. 王春业："论新行政诉讼法中的检察监督"，载《新疆大学学报（哲社版）》2015 年第 2 期。
56. 王春业："论行政诉讼法修改下的行政检察监督职能的强化"，载《社会科学家》2014 年第 2 期。
57. 王利明："负面清单管理模式与私法自治"，载《中国法学》2014 年第 5 期。
58. 向忠诚、罗永琳："行政机关与行政诉讼执行"，载《广西社会科学》2006 年第 10 期。
59. 邢鸿飞："论政府特许经营协议的契约性"，载《南京社会科学》2009 年第 9 期。
60. 许春晖："行政诉讼法修改草案应增设正当程序规则"，载《东方法学》2014 年第 3 期。
61. 闫尔宝："行政事实行为之再阐释"，载《公法研究》2005 年第 1 期。
62. 杨钧、秦嬿："论释明制度"，载《法学》2003 年第 9 期。
63. 叶平："不可撤销具体行政行为研究——确认违法判决适用情形之局限及补正"，载《行政法学研究》2005 年第 3 期。
64. 叶赞平、刘家库："行政诉讼集中管辖制度的实证研究"，载《浙江大学学报（人文社科版）》2011 年第 1 期。
65. 余凌云："论行政诉讼法的修改"，载《清华法学》2014 年第 3 期。

66. 张卫平:"民事再审事由研究",载《法学研究》2000 年第 5 期。
67. 张卫平:"起诉难:一个中国问题的思索",载《法学研究》2009 年第 6 期。
68. 张旭勇:"行政诉讼维持判决制度之检讨",载《法学》2004 年第 1 期。
69. 张智辉、武小凤:"二审全面审查制度应当废除",载《现代法学》2006 年第 3 期。
70. 章武生、吴泽勇:"简易程序与民事纠纷的类型化解决",载《法学》2001 年第 1 期。
71. 章志远、朱志杰:"我国行政诉讼中的简易程序制度研究",载《江苏行政学院学报》2012 年第 5 期。
72. 浙江省高级人民法院课题组:"行政案件管辖问题的调研报告",载《法律适用》2007 年第 1 期。
73. 郑春燕:"论'基于公益考量'的确认违法判决——以行政拆迁为例",载《法商研究》2010 年第 4 期。
74. 朱金高:"再审事由的深度透析",载《法律科学》2013 年第 5 期。